JN250582

金正恩体制形成と国際危機管理

北朝鮮核・ミサイル問題で日本人が本当に考えるべきこと

千葉科学大学危機管理学部教授・博士（危機管理学）
元毎日新聞ソウル支局長

大澤文護

目次

序章

研究の背景と目的

1. 北朝鮮情勢の変化

　第二次世界大戦後、米ソ対立を軸にした冷戦構造は長く世界の政治秩序を規定した。そして1989年の東欧革命・マルタ会談（冷戦終結宣言）[1] から1990年のドイツ再統一を経て、ソ連・東欧圏が崩壊した1991年までの間に世界の政治的秩序は大きく変化した。しかし「冷戦終結」と呼ばれた大変化にもかかわらず、私たちが住む東アジアには中華人民共和国と台湾、朝鮮民主主義人民共和国（北朝鮮）と大韓民国という、今も葛藤や対立を繰り返す4つの「分断国家」が残っている。

　特に1950〜53年の朝鮮戦争、1983年のラングーン爆破テロ事件[2]、1987年の金賢姫が登場する大韓航空機爆破事件[3] という朝鮮半島分断から発生した出来事は、世界の安全保障に大きな脅威を与えた。脅威の原因となった南北分断は未だ解消されていないばかりか、金正恩体制の出現で、緊張は増大し続けている。

　日本にとって、南北分断が他の国際的緊張と大きく異なるのは、朝鮮半島をめぐり発生する事態の1つ1つが、日本の未来を直接決定する重い課題を含んでいる点だ。北朝鮮の金正恩体制は「核・ミサイル」開発の加速化などで、国際社会への圧力を強めている。その対応策をめぐって、韓国では中国との関係強化の試みが繰り返されたり、「自主核武装論」や米韓

安保体制の強化を望む声が起きたりするなど、中国と米国の狭間で厳しい判断を迫られている。日本も「蚊帳の外」でいられるはずがない。

2011年12月17日、金正日総書記が死亡し、既に後継者として公式化されていた金正恩・朝鮮労働党中央軍事委員会副委員長（その後、朝鮮労働党第1書記、国防委員会第1委員長に就任、2016年5月の朝鮮労働党第7回党大会で朝鮮労働党中央委員会委員長に就任。以降は必要な場合は日本メディアで一般的に使用される委員長の肩書を主に使用する）が権力を継承し、世界にも類例を見ない社会主義国家における「3代世襲」が完成した。

北朝鮮情勢の変化によって、日本は政治・外交・経済・社会等、あらゆる分野でどのような「リスク」や「危機」に直面してきたのか、そして今後、さらに受け続けることになるのか。

起こりうる「リスク」を回避し、起きてしまった「危機」による影響を最小限に抑えるのが「危機管理」の要諦である。だからこそ、北朝鮮情勢の真相を的確な情報に基づいて判断し、適切な行動・対策を取ることが重要となるのである。

故に、本研究では、まず金正日の国家指導体制・統治スタイルと金正恩が確立を目指すそれとの相違を明らかにする。さらに金正恩体制確立によって生じる朝鮮半島情勢の変化、関係諸国に与える影響を検討し、日本が取るべき国際政治上の「危機管理」の具体的方策を提案することが重要と判断される。

本研究は、金正日体制から金正恩体制への過程で生じた変化を
①「軍中心」→「党中心」
②最高指導者の権威強化
③核保有国としての、それにふさわしい国際社会での待遇要求
の3点にあると仮定する。

その表出が、2016年5月6日から9日まで開催された朝鮮労働党第7回党大会で行われた党中央委員会政治局など党機関の「権限・機能」復活だった。

朝鮮半島専門家や一部メディアは「新旧世代交代の幅が小さかった」

「世代交代を一気に進めると軍部元老らによる反発の危険性があった。だから少しずつしか世代交代は進まないだろう」[4] と主張した。

　しかし、第5章で詳述するように、第7回党大会で明らかになった組織改編・人事で、金正恩委員長は、金正日体制下で弱体化した政治局をはじめとする党組織全体の刷新と将来に向けた人事強化策を実行した。従って、金正恩の目的は、金正日時代にはびこった、軍部エリートによる党組織の職責独占状態を解消し、その代わりに党や政府機関（内閣）で政策実務を担当してきたエリート集団を党ばかりか軍関連組織の中核に抜擢することであり、党大会を「先軍政治」の金正日体制から「党中心政治」の金正恩体制に完全変化させる大きな契機にするためだったと判断できる。

　だが、こうした仮定を検証するには、党大会における1回だけの人事や組織変化を追うだけでは不十分である。

　まず、金正日体制下で北朝鮮の指導体制が「党中心」から「軍中心」に変貌していった過程と理由を明らかにし、金正恩体制下で、なぜ「党中心」に戻したのかを、長期間にわたる客観的なデータ分析の積み重ねによって検証しなければならない。

2．研究目的

　北朝鮮の建国以来の統治原理は「首領制」にある。

　朝鮮民主主義人民共和国社会主義憲法（2012年改訂）の序文は「朝鮮民主主義人民共和国は偉大な首領金日成同志及び偉大な指導者金正日同志の思想及び領導を具現した主体の社会主義祖国である」と述べている。

　「首領」とは、党と国家機関の両方を動かす（領導する）唯一絶対の指導者であり、その「首領」（金日成）の領導を、代を継いで継続的に実現することを目的とする体制が「首領制」である。

　メディアでは、首領（＝主席、総書記、第1書記、党委員長）が党や国家制度の上位に置かれているという点を強調し、首領による北朝鮮の指導体制を「金王朝」と呼び、近代国家成立以前に世界を支配した「専制君主制」と同等視する傾向にある。また、20世紀前半以降に出現した「軍事政

権」と類似性を見出そうとする傾向も強い。

　一方、北朝鮮公式報道機関は、金正日総書記の死去まで、権力継承後に推戴された「国防委員長」だけでなく、その前に就任した「党総書記（北朝鮮では総秘書）」の肩書で呼び続けた。軍の指揮権は「国防委員長」ではなく「朝鮮人民軍最高司令官」が握った。最高司令官の任命権は「党中央委員会全員会議」にある。

　つまり、金正日体制においても、北朝鮮の「首領制」は党の権限の下で維持・正統化されており、北朝鮮の国家体制は「専制君主制」や「軍事国家」ではなく、他の社会主義国家との類似性を持っていると判断できる。

　ただ、金正日体制下で、後に詳しくその定義と実態を述べる「先軍政治」が主張され、それによって、理論上の党主導の権力構造と、軍主導の国家運営の現実の間に乖離が生じ、軍部の権力が肥大化したと見ることができる。

　従って、2011年12月の金正日の死去で権力継承した金正恩は、この乖離を是正し、建国者・金日成主席が目指して実現できなかった党主導の国家指導体制確立と、「首領制」の本質である「唯一独裁体制」を完全回復させること、つまり「金日成回帰」を目指したと考えられる。

　本研究では、1980年代末から1990年代初めのソ連東欧圏崩壊や、同時期に起きた、朝鮮半島未曾有の大水害による極端な食糧不足に直面したことによる金正日体制の「軍部依存」への変質を、先行研究さらに、北朝鮮当局の公式文書、韓国政府機関の分析、日韓の研究者との討論内容などで確認する。

　さらに金正日から金正恩への「権力継承」によって、最高指導者の統治スタイルや国家指導目標に変化があったことを検証するため、金正日体制末期の2009〜2011年、金正恩体制が成立する過程の2012〜2014年の、計6年分の朝鮮労働党機関紙「労働新聞」を分析する。分析対象は、北朝鮮指導者の統治スタイルが、直接的に現れる「現地指導」や「視察・訪問」の記事内容に絞った。この部分が本論文の核心であると考えたからだ。さらにこの研究方法は、先行研究例が少ない点を強調しておきたい。

　また、金正日の喪が明けた2015年の労働新聞の動静報道内容を、現地指

導や視察・訪問の「目的」別に分類・分析することで、金正恩の国家指導方針が「軍中心」から「党中心」への回帰として固まっていく様子を確認する。併せて韓国政府の委託を受けて韓国の専門研究機関が実施した「脱北者インタビュー」の未公開資料を利用して、金正恩体制の安定性を検証する。

さらに、金正恩体制に関する労働新聞記事内容や脱北者インタビューの検証内容から、北朝鮮が対外政策を「対立」から「対話」へと変化させる可能性を示す。こうした検証・分析作業によって、日本の対北朝鮮政策を従来の「圧迫」一辺倒から、「対話」の受容と将来の「交流」を見据えた「関与政策」に変化させる必要性に言及することが可能になると判断した。

3．本研究の学術的意味

ここまで、労働新聞と脱北者インタビューによって金正恩体制の形成過程を明らかにし、統治スタイル分析から導き出される体制の安定性を検証する必要性を述べてきた。それは従来の北朝鮮体制研究が、北朝鮮情勢の現状と展望を正確に分析できず、多くの場合、希望的観測に基づく早期崩壊論に陥り、北朝鮮の核・ミサイル開発や度重なる軍事的挑発を生んできたからだ。北朝鮮情勢に関する「リスク・危機管理」の欠如を露呈してきたといえよう。

例えば、1994年7月の金日成死去後、平壌の金日成広場で開催された追悼集会の内容に関する国際社会の見方が、その代表例として挙げられる。集会で国家を代表して追悼演説をしたのは金正日ではなく金永南外相（当時）だった。また弔辞を述べたのは金光鎮・朝鮮人民軍次帥（当時）だった。北朝鮮専門家の多くは、金正日の権力基盤の弱さが演説しない（できない）理由だとみて、金正日体制の早期崩壊論の根拠の1つとなった。

だが金日成死去当時の金正日は、複数の幹部がその職責に就く朝鮮労働党書記の1人であり、国家を代表する肩書は持っていなかった。金永南外相が追悼演説をしたのは、北朝鮮の最重要課題であった核問題を担当して

いたからであり、金光鎮次帥は軍部のナンバーワンの地位にあった。社会主義国家の中でも、首領を頂点とする厳しい上下構造が存在する北朝鮮の実態を常識として知っていれば、金正日が追悼演説に立たないのは、むしろ当然と判断できたはずである。

　もう1つの例は、2011年12月の金正日死去に関する日本の分析に表れた。多くの専門家やメディアは金正恩の年齢の若さや経験不足から、金正日の実妹（金敬姫）の夫であった張成沢らを中心とする集団指導体制への移行可能性があると見た。だが、金正恩は権力継承直後から、自身を中心とする体制を強固にし、第2人者とみられた張成沢は処刑された。いずれも北朝鮮の「首領」による「唯一独裁体制」に対する理解不足と、30歳にも満たない若者が北朝鮮のような国家を率いていけるはずが無い、という先入観にとらわれたことによる失敗だったと考えられる。

　北朝鮮の体制研究は当然、社会科学研究の一環である。

　社会科学の科学性の核心は、その社会の成立過程（過去）と社会が稼働する実情（現実）を客観的に分析し、その社会の変化（将来）を正確に展望できるかどうかという部分に存在しなければならない。なぜなら社会科学の存在理由は、研究によって導出される社会分析に基づき、社会の未来を人類にとって望ましい姿に向かわせることにあるからである。

　これまでの北朝鮮研究は、研究者や政治家の自己中心的な判断基準に偏った分析方法を取ることによって、北朝鮮という社会の実情分析に失敗した。早期崩壊論に基づく「無関与」あるいは「無視」政策を取り、北朝鮮情勢分析をないがしろにしたことによって北朝鮮情勢を平和と安定に導く正しい方法の提示を不可能にしたと判断できる。従来の北朝鮮研究が、社会科学として根本的な欠陥を抱えていたというのは、まさにこの点にある。

　世界最強の超大国で、他国と比べられないほどの情報収集能力を持つ米政府でさえ、北朝鮮情勢分析においては失敗を味わった。

　1990年代半ば、北朝鮮は極端な経済・食糧難に陥った。歴史上、多くの国家は経済危機から政治的危機（混乱）を経て政権崩壊に至った。1980年代末から1990年代初めのソ連・東欧圏崩壊では、政権の崩壊が社会主義

体制の崩壊、国家崩壊を呼び起こし、社会主義国家は資本主義体制の国家
として再出発の道をたどった。北朝鮮も同様の経過をたどるだろうとの考
えが世界に広がった。1994年、北朝鮮が核を凍結すれば、米国を中心とす
る国際組織が軽水炉２基を提供することを決めた米朝ジュネーブ基本合意
当時の米クリントン政権の交渉チームが「10年以内の北朝鮮崩壊論」を基
に、北朝鮮への軽水炉提供などに合意したことは国際政治の世界ではよく
知られた事実だ。次に米政権を担ったジョージ・W・ブッシュ政権が発足
する直前の2000年、米CIAは「グローバルトレンド2015」という未来予測
報告書を出した。この報告書は「2015年には統一された韓国・北朝鮮が
アジア地域で相当な軍事力を誇示することになるだろう」と述べた。ブッ
シュ政権は、CIAのこの「希望的観測」に同調し、「早期崩壊論」に依拠
した対北朝鮮「無関与政策」を取った。その間、米国は金正日体制の動向
分析を放棄し、北朝鮮が核開発を継続していることを察知できなかった
（あるいは、しようとしなかった）。北朝鮮が2006年10月の核実験で核開
発への強い執着を示すと米政府は米朝接触を再開し、闇雲に支援再開を約
束した。それ以外に北朝鮮の核実験を押し止める外交的手段を持っていな
かったからである。

　韓国でも同じ状況が展開された。2008年に発足した李明博政権の時期、
国家情報院には「2015年北朝鮮急変事態論」が定説のように広まってい
た。2016年１月26日の韓国紙・中央日報日本語版WEBサイトのコラム「外
交なき北核外交＝韓国」は李明博政権の対北朝鮮政策の根本を「３代世襲
にともなう体制の不安定性のために金正恩政権が数年も持ちこたえられな
いだろうという『自己満足的予言』だった」と述べ、有効な対北朝鮮政策
を打ち出せなかった同政権の５年間を批判した。同様の北朝鮮観は2013年
に発足した朴槿恵政権にも大きな影響を与え、韓国政局の混乱もあって有
効な南北接触は途絶えたままの状況が続いている。

　米韓両国の対北朝鮮「無関与政策」の結果、北朝鮮は核・ミサイル開発
を急速に発展させた。米韓と足並みを揃えるように国際社会が監視を怠っ
たことで、北朝鮮が製造した核兵器の所在や量を把握することは不可能に
なった。

北朝鮮研究は、一時も弛む事の無い科学的な現状分析と、それに基づく将来展望によって進展していかねばならない。本研究の学術的意味は、北朝鮮がこれまで構築してきた社会の中に存在する客観的な事実（労働新聞、法律・制度）を通して、金正恩体制の統治スタイルを分析し、さらに脱北者インタビューという客観的情報によって、金正恩体制の将来を展望する点にある。「希望的観測」や既成概念に頼らず、科学的な北朝鮮の体制分析の成果を上げることで、初めて、日本をはじめとする国際社会は北朝鮮の核・ミサイル開発を阻止し、「平和と安定」という望ましい方向に向かわせる、対北朝鮮「リスク・危機管理」の方法を導き出すことができると考える。

４．本研究と「国際危機管理」の関連性

　序章の最後に朝鮮半島情勢の変化が、いかに「国際危機管理」に影響を及ぼしてきたかを朝鮮半島情勢がたどってきた歴史の経過を基に論じておきたい。

〈古代から帝国主義時代〉
　紀元300年ごろ朝鮮半島の北に高句麗、南に百済、新羅の３つの王国が存在し、668年には新羅が朝鮮半島で初めての統一国家を樹立した。それから20世紀半ばまでの約1300年間、朝鮮半島の国家は、朝鮮語（韓国語）という独自の言語と文化を維持し、発展してきた。
　一方、朝鮮半島は、その地理的な条件のために国際政治上しばしば困難な情勢に置かれてきた。朝鮮半島に最も大きな影響力を維持してきたのは中国であり、朝鮮半島の統一国家は常に中国に朝貢し、その見返りとして国家承認と保護を受けてきた。16世紀に日本が拡張主義をとり、豊臣秀吉が中国大陸侵略の前段階として朝鮮半島を２回にわたり攻撃した（文禄の役：1592年５月〜1593年７月、慶長の役：1597年１月〜1598年12月）が、李舜臣将軍の水軍による活躍で日本を撃退するなどして、独立を維持してきた。

　その安定が決定的に打ち破られたのは19世紀半ばの帝国主義の勃興であった。アジア大陸進出を目指す欧米諸国と、明治維新で近代国家にいち早く変貌を遂げた日本が、朝鮮半島に艦隊を派遣し「通商」を理由に開国を強制し始めた。

　欧米列強より遅く帝国主義的拡張政策を取り始めた日本は、1902年に当時の覇権国家・英国と日英同盟を締結し、日本は中国における英国の利権を認める代わりに、朝鮮半島における日本の特殊権益を認めるよう要求した。これに脅威を感じたロシアは日本と対立を深め、1904年に日露戦争が勃発した。日本はこの戦争に勝ち、朝鮮半島支配の基礎を固めた。さらに、1905年、米国は日本の朝鮮半島統治に反対しない代わりに、日本は米国のフィリピン統治を妨げないと確約（桂・タフト協定）した。日米両国の密約により日本は朝鮮半島植民地化を最終決断し、1910年に朝鮮半島を完全併合（韓国併合条約）した。以降、1945年の第2次世界大戦における敗戦まで、日本は朝鮮半島の支配者として君臨したのである。

〈冷戦時代初期〉

　第2次世界大戦の最終盤、ソ連が対日宣戦布告して満州と朝鮮半島北部に侵攻した。ソ連が朝鮮半島を占領すれば日本と東アジアの共産主義化の可能性が高まる。第2次世界大戦中、ソ連の意図にまったく気づかなかったとされる米国は、1945年8月10日、日本の無条件降伏直前に、北緯38度線を境にしたソ連と米国の分割統治案を作成、ソ連に提案した。

　第2次世界大戦の処理をめぐる連合国内の調整の最終段階で、朝鮮半島分断のシナリオが急遽描かれ、短期間で実施された。当初は「暫定的」な占領政策であったにもかかわらず、南北分断はイデオロギー対立を土台とする「東西冷戦」の最前線となった。

　1948年、38度線の北側ではソ連軍将校だった金日成（戸籍名は金成柱）を首班にした朝鮮民主主義人民共和国（北朝鮮）、南側では日本の植民統治期間中、米国で亡命生活を送った李承晩を初代大統領とする大韓民国（韓国）が成立。南北分断は固定化された。

〈朝鮮戦争〉

　1950年6月25日、北朝鮮は南に侵攻する。武力による朝鮮半島統一を狙った金日成が、ソ連の指導者、スターリンを説得して攻撃を実施した。

　スターリンがなぜ朝鮮戦争を承認したのか。先行研究は激しい論争を繰り返してきた。ソ連側の公式資料によると1949年3月、8月、9月、さらに1950年1月に金日成はスターリンらソ連指導部に南への侵攻の必要性を説明したことが明らかになっている。当初、米国との直接衝突を意味する南進に否定的だったスターリンが、最終的に金日成の説得に応じた理由は諸説ある。

①1949年10月1日、毛沢東は北京の天安門壇上に立ち中華人民共和国の建国を宣言したが国共内戦は終息していなかった。11月30日に重慶を陥落させて蔣介石率いる国民党政府を台湾に追いやったが、1950年6月まで小規模な戦いが継続した。1950年の毛沢東の完全勝利により、スターリンは米国勢力をアジアから完全に駆逐することを決意した。

②1949年8月29日、ソ連初の原爆実験がセミパラチンスク核実験場で成功した。米国がカザフスタン国境近くで放射性降下物を観測して実験成功を察知し、世界に公表した。米国の見込みよりも数年早い完成であり、スターリンは冷戦における最大の懸念材料であった核兵器の米独占状態を回避することに成功し、朝鮮戦争開戦を決意できた。

③1950年1月、ディーン・アチソン米国務長官は、日本・沖縄・フィリピン・アリューシャン列島に対する軍事侵略に米国は断固として反撃するとした「不後退防衛線（アチソン・ライン）」演説を行った。この演説では、台湾・朝鮮半島・インドシナなど「不後退防衛線」の除外地域に対する軍事的介入の意思表示はしなかった。これを聞いた金日成は、朝鮮半島における軍事的行動は米国の軍事介入をもたらさないと判断し、スターリンに開戦を迫った。

　これらの要素のどれかによって、スターリンは「国際情勢の変化」を理由に金日成の南侵に許可を与えたとされる。

〈朝鮮戦争と、それ以降〉

　1953年7月の朝鮮戦争休戦協定締結以降、朝鮮半島では大規模な軍事衝突は発生していない。しかし、ここまで述べてきたように、朝鮮半島情勢は古代から冷戦期に至るまで、世界列強の政策動向に大きな影響を受けてきた。

　古代においては中国の覇権による支配を受け続け、中世においては中国の覇権に挑戦しようと企てた新興国家・日本の戦略の犠牲者となった。19世紀の帝国主義時代には、欧米列強のアジア進出と日本の対外拡張政策の衝突の結果、日本の植民統治を受けることになった。さらに中国における毛沢東の革命成功や朝鮮半島から米国の影響力排除を願うスターリンを引き込むことによって、金日成に朝鮮戦争開戦を決意させた。

　その後も、米国のベトナム戦争介入失敗を契機とする、カーター米政権の海外戦力撤退政策の一環として、1977年に在韓米軍撤退構想が立てられた。国内の反対によって撤退は実現しなかったが、当時の朴正煕・韓国大統領は米国から、民主化勢力弾圧によって生じた人権侵害問題の解決を要求された。朴正煕政権は米国の要求に抵抗したが権力は低下し、1979年に朴大統領は暗殺される。また、1980年の光州事件（韓国では、民主化運動の中心人物だった金大中が政権を握ると「光州民主化運動」と呼ぶようになった）を契機とする韓国国内の民主化運動の高まりを呼び、やがて盧泰愚政権による大統領直接選挙制度導入を核とする、1987年の「民主化宣言」につながっていく。

　そして、1990年代以降は、本研究の核心テーマの1つである北朝鮮の核・ミサイル開発が「国際危機管理」の最大の争点となって浮上するのである。

〈まとめ〉

　ここに述べてきたように、古代から現在に至るまで、朝鮮半島情勢は当時の覇権国家の世界戦略の大きな要素を占めてきた。冷戦構造が崩壊し、米国の一国支配が揺らぎを見せる今、朝鮮半島情勢に影響を及ぼす主役は米国と中国の2大国に割り当てられるようになった。しかし、この両大国

の思惑にだけ、情勢変化の主導権を委ねるのでは、北朝鮮と接する韓国や朝鮮半島に近接する日本の安定と平和が達成される可能性は低い。

　ゆえに、本研究は、金正恩体制の形成による国際危機管理の変化を分析しつつ、日本がこれまでの国際社会依存の対北朝鮮政策を放棄し、韓国に積極的に働きかけることによって、より効果的な「リスク・危機管理」を主導的に実行する必要性を主張することを最終目的に定めたのである。

第1章

先行研究

1．公式文書による体制研究と、その限界

　日本における北朝鮮の体制研究は、中国、ソ連の体制分析に比べて件数が少なく、1990年代初めに和田春樹[5]、鐸木昌之[6] の体系的な金日成、金正日研究が登場した。

　韓国では世宗研究所の李鍾奭[7] による「現代北韓の理解」（歴史批評社〈ソウル〉、2000年）が歴史・思想・政治・経済の分野別に北朝鮮を客観的データに基づいて分析した、大きな研究成果として残されている。

　1990年代前半〜2000年代初めにかけての、日韓における北朝鮮研究は、北朝鮮当局が発行する、朝鮮労働党機関紙・労働新聞、北朝鮮政府機関紙・民主朝鮮の記事、北朝鮮国営・朝鮮中央通信を通じて明らかにされる声明、社説、論評等の公式発表、「金日成著作集」（1929〜90年）、「金正日著作集」（1964〜2010年）の出版物など、公式文書分析を基礎に行われた。

　現在では、これに「金正恩著作集」（2014年）が加わっている。

　先行研究の多くが公式文書に頼らざるを得ない理由は、外部から北朝鮮への入国が厳格に規制されてきたからだ。

　本研究の筆者は、金日成の誕生日に合わせて毎年4月に開催される「太陽節」[8] 関連の重要国家行事など、1990年代初めの北朝鮮を取り巻く国際情勢が緩やかだった時代を中心に、北朝鮮国内取材の機会を得た。1992〜2004

年の間、複数回にわたり北朝鮮を訪問したが、滞在許可期間は最大で1週間だった。訪問場所も平壤、南浦、元山などの大都市や板門店などに限定された。地方訪問はほぼ許されず、現地調査・取材だけで北朝鮮の実情に迫ることは極めて困難だった。

2. 労働新聞[9]を使った北朝鮮研究の先例

公式文書を使った北朝鮮研究の中でも、1945年11月1日に朝鮮共産党北部朝鮮分局機関紙「正路」として創刊された「労働新聞」を使った研究は、「労働新聞」の歴史の長さや、日刊紙であり資料としての分量が多いことから、特に、韓国で取り組まれてきた。

写真1−1　金正日の死去を伝える2011年12月20日付「労働新聞」。1945年の創刊以来、最高指導者の動静を伝え続けてきた

　「労働新聞」を研究対象にした近年の韓国の主な研究成果は年代別に並べると以下の通りである。[10]

〈金正日時代〉

1 ）「『労働新聞』に現れた対南報道論調分析：2008年以降を中心に　言論科学研究10」（2012年、韓国地域言論学会、김영주〈キムヨンジュ〉）

2 ）「金正日時代（1998〜2007年）北韓当局の統一談論分析：労働新聞見出しを中心に」（2008年、統一政策研究17　統一研究院、김석향〈キムソッキャン〉권혜진〈クォンヘジン〉）

3 ）「『労働新聞』を通して見た北韓の女性：国家建設期から首領制成立期までを中心に」（2005年、言論科学研究 5 、韓国地域言論学会）

4 ）「『労働新聞』を通して見た北韓の首領制形成と軍事化　アジア研究48」（2005年、高麗大学、アジア問題研究所、김용현〈キムヨンヒョン〉）

5 ）「1960年代の北韓の対南認識と対南政策：労働新聞分析を中心に」（2004年、国際政治論叢44、韓国国際政治学会、지미영〈チミヨン〉）

6 ）「金正日政権の分野別政策変化推移分析：『労働新聞』（1994年 7 月 4 日〜2001年11月31日）社説・政論・論説を中心に」（2001年、研究叢書01－12、統一研究院）

7 ）「対北包容政策に対する北韓の反応：1997－1999、労働新聞論評を中心に」（2000年、韓国政治学会報34、韓国政治学会、이항동〈イハンドン〉）

8 ）「労働新聞社説分析による北韓政策の変化：1987－1996」（1997年、韓国政治学会報31、韓国政治学会、이항동）

9 ）「『労働新聞』を通して見た社会主義圏改革に対する北韓の立場」（1990年 3 月、実践文学、実践文学社、최성〈チェソン〉）

〈金正恩時代〉

1 ）「金正恩時代の感性政治とメディアの文化政治学　『労働新聞』の歌謡テキストを中心に」（2016年、批評文学59、韓国批評文学界、이지순

〈イジスン〉）

2）「『労働新聞』社説・論説を通じてみた北朝鮮女性談論と女性政策の変化」（統一研究政策24、2015年、統一研究院、현인애〈ヒョンイネ〉）

3）「北韓労働新聞に現れた音楽政治　労働新聞1面楽譜を中心に」（2015年、文化政策論叢、韓国文化観光研究院）

4）「『労働新聞』を通して見た金正恩政治スタイル」（2014年、社会科学研究30、겨성〈キョソン〉大学校社会科学研究所）

5）「北韓『労働新聞』に現れる、図書館関連記事分析」（2014年、韓国文献情報学会）

6）「2013年北韓政策論調：分析と評価」（2014年、KINU政策研究シリーズ13－07、統一研究院、박형중〈パクヒョンジュン〉）

7）「金正恩イメージ管理戦略：労働新聞1号写真を中心に」（現代北韓研究16、2013年、北韓大学院大学、변영옥〈ビョンヨンオク〉）

8）「北韓内　公的・私的人権談論　分析」（社会科学研究院、社会科学研究論叢27、2012年、梨花女子大学校梨花社会科学院、김석향）

注：上記　　　は北朝鮮の政策・統治スタイルを総合的に研究対象にしたもの

3．まとめ　本研究の「労働新聞」分析及び脱北者インタビュー分析の意義

　前述の通り、労働新聞を使った類似手法によって、金正日時代については、政策・統治スタイルに関する、総合的な研究成果が発表されている。

　しかし、金正恩体制については、「音楽」「女性政策」「写真」「人権」などの各分野に限定した研究は存在するが、政策・統治スタイル全般と国際社会への影響を分析した研究はわずかしか存在しない。例えば、金正恩の訪問先に関する報道内容以外の分析（訪問した軍部隊・企業所の設立年代、装備品の分析、金日成や金正日の過去の訪問の有無など）に基づいて、金正恩がその場所を訪問した意味を検討するというような多角的な分類・分析は実行されていない。さらに金正日時代の動静報道内容との比較により、金正恩が国家全体の指導方針をどのように変化させようとしているかを明らかにする、金正日時代と金正恩時代の比較研究も実施されていない。

　金正日体制から金正恩体制への変化を科学的に検証するには、より長期間にわたるデータ分析の積み重ねが不可欠である。

　そのためには、序章でも指摘したように、長期間にわたる政策変化が検証可能で、分量も多い朝鮮労働党機関紙「労働新聞」を使った体制分析、統治スタイルの研究が不可欠であるが、特に、金正恩の政治・統治スタイルを分析した研究成果はまだ少なく、その内容は不十分であるのが現状だ。

　その理由として考えられるのは下記の 3 点にある。

①労働新聞がデータベース化されていない。データベース化されていても、情報機関などによる内部分析用として蓄積されている。この場合、複数の行政担当者が日替わりで紙面分析を担当しており、記事分析のための統一された基準がない。北朝鮮に関する専門的知識や経験を積んだ専門研究者が一定の基準で記事を分類・分析する必要があるが、近年の論文成果主義（執筆件数、引用件数）に偏重する学界の中で、こうした基礎研究が軽視あるいは敬遠されている。

②政府情報機関や研究者の分析の多くは、労働新聞の「見出し」や前文部分の分析に留まっており、専門知識に基づく記事内容の深読みが行われていない。これも深読みには極めて長い時間がかかり、北朝鮮独特の政治・経済・社会用語を読解するのは容易ではない

③金正恩体制に入ってから、労働新聞の制作スタイルが大きく変わった。その代表は本研究でも後述する写真報道である。近年、北朝鮮の経済開放政策（外国人投資促進、自由市場の拡大など）により、中国や韓国の情報が北朝鮮の一般住民に届く機会が増えている。

　従来、労働新聞は活字メーンであり、最高指導者「神格化」の過程を紹介する際、絵画などを使ってきた。だが、外部から流入する画像・映像情報に対抗する手段として画像・映像を多用することになったとみられる。その手法は明らかに外部社会（中国・韓国・日本）を模倣したものであり、労働新聞を通じた北朝鮮の宣伝・扇動政策の理解には、メディア専門家よる分析が不可欠となった。

ことなどが挙げられる。

そこで北朝鮮情勢を長年研究し、メディアの世界でも30年以上活動した経験を持つ筆者が、金正日と金正恩の国家指導方針や指導スタイルの変化を証明し、金正恩の統治スタイルと国家指導目標を明らかにするため、新たな視点と基準で労働新聞の記事分析を実行する必要性があると判断した。

　具体的には、金正日体制末期の2009〜2011年と金正恩体制が形成される過程の2012〜2014年の計6年分の「労働新聞」に掲載された最高指導者の「動静報道」（現地指導、視察・訪問等）の内容を比較・分析する手法をとった。さらに金正恩体制の統治スタイルが確定した2015年の「労働新聞」に掲載された動静報道を目的別に分類・分析して、金正恩体制の統治スタイルと国家指導目標の特徴をより明確にしようと試みた。

　一方、本研究の脱北者インタビューによる金正恩体制分析の意味も極めて大きい。

　これまでの脱北者インタビューは主に韓国情報機関、または情報機関から委託を受けた研究機関によって実施されてきた。韓国では李明博政権、朴槿恵政権という保守派が支持基盤の政権が国政をつかさどってきた。問題は保守派の対北朝鮮政策はことごとく「早期崩壊論」によって立案・実施されてきた点にある。

　2014年の新年記者会見で朴槿恵大統領は「統一テバク（韓国語で「大もうけ」の意味）」論を主張した。統一により韓国経済が飛躍的に発展することを意味した言葉であり、韓国国民に景気上昇の特効薬が手に届くところにあることを感じさせるための発言だった。2016年1月には、韓国で英国の北朝鮮大使館員の亡命が大々的に報道された。当初報道では、この人物は、北朝鮮の核心エリートである「抗日パルチザン」家系であり、金正恩の裏金を管理する人物である可能性が報じられ、金正恩体制動揺の証拠の1つとされた。

　だが北朝鮮側は「統一はテバク」発言を吸収統一を意味する発言として非難し、韓国との経済交流を断絶する理由となった。英国大使館員は北朝鮮の核心エリートではなく、脱北動機も家族の将来を考えてという平凡なものであったことが明らかになった。

　第5章で詳述するが、金正恩体制は、2016年、36年ぶりの第7回党大会を

開催し、党の組織と人事を整備した。初期の頻繁なエリート交代も次第に安定している。党出身の朴奉珠総理（経済）、崔竜海（外交）、黄炳瑞（軍事）の3人の側近が国家運営の基幹を担う体制が強固に形作られた。国連制裁決議の効果も明らかに限界を示している。

　こうした現実を無視して、北朝鮮早期崩壊論を立証しようとする意図の下で公表されてきた脱北者インタビューは、科学的な北朝鮮の体制分析に有効であるはずはなく、むしろ有害である。本研究で分析した脱北者インタビューは、脱北者の実名や出身地、職業が明記されており、回答内容に関しては、20年以上の北朝鮮研究の経験を持つ専門家による検証がなされている。そうしたインタビュー内容が、韓国以外の研究者によって学術研究に利用されるのは、例外的なことである。

　こうした特徴を持つ本研究の労働新聞と脱北者インタビューを使った金正恩体制の指導スタイルやリーダーシップの分析内容は、北朝鮮研究における先駆的な研究成果といえる。

第2章

金正日による
「先軍政治」への変化の理由と過程

金正恩の「金日成回帰」を証明するためには、まず金正日が主導した「先軍政治」の特徴を分析する必要がある。

1994年、金日成の死去によって金正日体制が正式出発する。金日成は生前から、金正日を後継者に指名し「帝王学」を学ばせたといわれる。

本研究は、金正日体制の成立過程で金日成体制からそのまま受け継いだものと、途中で「先軍政治」へと変質していったため、金正日体制が抱えることになる問題点を指摘することを目指す。

それによって本研究の目的となる、金正恩が「先軍政治」を「党中心政治」に回帰させようと決断した動機も明らかになると判断したからである。

1. 金正日体制成立

■ 金正日権力継承まで

後継者公式化の過程で、金日成は極めて入念に、金正日の「神格化」を実施する。ほとんど政治経験のない後継者であったからだ。その神格化によって、金正日の経歴は、出生場所からして、北朝鮮正史と西側の研究結果が食い違うことになった。[11]

北朝鮮の正史によると金正日の出生地は金日成が抗日パルチザン闘争をし

ていた中朝国境・白頭山の密営。西側研究では当時、金日成が日本当局の追及を逃れるため避難していたソ連ハバロフスク近郊のビヤツコエ村で、金正日は「ユーラ」というロシア名を持っていた。1945年11月、母・金正淑とともに帰国したが、7歳で母と死別した。朝鮮戦争休戦（1953年7月）後、万景台革命者遺子女学院、南山高級中学を経て、金日成総合大学政経学部を卒業する。

その間、1958年、東ドイツ航空軍官学校に2年間留学を経験している。金日成の革命第1世代が、十分な教育を受けられなかったのに比べれば、金正日は北朝鮮で正規の教育を受け、留学までしている点が、建国当時の革命家と大きく異なる。

1964年、金日成総合大学卒業後、金正日は朝鮮労働党中央委員会組織指導部に入る。北朝鮮の公式記録・発表によると、青年時代の金正日は映画制作、音楽等の芸術分野で活躍した。100人以上のオーケストラが演奏中、1人のバイオリニストのミスを指摘したという逸話が金正日の「天才的な才能」の実例として公表されている。

金正日の指導体制の形成は、最高指導者への正式就任のはるか前から始まっていた。社会主義国としては「破天荒」といえる父から息子への権力継承準備は、次の3段階にわたって行われた。

第1段階は1973年9月。朝鮮労働党中央委員会第5期第7回全員協議会（総会）で、金正日が「組織・宣伝・扇動」担当の党書記に選出された時に始まった。さらに1974年2月の第8回全員協議会で政治局員に登用されることで、北朝鮮指導部内で金正日総書記は「後継者」として認識された。

第2段階は前述の第8回全員協議会から1980年10月の第6回党大会までの期間だ。党大会で金正日は、党中央委員会委員、党書記、政治局委員、政治局常務委員、軍事委員会委員に選出され「敬愛する首領である金日成同志の唯一の後継者、偉大な後継者、党と革命の英明なる指導者」[12] となり、後継者としての立場が対外的にも表明された。

第3段階は第6回党大会から、前述の1990年5月24日、第9期最高人民会議第1回会議において国防委員会第1副委員長に選出され、軍事を掌握し始めたときまでの期間であると考える。

この３段階の準備期間を経た上で、翌1991年12月24日の第６期党中央委員会第19回総会において、権力継承は本格始動する。同総会で金正日は、朝鮮人民軍最高司令官に「推戴」され、1992年４月20日には朝鮮民主主義人民共和国元帥の称号を授与された。

　1972年に改訂された朝鮮民主主義人民共和国社会主義憲法（1972年憲法）では、軍の統帥権は国家主席にあり、朝鮮人民軍最高司令官と国防委員長は国家主席が兼務することが定められていた。つまり、金正日の最高司令官就任は「超憲法的な措置」であったことになる。しかし1992年４月９日に再度、憲法が改訂され、最高司令官の規定が削除されるとともに、軍の統帥権は国家主席から国防委員長に移った。

　そして、1993年４月９日の第９期最高人民会議第５回会議において、金正日は国防委員会委員長に「推戴」され、軍の統帥権を掌握した。

　1994年７月８日、金日成が死去した。金正日は国家元首の地位を正式に継承はしなかったものの、この日から事実上の最高指導者として統治を開始した。

　そして、３年に及ぶ「服喪」を経た1997年10月８日、金日成の死によって空席となっていた、朝鮮労働党中央委員会総書記に「推戴」され、1998年９月の最高人民会議第10期第１回会議において、改めて国防委員会委員長に選出された。これによって、金正日は名実共に北朝鮮の最高指導者・権力者になり得た。

■ 継承準備作業の意味

　権力継承までの各段階の意味合いを検証してみよう。

　1973年からの「第１段階」で行われたのは「実績作り」だった。金日成は実弟の金英柱の「党組織部長」の職を解き、金正日の異母弟、金平日を外交官として国外に派遣する。これは北朝鮮内に当時、金正日の後継者擁立に反対する勢力が存在したことを物語る。金日成の近親者を担いだ「反対勢力」の結集を防ぐための措置だったと考えられる。

　そして金正日自身は、北朝鮮建国後に確立された教育システムで育った

「金正日派」と目される若手党員を地方、軍部、生産現場に送り込み、思想・技術・文化を指導する「三大革命小組運動」を組織、活動させ、反対派の排除に当たった。当時、金正日によって排除された有力者が誰であるか北朝鮮は一切、発表しなかった。ソ連・中国の権力闘争をつぶさに見てきた金日成が、反対派排除の基本シナリオを作り、それを「脚色」して実現したのが金正日だったことは間違いない。

　さらに1980年の党大会で後継者であることが内外に公表された「第2段階」では、金正日自身による、後継作業の徹底が図られる。全国に父・金日成の功績を記念する大建築物の建設を推進した。代表的な建築物として、金日成が国家指導理論として創造したとされる「主体思想」を記念する「主体思想記念塔」、パリのものを上回る大きさの凱旋門、世界に向けて経済力と技術力を示そうとした105階建ての「柳京ホテル」建設が挙げられる。

　鐸木昌之は「金正日指導体制を中央から下層までの党組織内で確立するために、党組織の要である党中央・道・市・郡などの各級党組織の指導員が再教育されねばならなかった。そのために74年7月、全国党組織活動家講習会が1カ月間開催され、各級党組織部指導委員が参加した」「金日成はこの講習会に送った書簡の中で『全党が党中央の唯一的指導のもとに動く厳しい組織規律を確立することは党隊列の統一と団結を保障するための重要な条件の1つです。党中央の唯一的指導を離れては党内で思想意思的統一を保障できず、全党が一人の人間のように動く、全一的組織体になることができません』と語った」「金日成は、党中央の唯一的指導、すなわち党内における金正日の指導の確立を要求したのにほかならない」(13) と指摘している。

　金正日が政治的権力を振るうための源泉となったのが、金正日が持っていた「党中央委員会組織書記」の肩書だった。なぜなら党組織書記は北朝鮮体制を動かす朝鮮労働党のパワーエリートに関する人事権と統制権を持つからであり、政策の決定と執行を総括的に監督することが出来るからである。

　金正日は、金日成死亡から権力継承まで党書記の肩書を使っていた。ここでも、北朝鮮の最高指導者の権力の「源泉」は、名実ともに朝鮮労働党にあったことが証明できる。

　しかし金日成の死後、最高指導者として活動を始めた金正日は、朝鮮労働

党から与えられた力を国家運営面に十分発揮できない厳しい対内的・対外的経済問題に直面する。

　国防委員会第1副委員長に選出され、軍事を掌握し始めた「第3段階」以降、「党中心」から「軍中心」の国家指導という道をひた走ることになる。金日成の建国時の理想、そして金日成が金正日にかけた期待とは異なる指導スタイルを確立するに至るのである。

2．軍部重視への変質

　北朝鮮は、1980年代から1990年代にかけて、つまり金日成体制から金正日体制確立までの期間に、極めて深刻な経済・食糧難に見舞われる。

　主たる原因は、1980年代末から1990年代初めに起きたソ連・東欧圏の崩壊による経済危機の発生にあった。さらに1994、95年の大洪水、97年の大干ばつによる極端な食糧難が体制動揺に追い討ちをかけた。

　この経済・食糧危機の過程で、金正日体制の「軍重視」への変質が進行する。だが、その背景となる北朝鮮経済の崩壊は1980年10月の朝鮮労働党第6回大会当時、すでに深刻な段階に達していた。

　第6回党大会は第5回以来、10年ぶりに開催された。第5回から第6回の間の北朝鮮経済・社会の発展度を確認すると同時に、1980年代に北朝鮮社会が到達しなければならない目標として「社会主義経済建設10大展望目標」[14]を提示することに焦点がおかれた。

　しかし、1980年代は北朝鮮指導部にとって「試練」の年月だった。

　第6回党大会では1978年に始まった「第2次7カ年計画」[15]は「予定通り遂行された」と発表されたにもかかわらず、1983年に北朝鮮指導部は、事実上の経済計画の「修正案」である「第3次7カ年計画」[16]を発表せざるをえなかった。

　その「第3次7カ年計画」も工業総生産1.9倍、社会総生産額1.8倍、国民所得1.7倍の増加を目標にしていたが、ついに達成できなかった。すでに北朝鮮経済は、「停滞」から「衰退」の局面に移行していたのである。そこに追い討ちをかけたのがソ連・東欧圏崩壊だった。

　特にソ連との貿易は1990年11月、従来のバーター取引から国際市場価格に基づく国際通貨による決済に変更された。東欧の旧社会主義圏や中国との貿易も次々と国際通貨による決済へと変更され、深刻な外貨不足に悩む北朝鮮は輸入を大きく減らさざるを得なくなった。その結果、これまで貿易額の半分以上を占めていた対ソ連貿易は、ソ連が崩壊する1991年には前年比の約7分の1にまで減少し、東欧諸国からの援助も途絶え、北朝鮮経済は危機を迎えることになった。

　韓国銀行の推定によれば、第3次7カ年計画中の経済成長率は−2.74％とマイナス成長へと落ち込み、1993年12月、北朝鮮は、第3次7カ年計画未達成を公式に認めた。

　こうした危機に拍車をかけた大水害や大干ばつといった自然災害を北朝鮮が初めて、自ら報じたのは1995年8月17日だった。8月上旬に新義州で洪水が発生し、朝鮮人民軍が救助作戦を実施したことを明らかにした。さらに8月25日には黄海北道でも洪水が発生したことを伝え、その後、北朝鮮公式報

図表2−1　北朝鮮の穀物生産量

FAO発表データなどを基に大澤作成[18]
国連食糧農業機関（FAO）と世界食糧計画（WFP）の当時の推計によると、1993年に913万トンあった穀物生産量が1996年には261万トンにまで落ち込んだ。北朝鮮全体の食糧不足量は500〜600万トンに達し、外貨不足により、食糧の輸入も困難となった。

道機関は「洪水の死者68人、被害総額150億ドル」[17]と報じた。

9月18日には国連の援助物資が新義州の被災民に引き渡されたほか、日本を含む周辺各国から緊急支援・援助の申し出が相次ぐ状態であった。

だが、北朝鮮経済崩壊の根本的原因は「ソ連・東欧圏」崩壊などの対外的な問題以外、つまり対内的な問題にあった。金正日の権力継承作業に従って形成された「首領経済」と呼ばれる、国内経済体制が北朝鮮経済崩壊を引き起こす背景となったのだ。

1973年9月。金正日は、朝鮮労働党中央委員会第5期第7回全員協議会（総会）で「組織・宣伝・扇動」担当の党書記に選出され、74年2月の第8回全員協議会で政治局員に登用されると、金正日は金日成の後継者としての「高い徳性」を住民に示すため、父の功績を記念する大建築物の建設事業に着手する。

その中で最も重要とされるのは「主体（チュチェ）思想塔」[19]で、金日成が国家指導思想として生み出した「主体（チュチェ）思想」を具現したという塔である。

この他にも1980年代に平壌産院、パリのものより大きい凱旋門、10万人収容可能ともいわれる金日成競技場などの大建築物が相次いで建てられた。

また同時期から対南工作にも直接関与し始める。いずれも自身の権力継承をスムーズに進めるための事業であり、膨大な資金を要した。金日成の死去後には、遺体を永久保存するために「錦繍山記念宮殿」（後に錦繍山太陽宮殿と改称される）の拡張工事を行っており、その工費だけで8億9000万ドルの資金が使われた。この金額で北朝鮮の3年分の食糧を賄えたといわれる。

こうした資金獲得の必要性から、金正日は、主要工場、農牧場、水産事業所、研究所などを公式経済から切り離して軍に管理・運営させた。そこでは住民の必需品が生産されるのではなく、主に輸出物資が生産され、金正日と周辺の側近だけを潤す「首領経済」システムを構築した。その結果、公式経済には十分な原材料やエネルギーは回らず、食糧配給を主にした一般経済はマヒ状態に追い込まれた。食糧確保を配給に頼る一般住民に、1995年8月〜97年9月、洪水による食糧不足が襲い掛かった。少ない食糧は権力中枢部と軍部に優先的に配給され、韓国統計庁は食糧不足に関連した死亡者数を33万

6000人（1996〜2000年）と推定している。[20]

　1994年7月8日の金日成死亡により、金正日は「危機の体制」を本格的に引き継いだ。国家経済の運営・管理を担っていた党・政府の役割は低下し、軍部が国家機関に代わって金正日体制を支える形が始まった。こうして、軍重視の指導論理である「先軍政治」が生まれた。

　その確立には3つの段階があった。

■「先軍」第1段階

　まずは1994年の金日成死去から、「喪明け」までの3年間を「先軍」第1段階と規定する。その後、北朝鮮の「先軍」政治は段階的に強化されていく。

　金正日は、厳しい経済状況に陥った「瀕死」の体制維持のために「赤旗思想」「首領決死擁護精神」を宣伝し、さらに「苦難の行軍」[21]など1930年代の抗日パルチザン闘争、抗日遊撃隊に学ぶ運動を展開する。金正日は軍の無条件かつ絶対的な忠誠心を煽り、国家体制維持に活用しようとした。

　金正日は食糧支援の獲得に全力を挙げた。ただし最悪の食糧状態の中でも、軍への食糧配給は最優先で行っていた。

　また金日成の国葬が実施された1994年を除き、毎年、軍の人事を大胆に実施した。1997年には少将以上が1200人にも達した。厳敏俊は「（少将以上が）正規軍の0.1%を占め、通常レベルの倍の割合にあたる。名誉職とはいえ、元帥はゼロから2人。次帥も2人から13人に急増した。1995年2月16日の金正日の誕生日には少尉以上大佐までの中・下位級指揮官の階級も1階級ずつ昇進させた。財政逼迫にもかかわらず、これだけの人事を実施したことを見ると、軍の歓心を買おうと、どれだけ努力しているかがわかる」[22]と分析している。

■「先軍」第2段階

　第2段階では、軍の人事、食糧事情の優先解決などで「軍の歓心」を得よ

うとする金正日の目的がより具体化される。

　一般に「軍事国家」と呼ばれる体制は、軍が最高指導者の命を受け、社会・経済全般において、国家の運命を切り開く状態を意味している。前出の李鍾奭は「この軍事国家が、金正日が危機の北朝鮮を率いていく重要な政治的手段になっている」[23]と断じている。

　その具体的表出が、軍人労働力による社会インフラ建設であり、軍の事業推進方式が、社会全般の模範的な形式とされるに至った。1990年代中盤から北朝鮮を苦しめてきた食糧問題の解決のため、農場にも軍を派遣した。軍が「『国防』の守護者である以上に、『北朝鮮の社会主義』」の守護者となり、「我が祖国保衛も、社会主義建設もすべて任せた」[24]状態となる。軍人建設作業員があらゆる重要施設の建設に当たった。「強盛大国建設」のための突貫工事が実施され、農場、企業所に軍人が派遣された。

　金正日は「今、軍人建設労働者らの闘争の気勢は天を突くほど高く、党と勤労団体の担当者等は、戦闘員らの沸き立つ熱気に合わせ、組織政治活動をより組織的により強く行うことで、大衆を力強く導いていかねばならない」[25]と指摘するなど、軍以外の組織も軍の責任感と犠牲精神を学ぶことを要求した。

　「軍事化」は、経済分野にとどまらなかった。
　①社会全体が命令に従い一心不乱に働く軍隊精神で社会を統一する
　②体制に対する抵抗意識が成長することがないよう、住民の思想・行動
　　の管理を徹底する
　③対外交渉（外交）においても軍事力を背景にした交渉術を駆使する
　という政治的な側面にも「軍事化」が進展する。
　その権能を具体化したのが「国防委員会」の権限強化だった。

　国防委員会は、1972年採択の朝鮮民主主義人民共和国社会主義憲法によって設置された中央人民委員会傘下の部門別委員会だった。1998年の憲法改訂まで、委員長は国家主席が兼務し、実質的な権限は持たない組織であった。
　しかし「軍事化」は国防委員会の性格を一変させる。1998年9月の第10期

最高人民会議第1回会議において憲法が改訂され、国防委員会は「国家主権の最高軍事指導機関かつ全般的国防管理機関」[26] として位置づけられた。

　具体的権能としては、人民武力部を中心とする国防部門の中央機関の設置・廃止、重要軍幹部の任命と罷免、戦時状態と動員令の布告などを行うことが規定された。さらに、国防委員長は憲法上の職権として国家の一切の武力を指揮・統率して国防事業全般を指導することが定められた。

　国防委員長の職権は憲法上では軍事部門に限定されたが、1998年9月5日の第10期最高人民会議第1回会議において、国防委員長選出は、憲法改訂によって対外的な国家元首として位置づけられた最高人民会議常任委員長など他の国家幹部の選出に先立って行われた。さらに金永南委員長[27]（同日、最高人民会議常任委員長に就任）が、金正日を国防委員長に「推戴」する演説で、国防委員長を「国家の最高職責」と宣言し、「国の政治・軍事・経済力の全般を建設、指揮する」と規定することで、国防委員長を実質的な国家元首として位置づけた。

　1998年の憲法改訂以来、国防委員会は1カ月に1回会議を開催するようになった。従来、北朝鮮では内閣が経済計画を立て、実行していた。しかし、国防委員会で経済活動全般にわたる討議と決定が実行されるようになり、国防委員会の会議には、メンバーの委員のほか、党組織指導部副部長、党部長、各省庁部長らの官僚らも参加した。

　2009年の憲法改正[28] では、こうした制度が公式化される。

　第1章「政治分野」第3条の「主体思想を自身の活動の指導的指針とする」という部分を「主体思想、先軍思想を自己の活動の指導的指針とする」に変更。「先軍思想」を主要な思想に含めた。先軍思想は、表現通り軍事を先に立たせて、革命軍隊に基づいて革命と建設を推進するという内容であり、かつて労働階級を社会変革の主体として位置づけた建国の思想とは異なり、軍隊を国家の根幹にするという意味を含んでいた。

　それが明記されているのは第4条の「共和国の主権」に関する部分で、従来の「労働者、農民、勤労インテリ」に「軍人」を新たに入れて、指導思想として「先軍思想」の優先性を明示した。「軍人」を労働階級と共に主権勢力に含めたのは、軍を国家の中心勢力として位置づけ、軍の権限を更に強め

ようとしたからである。

　国防委員長に関する内容は全て、この憲法改訂で新設された。具体的には国防委員長は「最高領導者」と表現され、任期は最高人民会議と同じ５年と規定された。また、国防委員長は武力全般の最高司令官になり、国家の一切の武力を指揮、統率すると明示している。

　さらに、国防委員長の任務と権限は

　▷国家の全般事業の指導

　▷国防委員会事業を直接指導

　▷国防部門の重要幹部を任命又は解任

　▷外国と結んだ重要条約を批准又は廃棄

　▷特赦権の行使

　▷国の非常事態及び戦時状態、動員令の宣布

であると規定された。

　これまでは「国家主権の最高軍事指導機関であり、全般的な国防管理機関」と規定されていたが、「国家主権の最高国防指導機関」と新たに規定されており、その役割には先軍革命路線を貫徹するための国家の重要政策の樹立、国防委員会委員長の命令、国防委員会の決定、指示執行状況を監督し、対策の樹立、指示に外れる国家機関の決定、指示の廃止などの内容が追加されたことから、国防委員会が強化されたことが分かる。[29]

■「先軍」第３段階

　前出の厳敞俊は「2000年６月の南北首脳会談を転機に、先軍政治は『先軍思想』に格上げされ、体制保持と経済建設の指針にとどまらず、国政全般のイデオロギーと化している」[30] と指摘する。つまり、先軍思想が党のすべての戦略・戦術、路線と政策の礎石として、党・国家建設と活動の根本指針、つまり、すべての社会成員の日常的な思考と行動の規準になっている。さらに、第３段階では、下記のように南北首脳会談後は統一理念としての性格が加味された。

　「あらゆる外国勢力を排除し、我が民族で力を合わせ、平和的に祖国統一

図表2-2　韓国銀行「北朝鮮経済成長率推定結果」⁽³³⁾

'90	'91	'92	'93	'94	'95	'96	'97	'98	'99	'00	'01
-4.3	-4.4	-7.1	-4.5	-2.1	-4.4	-3.4	-6.5	-0.9	6.1	0.4	3.8
(9.3)	(9.7)	(5.8)	(6.3)	(8.8)	(8.9)	(7.2)	(5.8)	(-5.7)	(10.7)	(8.8)	(4.0)

'02	'03	'04	'05	'06	'07	'08	'09	'10	'11	'12	'13	'14
1.2	1.8	2.1	3.8	-1.0	-1.2	3.1	-0.9	-0.5	0.8	1.3	1.1	1.0
(7.2)	(2.8)	(4.6)	(4.0)	(5.2)	(5.1)	(2.3)	(0.3)	(6.3)	(3.6)	(2.0)	(3.0)	(3.3)

注：カッコ内の数値は韓国の経済（GDP）成長率。韓国銀行の推計によると北朝鮮のGDPは1999年6.1％、2000年0.4％、2001年3.8％、2002年1.2％、2003年1.8％、2004年2.1％、2005年3.8％と伸び続けた。

を実現しようとする民族自主、民族大団結の統一経綸と一つになり、結合したのが、まさに、わが先軍政治である」⁽³¹⁾

　「国の統一偉業を守護し民族の和解と統一過程を推し進める力のある担保である」⁽³²⁾

　この第3段階にあたる時期に、北朝鮮経済は回復傾向を見せ始める。むろん北朝鮮が主張する「自力更生」ではなく、1990年代の自然災害の傷が少しずつ癒え始め、そこに国際社会からの支援が効果的に国内に供給されるようになったことが主要因だった。

　最悪の危機状況を脱して体制が安定的に運営されると、「先軍政治」は危機的状況における国内での緊急対応の性格は意味を失い、それを対外的な政策に活用しようとの動きが生じる。つまり軍隊の力を前面に押し出し、国家的安全保障＝体制維持を図ろうとの狙いが強調されるのである。

　こうして「先軍政治」が金正日体制の「対外政策」となって具体化するのが「核政策」だった。

3．第1次核政策

　金正日は、「先軍政治」の外交化という難問を、二重戦略を駆使することで解決しようとした。二重戦略とは「軍事」と「外交」を結びつけた「瀬戸際

政策」[34] だった。

　その過程は1993〜2000年の「第1次核政策」、2002〜06年の「第2次核政策」の2段階に分けて分析できる。

　第1次核政策は1993年に始まる。

　1993年2月9日、国際原子力機関（IAEA）は、北朝鮮が同機関に報告していない複数の核関連施設に対する特別査察を要求した。同月25日、国際原子力機関理事会は、同機関事務局長に対し北朝鮮が核拡散防止条約（NPT）[35] を遵守しているかどうかを調査して1カ月以内に報告するよう求めた。さらに3月9日に米韓合同軍事演習「チームスピリット93[36]」がスタート。韓国軍7万、米軍5万の兵力が韓国で訓練に参加した。また米軍のB−2ステルス戦略爆撃機が初めて朝鮮半島に飛来した。これに対し金正日は朝鮮人民軍最高司令官命令で「全国、全人民、全軍が1993年3月9日から準戦時状態に入る」よう指示した。さらに1993年3月12日、北朝鮮は突然、核拡散防止条約（NPT）からの脱退を宣言した。それまで受け入れていた、国際原子力機関（IAEA）による北朝鮮中部・寧辺の核実験炉（5メガワット）[37] に対する査察官受け入れを拒否し、独自の核開発〈具体的には実験炉に溜まるプルトニウム抽出〉の可能性を示唆した。

　1994年4月1日、北朝鮮は寧辺実験炉の運転を中止し、使用済み核燃料棒を取り出す作業を近く実施すると通告。5月9日取り出し作業を開始。北朝鮮は「（燃料棒取り出しに対する）米国の経済制裁が実施されれば、それを（北朝鮮に対する）宣戦布告と見なす」と宣言した。

　米国は同年6月、①最大2000人の軍人を非戦闘目的で韓国に送る②1万人の兵員と複数の航空群を朝鮮半島付近に配備するとともに、空母任務部隊を追加配備③5万人以上の兵員、400機の航空機、50隻以上の艦艇を配備——という3段階の軍事オプションを策定。さらに寧辺の核施設を軍事的に破壊する計画も検討するなど、米朝は一触即発の緊張状態に陥った。

　しかし北朝鮮は激しい言動とは裏腹に「米朝対話」に向けた戦略を維持していたことが明らかになる。それは6月中旬、事態打開のために平壌を非公式訪問中だったカーター元米大統領と金日成の会談が実現したことに表れる。6月17日、両者は会談を行い、以下の3点で合意する。

①北朝鮮は第3回米朝協議が開催されるまで核開発を凍結する

②北朝鮮は国外退去を予告していた国際原子力機関査察官2人の滞在を許可する

③カーター元大統領は北朝鮮に対する軽水炉供与を認めるよう米国政府に働きかける

　これに対し米政府は米朝協議再開の条件として、

①実験炉に燃料棒を再装着しない

②使用済み核燃料棒の再処理をしない

③申告された核施設に対する保障措置の継続性を保つため国際原子力機関査察官の北朝鮮滞在を認める

の3つを提示した。

　北朝鮮は6月22日に条件受け入れを米国側に伝え、米国は国連安保理における制裁決議の採択を求めないと表明した。これにより、北朝鮮外交部は「第3回米朝協議」の7月8日開催を発表した。

　この米朝協議は比較的順調に進み、1994年10月21日、米国と北朝鮮は「枠組み合意」に調印した。

　米国は、

①2003年を目標として、合計出力約2000メガワットの軽水炉発電所を北朝鮮に提供するための措置をとる

②そのための資金と設備を確保するために国際的なコンソーシアムを組織する

③軽水炉1号機が完成するまでの間、北朝鮮に毎年50万トン程度の重油を提供する

　北朝鮮は

①1カ月以内に黒鉛減速炉及び関連施設を凍結し、このため国際原子力機関の監視を許可し、これに協力する

②軽水炉が完成するまでに黒鉛減速炉と関連施設を解体する

③5メガワット級実験炉から取り出された使用済み核燃料の保管・処理に協力する

④核拡散防止条約締結国としてとどまり、保障措置協定を履行し、その

ために軽水炉供給契約が結ばれた後、凍結対象になっていない施設に対する国際原子力機関の特定及び通常査察を受け入れる

⑤軽水炉プロジェクトの主要部分が完成した時点で、ただし核心となる各関連部品が納入される前に、すべての核物質に関する北朝鮮の冒頭報告の正確性及び完全性を検証するために、国際原子力機関が必要とみなす、すべての措置をとることを含め、保障措置協定を完全に履行する

　以上、５点を約束した。

　また米国は、北朝鮮に対する核兵器による威嚇・使用は行わないという保証を与え、北朝鮮は「朝鮮半島の非核化に関する共同宣言」を履行するための措置をとり、南北対話を実現することを約束した。また米朝双方は貿易・投資の障壁緩和、双方首都への連絡事務所設置のための努力を払い、最終的には大使級の関係構築（国交正常化）を目指すことを約束した。[38]

　この時点では北朝鮮指導部の「核政策」は、「意味のある譲歩」を互いに引き出し合う外交戦術、つまり「瀬戸際政策」の範疇内にあった。

　さらに、北朝鮮の「第１次核政策」は、軍事指導者としての金正日の地位固めの過程でスタートし、それを確立するためにも利用された。

　道下徳成・政策研究大学院大学教授は次のように述べている。

　「金正日は1990年５月に国防委員会第１副委員長に選出され、1991年12月には朝鮮人民軍最高司令官に推戴、1992年４月には共和国元帥の称号を与えられた。また1992年２月には朝鮮労働党中央委員会の責任活動家たちに対して『人民軍隊を強化して、軍事を重視する社会的気風を打ち立てることについて』と題する談話を行った。金正日は、こうした動きを背景に、1993年３月、全国、全民、全軍に対して準戦時状態に移ることを命じたのである」[39]

　だが、以下に述べる「第２次核政策」では、北朝鮮は「瀬戸際政策」を事実上、放棄し、軍事に偏重した「先軍政治」の道を歩むことになった。これにより、北朝鮮は、党中心の国家指導体制構築を目指した建国者・金日成の思惑とは異なる国家に変貌していったと判断できる。

４．第２次核政策プロローグ

　北朝鮮・金正日体制による第２次核政策のプロローグは、ミサイル開発だった。

　北朝鮮は1980年代半ば以降、旧ソ連製のミサイル技術を基礎に、スカッド[40]Bやその射程を延長したスカッドC31を生産・配備し、弾道ミサイルを中東諸国などへ輸出してきたとみられている。またスカッドの胴体部分の延長や弾頭重量の軽量化などにより射程を延長したスカッドER（Extended Range）を配備しているとみられている。スカッドERの射程は1000キロに達するとみられ、日本の一部がその射程内に入る可能性があるとされた。

　1993年5月29日、北朝鮮南東部・江原道元山からノドンミサイル[41]が発射された。弾頭は日本海の能登半島北方350キロ付近に着弾したと考えられていたが、後に日本の本土上空を飛び越えて太平洋へ落下した可能性が示唆された。

　当時、発射実験場でイランとパキスタンの専門家が見学をしていた。北朝鮮はノドン開発・輸出によって外貨獲得の意思を持っていたとみられる。さらに、当時、核拡散防止条約脱退をめぐり、米国との直接接触の機会を狙っていた時期であることから、米国を交渉のテーブルに引き出す外交交渉のカードとしてミサイル開発を加速させたとも考えられる。

　ノドンの初発射実験後の6月2日から米朝高官協議が行われた。6月12日、米朝共同声明が発表され、北朝鮮は、核拡散防止条約遵守の意思を示したことにより、米朝協議は更に進展を見せた。翌1994年10月21日の「米朝枠組み合意」に成功する。北朝鮮指導部は「核・ミサイル開発」を交渉カードにして、大きな経済的成果を得た。

　こうして、北朝鮮の「第1次核外交＝瀬戸際政策」は「米朝枠組み合意」という大きな成果を上げた。

　最大の目論見だった「米国との平和協定締結＝体制安定」も、2000年10月の米朝共同コミュニケによって、実現が可視化した。少し長くなるが、核・ミサイル協議を通じて米朝が最も接近したことを示す、同コミュニケの全文を紹介しておきたい。

朝鮮民主主義人民共和国国防委員会金正日委員長の特使である国防委員会第1副委員長趙明禄次帥が、2000年10月9日から12日まで、米国を訪問した。

訪問期間中、国防委員会金正日委員長が送る親書と米朝関係に対する彼の意思を、趙明禄特使が米国クリントン大統領に直接伝達した。趙明禄特使と一行は、マデレーン・オルブライト国務長官とウイリアム・コーエン国防長官をはじめとする米行政府の高位官吏に会い、共通の関心事である問題について幅広い意見交換を行った。

双方は、朝鮮民主主義人民共和国と米国との間の関係を全面的に改善させることができる新しい機会が造成されたことに対して、深く検討した。会談は真摯で、建設的かつ実務的な雰囲気の中で行われ、この過程を通じてお互いの関心事に対してよりよく理解するようになった。

朝鮮民主主義人民共和国と米国は歴史的な北南最高位級の出会いによって朝鮮半島の環境が変化したということを認めるとともに、アジア・太平洋地域の平和と安全を強化するのに有益であるよう、両国間の双務関係を根本的に改善する措置を取ることを決定した。これと関連して双方は、朝鮮半島の緊張状態を緩和させ、1953年の停戦協定を強固な平和保障体系に替え、朝鮮戦争を公式に終息させるために4者会談など様々な方法があるということで、見解を共にした。

朝鮮民主主義人民共和国側と米国側は、関係を改善することが国家間の関係において自然な目標であり、関係改善が21世紀に両国の人民に共に利益になると同時に、朝鮮半島とアジア・太平洋地域の平和と安全も保障できるようになると認めるとともに、双務関係で新しい方向を取る意向がある、と宣言した。初の重大措置として双方は、如何なる政府も他方に対して敵対的な意思を持たないと宣言し、今後、過去の敵対感から抜け出した新しい関係を樹立するために、あらゆる努力を尽くす、という公約を確言した。

双方は、1993年6月11日付の米朝共同声明で指摘され、1994年10月21日付の基本合意文で再確認された原則に基づいて、不信を解消し相互信頼を成し遂げ、主要関心事を建設的に取り扱っていくことができる雰囲気を維持するために努力することに合意した。これと関連して双方は、両国間の関係が自

主権に対する相互尊重と内政不干渉の原則に基づくべきであることを再確言しながら、双務的及び多務的空間を通じた外交的接触を正常的に維持することが有益である、ということに対し留意した。

　双方は、互恵的な経済協調と交流を発展させるために協力することに合意した。双方は、両国人民に有益で、東北アジア全般での経済的協調を拡大するのに有利な環境を用意するのに寄与するはずの貿易及び商業可能性を探求するために、近日中に経済貿易専門家の相互訪問を実現する問題を討議した。双方は、ミサイル問題の解決が米朝関係の根本的な改善とアジア・太平洋地域での平和と安全に重要な寄与をするはずだということで、見解を共にした。

　朝鮮民主主義人民共和国側は新しい関係構築のためのもう一つの努力として、ミサイル問題と関連した会談が続く間には、あらゆる長距離ミサイルを発射しない、と米国側に通報した。朝鮮民主主義人民共和国と米国は基本合意文に沿う自分たちの義務を完全に履行するための公約と努力を倍加することを確約しながら、このようにすることが朝鮮半島の非核平和と安全を成し遂げるのに重要であるということを確言した。

　このために双方は、基本合意文に沿う義務履行をより明確にすることで見解を共にした。これと関連して双方は、金昌里の地下施設への接近が米国の憂慮を解消するのに有益であった、ということに留意した。双方は、最近の何年間の共通の関心事である人道主義分野で協調事業が始まった、ということに留意した。

　朝鮮民主主義人民共和国側は、米国が食糧及び医薬品支援分野で朝鮮民主主義人民共和国の人道主義的需要を充足させるために意義ある寄与をしたことに対し謝意を表した。米国側は、朝鮮民主主義人民共和国が朝鮮戦争時期に失踪した米軍兵士らの遺骨を発掘するために協力してくれたことに対して謝意を表したし、双方は、失踪者の行方を、可能なかぎり最大に調査、確認する事業を迅速に前進させるために努力することに合意した。

　双方は、以上の問題とその他の人道主義問題を討議するための接触を続けることに合意した。双方は、2000年10月 6 日の共同声明で指摘された通り、テロに反対する国際的努力を支持・鼓舞することに合意した。趙明禄特使は

歴史的な北南最高位級会談の結果をはじめ、最近の何カ月間の北南対話の状況に関して、米国側に通報した。

米国側は、現行の北南対話の継続的な前進と成果そして安保対話の強化を含んだ北南間の和解と協調を強化するための発起の実現のために、あらゆる適切な方法に協調する自らの確固たる公約を表明した。趙明禄特使は、クリントン大統領と米国人民が、訪問期間中に温かく歓待してくれたことに対して謝意を表した。朝鮮民主主義人民共和国国防委員会金正日委員長にクリントン大統領の意思を直接伝達し、米国大統領の訪問を準備するために、マデレーン・オルブライト国務長官が近日中に、朝鮮民主主義人民共和国を訪問することで合意した。（2000年10月12日　ワシントン）[42]

だが、オルブライト国務長官訪朝（2000年10月23〜25日）に続いて実現するかに見られた、クリントン大統領の訪朝は実施されなかった。2000年12月22日付韓国紙・東亜日報は、その当時の韓国の反応を次のように伝えている。

クリントン米大統領が来年1月20日の退任前に朝鮮民主主義人民共和国（北朝鮮）を訪問する問題をなかなか決定できず、検討を重ねている。クリントン大統領は、朝米間の最大懸案である北朝鮮ミサイル問題を解決するため平壌を訪問、金正日総書記と直談判を行う方案を執拗に推し進めているが、世論の反対が厳しく、苦心している。

クリントン大統領が、19日ホワイトハウスを訪問したブッシュ次期大統領と訪朝問題を協議した時は、彼の平壌訪問が今すぐ行われるかのようであったが、訪朝の発表が遅れ、再び懐疑論が頭をもたげたと判断される。

ワシントンのある外交筋は21日、「時間が経つほどクリントン大統領の訪朝は難しくなる」とし、「訪朝準備にかかる時間などを考慮してみると、諸般の条件のため、訪朝は事実上難しいと見られる」と語った。彼は、前日までは訪朝の可能性が高いと予想していた。しかし、オルブライド米国務長官がこの日AP通信との会見で、「クリントン大統領は訪朝を引き続き検討している」とし、「北朝鮮は、民間人工衛星発射を我々が代行する代わりに、追加的にミサイル発射実験と生産、輸出を制限する可能性がとても高い」と語った。問題は、北朝鮮が米国の提示したそのようなミサイル解決法に同意

するか否かが依然として霧に包まれている点である。最大の懸案であるミサイル問題が解決するという保障が無い状態で、クリントン大統領が世論と次期共和党政権の反対を押し切り、訪朝を強行するのは難しい。

　北朝鮮の「核」と「ミサイル」を組み合わせた軍事拡張路線によって、米国世論は、対北朝鮮柔軟政策への懐疑を深めた。それにより、結局、クリントン大統領は訪朝を断念せざるを得なかったと判断できる。

5．第2次核政策

　北朝鮮の「第2次核政策」は、北朝鮮に厳しい姿勢を示すであろうと、当時から予測されたジョージ・W・ブッシュ政権の登場とともに始まった。

　2002年1月、ブッシュ米大統領は、核などの大量破壊兵器を拡散し、国際テロを支援している国家として、イラン、イラク、北朝鮮の3カ国を「悪の枢軸」[43] と名指しで非難した。

　同年9月、日本の小泉純一郎首相が北朝鮮を訪問し、金正日総書記と日朝国交正常化を早期に実現するため、拉致、核、ミサイルといった懸案の包括的解決をめざし、日朝平壌宣言をまとめた。金正日は「日本人拉致」を認めて謝罪し、5人の拉致被害者を帰国させる措置をとった。しかし理不尽な拉致問題に日本世論は沸騰し、日朝関係はかえって悪化する結果となった。

　こうした緊張関係の中、2002年10月3日、平壌で開催された米朝会談で、米国のジェームズ・ケリー国務次官補は、北朝鮮が1994年の枠組み合意に違反して、秘密裏に濃縮ウランによる核開発計画を進行している疑いがあると表明した。これに対し、北朝鮮の対米外交を取り仕切る、姜錫柱外務省第1副相が「ウラン濃縮計画を持っていることは悪くない。我々は高濃縮ウラン（による核開発）計画を持っているし、更に強力な兵器も作ることになっている」と表明した。姜は「枠組み合意は米側の不正行為によって、既に無効」と通告。核問題解決のための「新条件」として、米国に対し以下の要求を突きつけた。

①米国は北朝鮮の自主権を認める

②米朝不可侵条約締結

③対北朝鮮禁輸の解除と日朝、南北関係改善への不干渉

④枠組み合意による軽水炉建設の遅延に対する「補償」実施

　北朝鮮側は、上記4条件を話し合うための、新たな米朝対話を要求した。ケリー国務次官補は北朝鮮の要求を受け入れないまま、ブッシュ政権初の米朝対話は決裂に終わった。

　米朝対話決裂後、米国は北朝鮮に対する圧力を高めた。10月16日、米政府は米朝協議で北朝鮮が「核兵器」用のウラン濃縮施設の建設を始めたと発表。11月14日の朝鮮半島エネルギー開発機構（KEDO）理事会で、北朝鮮が核開発計画を放棄しない限り、重油提供を12月から停止するとの声明を発表するに至った。

　11月17日、北朝鮮の平壌放送は「米朝枠組み合意違反は米国側。米帝の増大する核の脅威に対応し、我々の自主権、生存権を守るために核兵器を含む強力な軍事的対抗手段を有するようになった」と主張した。米CIAは同月21日、北朝鮮の主張について「（北朝鮮が）プルトニウム使用の核爆弾を1、2個保有し、さらに核爆弾数個分のプルトニウムを保有している可能性がある」との推定結果を明らかにした。

　国際原子力機関も11月28〜29日の理事会で「北朝鮮の一切の核兵器開発計画の放棄」と、査察官受け入れ等の保障措置即時履行を求める決議を採択した。これに対し、北朝鮮は12月4日、白南淳外相名で国際原子力機関事務局長に書簡を送付し「一切の核兵器開発計画放棄を要求した決議は受け入れられない」と通告した。12月24日には寧辺の実験炉、付属の核燃料貯蔵施設、放射化学研究所、核燃料製造工場に対する国際原子力機関の封印を撤去した。

　そしてついに、2003年1月10日、北朝鮮は核拡散防止条約からの脱退を宣言し、核施設を再稼働させた。翌11日、北朝鮮の崔鎮洙・駐中国大使が「ミサイル発射凍結解除」を表明し、核兵器開発の可能性を示唆した。

　米朝双方の軍事行動を示唆する発言も急増する。2月7日、ブッシュ米大統領が北朝鮮に対し「あらゆる選択肢がある」と軍事手段を行使する可能性を示せば、同日、北朝鮮の平和統一委員会は「侵略軍隊を増強する米国の動きにストップをかけねば、朝鮮半島は灰になり、朝鮮人たちは恐ろしい核の

災厄を免れないだろう」と威嚇した。

　双方の動きは言葉の応酬だけでは終わらなかった。2月16日、朝鮮半島有事に備えて、在日米軍にF15戦闘機、U2偵察機が増派されたことが明らかになり、3月2日にはMIG19戦闘機を含む4機の北朝鮮機が、日本海上空を飛行中の米空軍の弾道ミサイル観測機に接近し、北朝鮮領内への着陸を強要する事態が発生するなど、米朝間は一触即発の緊張状態に陥った。

　一方で、2003年8月、北朝鮮の核問題解決を目指し、中国が議長を務める6カ国協議（米・中・ロ・日及び南北）という多国間協議の枠組みがスタートした。8月27〜29日、北京・釣魚台国賓館で開催され、日本：藪中三十二大使、米国：ケリー国務次官補、韓国：李秀赫・外交通商部次官補、中国：王毅・外交部副部長、ロシア：ロシュコフ外務次官、北朝鮮：金永日外務次官が参加した。

　この会合で日本は、
(1) 核兵器開発問題について、北朝鮮は、全ての核兵器開発計画を完全に、不可逆的に、かつ検証可能な形ですみやかに廃棄する必要がある
(2) 米国を含めて北朝鮮に対する敵視政策を有している訳ではない。北朝鮮の安全保障上の懸念への対応については、北朝鮮が核廃棄を然るべく行うことを前提に、6カ国協議のプロセスにおいて、議論を深めていくことは可能
(3) 弾道ミサイル問題、生物・化学兵器につき言及
(4) 北朝鮮が核廃棄に向け具体的措置をとるなら、北朝鮮に対するエネルギー支援について適切な時期に議論を深めていくことが可能
(5) 日朝平壌宣言に基づき、諸懸案を解決し、北東アジア地域の平和と安定に資する形で正常化を行う、というわが国の基本方針に変更はない
との立場を示した。

　議長国中国の王毅・外交部副部長は以下のポイントの発言をした。
(1) 参加者は、対話を通じて核問題を平和的に解決し、朝鮮半島の平和と安定を維持し、恒久的な平和を切り開くことに同意した。
(2) 参加者は、朝鮮半島の非核化を目標とし、北朝鮮側の安全に対する合理的な関心を考慮して、問題を解決していく必要があることに同意し

た。

(3) 参加者は、段階を追い、同時的又は並行的に、公正かつ現実的な解決を求めていくことに同意した。

(4) 参加者は、平和的解決のプロセスの中で、状況を悪化させる行動をとらないことに同意した。

(5) 参加者は、ともに対話を通じ相互信頼を確立し、意見の相違を減じ、共通認識を拡大することに同意する。

(6) 参加者は、協議のプロセスを継続し、可能な限り早期に外交経路を通じ、次回会合の場所及び日時を決定することに同意した。[44]

　しかし、北朝鮮は6カ国協議後に事態をさらに緊張させる動きに出た。10月2日、北朝鮮外務省は「核開発の目的を発電から核抑止力の強化に変更した」と発表した。

　6カ国協議は2004年2月の第2回、同年6月の第3回でも進展はなかった。2005年2月10日、北朝鮮外務省は6カ国協議への無期限参加停止を宣言した。これに対し2005年7月26日から8月7日、9月13日から19日まで開催された第4回6カ国協議で「9・19共同声明」が採択された。内容は次の通りだ。[45]

(1) 6カ国協議の目標は、平和的な方法による、朝鮮半島の検証可能な非核化であることを一致して再確認した。朝鮮民主主義人民共和国は、すべての核兵器及び既存の核計画を放棄すること、並びに、核兵器不拡散条約及びIAEA保障措置に早期に復帰することを約束した。アメリカ合衆国は、朝鮮半島において核兵器を有しないこと、及び、朝鮮民主主義人民共和国に対して核兵器又は通常兵器による攻撃又は侵略を行う意図を有しないことを確認した。大韓民国は、その領域内において核兵器が存在しないことを確認するとともに、1992年の朝鮮半島の非核化に関する共同宣言に従って核兵器を受領せず、かつ、配備しないとの約束を再確認した。1992年の朝鮮半島の非核化に関する共同宣言は、遵守され、かつ、実施されるべきである。朝鮮民主主義人民共和国は、原子力の平和的利用の権利を有する旨発言した。他の参加者は、この発言を尊重する旨述べるとともに、適当な時期に、朝鮮民

　　主主義人民共和国への軽水炉提供問題について議論を行うことに合意
　　した。

(2)　6カ国は、その関係において、国連憲章の目的及び原則並びに国際関
　　係について認められた規範を遵守することを約束した。朝鮮民主主義
　　人民共和国及びアメリカ合衆国は、相互の主権を尊重すること、平和
　　的に共存すること、及び2国間関係に関するそれぞれの政策に従って
　　国交を正常化するための措置をとることを約束した。朝鮮民主主義人
　　民共和国及び日本国は、平壌宣言に従って、不幸な過去を清算し懸案
　　事項を解決することを基礎として、国交を正常化するための措置をと
　　ることを約束した。

(3)　エネルギー、貿易及び投資の分野における経済面の協力を、2国間又
　　は多数国間で推進することを約束した。中華人民共和国、日本国、大
　　韓民国、ロシア連邦及びアメリカ合衆国は、朝鮮民主主義人民共和国
　　に対するエネルギー支援の意向につき述べた。大韓民国は、朝鮮民主
　　主義人民共和国に対する200万キロワットの電力供給に関する2005年
　　7月12日の提案を再確認した。

(4)　北東アジア地域の永続的な平和と安定のための共同の努力を約束し
　　た。直接の当事者は、適当な話し合いの場で、朝鮮半島における恒久
　　的な平和体制について協議する。北東アジア地域における安全保障面
　　の協力を促進するための方策について探求していくことに合意した。

(5)　「約束対約束、行動対行動」の原則に従い、前記の意見が一致した事
　　項についてこれらを段階的に実施していくために、調整された措置を
　　とることに合意した。

(6)　6カ国は、第5回会合を、北京において、2005年11月初旬の今後の協
　　議を通じて決定される日に開催することに合意した。

　しかし、2006年10月3日、北朝鮮外務省は、

①安全性が担保された核実験を行う

②北朝鮮は核兵器を先に使うことはなく、核兵器による威嚇や核の移転はし
ない

③朝鮮半島の非核化を実現し、世界的な核軍縮と核兵器廃絶のために努力す

るとの声明を発表した。[46]

　世界が息を詰めて見守る中、10月9日10時35分、咸鏡北道吉州郡豊渓里付近で核実験を実施した。

　10月11日に発表された北朝鮮外務省の声明[47]は次の通りだった。

①我々は米国のせいで核実験を行ったが、対話と協議を通じた朝鮮半島の非核化実現の意思に変更はない

②我々の核実験は核兵器と現存の核計画の放棄を公約した9・19共同声明と矛盾していない

③米国が我々を引き続き苦しめ、圧力を加えるなら、それを宣戦布告とみなし、物理的な対抗措置を講じていくことになろう

　以上のような過程で、北朝鮮は核・ミサイルを交渉カードに使う外交政策を、徐々にエスカレートさせていった。この段階での大きな外交成果獲得は、北朝鮮を核・ミサイルを交渉手段としてのみ使う「瀬戸際政策」から、核兵器保有により国力そのものの向上を狙う「先軍政治」に導いたといえる。

　また、北朝鮮が6カ国協議などで、国際社会との協議を続け、「9・19共同声明」を結びながらも、「核・ミサイル」開発の速度を速めていった背景には、米国が対北朝鮮強硬姿勢を示すとの予見もあったからだと判断できる。

　既に、2000年10月、クリントン政権下でオルブライト国務長官が歴史的訪朝をした後、クリントン大統領の訪朝は実現しなかった。翌年（2001年1月）就任したブッシュ大統領は対北朝鮮政策の見直しを表明していた。そのうえ、ブッシュ氏が当選した2000年11月の大統領選は異例の接戦で票の再集計や法廷闘争が続いたため、クリントン政権とブッシュ政権の間で対北朝鮮政策の調整を行う時間がなかった。オルブライト国務長官の訪朝にも同行したオバマ政権の、シャーマン前国務次官補は、2016年の訪日時の会見で「そのため私たちは（政権交代期に）ブッシュ政権の人々とじっくり話せなかった。ブッシュ政権のある人々はクリントン政権の取り組みを引き継ぐよう主張し、ある人々は反対した。結局、私たちがテーブルに残した（北朝鮮対応の）カードをブッシュ政権は使わなかった」[48]と認めた。

　また、ブッシュ政権は2001年9月11日に発生した米同時多発テロに関連する「テロとの戦い」に忙殺される。アフガニスタン戦争、イラク戦争が最重要課題になり、北朝鮮問題の重要性は低下した。

　ブッシュ政権は米朝枠組み合意への懐疑や韓国の「関与政策」（太陽政策）に対する批判を繰り返しながら、北朝鮮政策に関して一貫性のある原則の存在はうかがわれず、混乱があった。その原因は、政権内の穏健派と強硬派の意見対立、そして北朝鮮問題が優先課題として外交政策のトップに挙げられていなかった点にあると考えられる。

　朝鮮半島側でも、北朝鮮には核政策をさらに発展・強化させることができる理由があった。2002年、進歩派の盧武鉉大統領が韓国大統領に当選し、当面、金大中政権の関与政策による南北経済交流が継続する見通しとなったからであった。

　韓国統一部の南北交易統計によると、2002年の南北交易は搬入（北朝鮮側の輸出）が54.1％増加するとともに、搬出（北朝鮮側の輸入）も63.2％と大幅に増加し、交易全体では59.3％増を記録した。国際社会の対応が厳しくなる中で、南北の経済関係緊密化が目立った。

　さらに韓国経済界は南北緊張が経済に悪影響を与え、1997年のIMF（国際通貨基金）融資（IMF危機）[49]という悪夢を再び見ることを恐れていた。2003年2月には米国の格付け会社ムーディーズ・インベスターズが、朝鮮半島情勢の緊張激化により、韓国の長期格付けをプラスからマイナスに変更したことも、韓国の対北柔軟政策推進力となった。こうした「隙間」をついて、北朝鮮の核・ミサイル政策は「第2次」へと強度を増していくことになったと考えられる。

6. 第2次核政策とミサイル開発

　北朝鮮の核開発とミサイル開発には重大な連関性がある。核爆弾（核爆発装置）そのものが完成しただけでは国際的な脅威とはなりきれないからである。核爆弾に有効な運搬手段が備わってこそ、初めて軍事的な影響力を持つことになる。

北朝鮮が弾道ミサイルを初めて本格的な対外圧力に使ったのは、1993年5月29日の「ノドン」発射だった。

　実験の思惑の1つは、イランに対してミサイルの信頼性を示し、ノドンと石油の取引を行うことであった。それを裏付ける証拠として、イランの視察団が実験直前まで発射場にいた、または発射実験を現場で観察したとの報道があった。

　核開発をめぐる国際社会からの非難を受けていた北朝鮮は、このミサイル発射実験直前に核拡散防止条約から脱退宣言していた。米韓合同軍事演習も進められていた。こうした緊張の中でも、実験直後の6月12日、米朝高官級協議が開催され、米朝共同声明が発表された。[50]

　その内容は、

▷核兵器を含む武力を使用せず、かつ、このような武力による威嚇もしないことを保障する

▷全面的な保障措置適用の公正性保障を含め、朝鮮半島の非核化、平和と安全を保障し、相手側の自主権を相互尊重して内政に干渉しない

▷朝鮮の平和的統一を支持する

　以上の諸原則に準じ、米朝は、平等かつ公正な基礎の上で対話を続けることに合意した。さらに北朝鮮は核拡散防止条約脱退の効力を「必要と認める限り、一方的に」臨時停止させることを約束した。核兵器とミサイルの結合と、それらの技術の中東への移転という「最悪の事態」を避けるために米国は米朝直接対話に踏み切った。しかし、北朝鮮はミサイル開発によって、より有効な対米交渉カードを手に入れたと判断したと考えられる。

　北朝鮮は、食糧・経済支援獲得だけでなく、国際社会での孤立解消にも核・ミサイル同時開発が極めて有効であると考えるようになった。北朝鮮は米朝枠組み合意以降、ミサイル開発に大きな力を注ぐようになった。その最大級の成果の1つが、1998年8月31日の「テポドン1」発射だった。

　1998年8月31日、北朝鮮北部の咸鏡北道花台郡舞水端里から東へ発射され、津軽海峡付近から日本列島を越えるコースを飛翔した。当初は自衛隊レーダー情報の解析から「着弾」予想地点は秋田県北部（大館市付近）沖とされていたが、後に第1段目は日本海に、第2段目以降は太平洋に落下して

いた。さらに固体燃料と見られる第 3 段目も存在し、点火され短時間飛行していたことが分かった。

　9 月 4 日、北朝鮮の朝鮮中央通信はテポドン発射についてロケット「白頭山 1 号」を用いて人工衛星「光明星 1 号」を打ち上げたと発表した。衛星は近地点219キロ、遠地点6978キロの楕円軌道に投入され、金日成と金正日を賞賛する音楽の旋律をモールス信号で発していると公表した。しかし地球軌道上の人工物体を監視している米国の北米航空宇宙防衛司令部（NORAD）の情報に基づき、米政府は「そのような人工衛星は確認できない」と発表している。

　当時の小渕恵三首相を始めとする日本政府、マスコミは日本上空を飛翔し太平洋に到達するミサイルを北朝鮮が開発していたことに衝撃を受けた。海上自衛隊は護衛艦を落下地点に派遣して飛翔体を捜索したが発見することはできなかった。このミサイル発射実験を受けて、日本政府は情報収集衛星とミサイル防衛システムの導入を決定した。

　テポドン発射は米朝関係にも影響を与え、米国は対北朝鮮政策の全面見直しを検討し、1998年11月、ウィリアム・ペリー元国防長官を北朝鮮政策調整官に任命した。ペリー調整官は日韓と緊密な調整を続け、1999年 9 月、「米国の対北朝鮮政策に関する報告書」[51] をクリントン大統領と議会に提出した。

　報告書は、北朝鮮の核ミサイル、生化学兵器など大量殺傷兵器（WMD）開発の中断を通じて、朝鮮半島の平和と安定を確保し、南北間の平和共存体制を確かにするという前提のもと、中・長期的目標と政策勧告事項を提示した。

　報告書は、
①短期的には、北朝鮮のミサイル発射の自制と、米国の対北朝鮮経済制裁を一部解除
②中長期的には北朝鮮の核およびミサイル開発計画の中断保障を確保
③韓国、日本はもちろん北朝鮮の協調のもと、朝鮮半島の冷戦を終息させる
　という 3 段階の目標を提示した。

ペリー調整官は報告書で「北朝鮮の核ミサイル威嚇の終息のために、北朝鮮の協力を確保することができるならば、米国は対北朝鮮修交を含む関係正常化の用意が必要である」として、米朝関係正常化への努力を勧告した。また、韓国と日本の支持と協力を土台にした一貫性ある対北朝鮮政策推進の必要性を強調した。

　続けて、

④対北朝鮮政策の包括、統合的処理方式の採択

⑤米政府内の部署間における調整の役割を引き受ける、大使級の高位職を新設

⑥日米韓高位政策協議会（TCOG）の存続

⑦米議会内で超党派的な対北朝鮮政策を推進

⑧北朝鮮挑発にともなう緊急状況の可能性への対応

　などを政策推進事項として勧告した。

　この中で、米政府内の部署間調整役を引き受ける人物には、ペリー報告書の作成に深く関与したウェンディ・シャーマン米国務省諮問官が任命されると発表した。報告書は、北朝鮮の挑発など緊急状況に対応した抑止力の確保が必要であると強調し、この延長線上として駐韓米軍の継続的な駐屯の必要性を強力に勧告した。

　一方、報告書は朝鮮半島に戦争が発生する場合、甚大な被害が予想されると述べ、これを予防できる戦争抑止力を堅持する必要性に重点を置いている。

　南北関係については1991年の南北基本合意書の履行と離散家族再会事業が実現されなければならないと指摘し、日朝関係については両国修交交渉の前提条件である拉致問題解決の必要性を強調した。また1994年の枠組み合意が北朝鮮の核物質保有を抑制する有効な手段となっていると規定し、合意維持を強調した。

　以上、述べたように、ペリー報告書は北朝鮮のミサイル開発が、核弾頭を装着した長距離ミサイルの配備につながると見て、日米韓各国にとって大きな問題に浮上してきたことを明らかにした点でも注目されるべきと考える。

　核開発による支援獲得を狙った国際戦略は、短期的には確実な効果をあげ

る。1994年の米朝枠組み合意は、国際社会が資金を出して国際コンソーシアムを結成し、北朝鮮に2基の軽水炉を提供し、その見返りとして北朝鮮は独自開発した実験炉の廃止と、NPT体制への復帰を約束するというものだった。

　結論的にいえば、このような危機脱出策は短期的な効果を得るには有効だが、中・長期的に体制存続を保証するかどうかといえば、難しいと考えられる。

　「第1次核開発」で北朝鮮が意図したのは、西側資本を数量や地域を限定して受け入れるが、市場経済の流入は拒否するという戦略だった。だが現実的には、市場経済を本格的に受け入れる国家体制変革（改革・開放）がなければ、十分な経済再建の効果は発揮できない。しかし、それは体制自体を崩壊させる危険性があり、金正日は認めなかった。

　結局、北朝鮮は核・ミサイル開発を加速し、軍事力強化を図ることになる。

　1998年のテポドンに続き、相次いでミサイル開発・発射実験を繰り返し、金正恩体制になった2012年以降も、ミサイル開発は「北朝鮮科学」の最大関心テーマとして継承されたと考えられる。

7．まとめ　第2次核政策がもたらしたもの

　軍隊の力を前面に押し出し、国家的安全保障＝体制維持を図ろうという「先軍政治」の狙いが、「核・ミサイル開発」を続ける強硬政策につながったことは既に説明した。北朝鮮は核・ミサイル開発を支援獲得の交渉カードとしてだけではなく、米朝対話進展によって体制維持を実現する外交カードとして使用する価値を知った。国際社会はそれに対する、有効な対応策を持ち得なかった。だが、第1次核政策から第2次核政策への移行は北朝鮮にとって、プラス面ばかりではなかった。

　2006年の核実験によって、それまで「曖昧」だった北朝鮮の核保有は明確な「事実」となった。北朝鮮の核保有が曖昧な段階では、関係各国の指導者は「北朝鮮の核保有を阻止するために」との理由で、北朝鮮との接触・交渉

に国民の理解を求めることが可能になり、場合によっては経済・食糧支援をしたり、政治的な妥協を図ったりすることもできた。だが、いったん保有してしまえば、核を廃棄させることは、きわめて難しい。インドやパキスタンの例をみても明らかである。

　つまり、関連諸国が北朝鮮に対する経済・食糧支援や政治的妥協をしようとしても、北朝鮮が核・ミサイルを放棄しなければ国内の説得は困難になる。だから北朝鮮との接触・交渉を望む国は少なくなるのである。

　日本は2002年9月の日朝平壌宣言で、国交正常化が実現した場合には北朝鮮に対して無償資金協力、低金利の長期借款供与及び国際機関を通じた人道的支援などの経済協力、民間経済活動を支援するための国際協力銀行などによる融資・信用供与などを実施すると表明してきた。北朝鮮は日本との交渉においては拉致問題を経済支援獲得のカードとして利用する姿勢を示してきた。だが、「核保有」が明確になれば、日本政府は懸案解決のための経済協力実施、そして国交正常化や戦後賠償問題などの進展は困難になる。なぜなら拉致問題発覚で北朝鮮に対して厳しくなった国民世論が、核保有によって、一層、批判を高めることになったからである。

　このように、「第1次核政策」では経済再建のための交渉カードとして効果を示した「核・ミサイル開発」は、「第2次核政策」になり、経済再建という側面では有効性を失ったとみるべきである。

　ここから北朝鮮の「核・ミサイル政策」は、支援獲得による経済再建ではなく、核保有国としての国際的な発言力強化と米朝平和協定実現に目標を定め、より強硬になり、核・ミサイル開発は加速度を増していく。その時期に、金正恩は後継者となり、より厳しい国際情勢の中での国家指導を余儀なくされたのである。

　体制の維持、国家経済の立て直しのために、金正恩に残された手段は、核・ミサイル開発の完成による国際的発言力の強化と、体制の求心力維持のために、支援に頼らない独自の経済再建を同時に進行させるという、金正恩体制独特の「核・経済」併進政策しかなかったと判断される。

第3章

金正恩による「党中心」体制への転換

1. 金正恩体制誕生

　1990年代半ばの3年連続の自然災害による食糧難で、北朝鮮では33万6000人と推定される死者が出た。住民の相当数が食糧を求めて全国をめぐり、国境を越えて中国に脱出する例も目立った。北朝鮮公式報道機関は「社会主義国家が相次いで倒れ、帝国主義者たちが自分たちの勝利を見せ付けようとしていた、その時、社会主義朝鮮の存在において、大きな憂慮と社会主義の終末という暴説が振り撒かれていた時期、一生に一度、いや数百年で初めて見る恐ろしい自然災害が続いた。20世紀最後の年代にわが人民が当面した苦難の行軍は1つの国、1つの民族の歴史や人類史で、類例を求めることが出来ない最悪の試練であった」[52]と述べた。そのような最悪の状況の中で、金正恩体制は発足したのである。

　2011年12月19日、金正日の死去が公表された。

　金正日が20年の後継者としての余裕時間を与えられたのとは異なり、金正恩には時間も、権威も、経験もなかった。その金正恩が国家を取り巻く国際的孤立、経済難を克服するための方法も多くなかった。そのほとんど唯一の選択肢が「金日成回帰」だったと考えられる。

　「金日成回帰」はまず、金正恩が後継者として初めて公の席に登場した2010年9月の労働党代表者会での、金正恩の外貌に現れた。

写真3−1　建国記念式典での金日成と金正日（83年9月撮影／左）と党創建65周年記念マスゲームを観覧する金正恩（2010年10月撮影／右）。髪の毛の両脇を刈り上げ、オールバックにしたヘアスタイル。詰め襟の黒い人民服。ふくらんだ頬と二重あごに、まだ20代なのに、でっぷりとふくらんだ腹部。金正恩の外貌は祖父、金日成をまねたものである。

写真3−2　上の写真（朝鮮中央通信の配信写真と「DAILY NK」掲載写真）は、30代当時の金日成と、金正日の葬儀に出席した金正恩の写真を並べたものだ。顔かたち、服装まで、金正恩が「祖父」のスタイルをすべて、まねしようとしていることが、よく分かる。

金正恩委員長と李雪主夫人

写真3−3　金正日は公式の席に夫人を伴って現れたことは一度も無かったが、2012年7月9日付労働新聞は、金正恩が李雪主夫人を伴って、牡丹峰楽団公演を観覧する姿を初めて報道した。

こうした祖父の外貌模倣を指示したのは金正日以外にはありえない。顔かたち、挙動まで金日成を模倣することで、金正恩の経験不足をカバーし、後継者に対する国民の支持をつなぎ止めようとしたと考えられる。

　金正恩が金正日時代に行われなくなった「新年の辞」を復活させたのも祖父の時代を国民に思い出させるためだった。

　7月26日付労働新聞は、綾羅人民遊園地竣工式に出席した李雪主夫人が金正恩の腕を取って歩く姿を伝える等、夫人同伴の報道は、その後続出した。また、2012年7月9日付労働新聞の掲載写真（写真3-3）で、金正恩の向かって右側に座っている人物は、金正恩の側近中の側近である崔竜海・労働党中央委員会副委員長である。

　崔副委員長の父は元人民武力部長の崔賢で、金日成と常に行動を共にしていたことで知られる。金正恩が崔副委員長を常に側近として身近に置く理由は、金日成と崔賢の関係をよく知る北朝鮮住民に「金日成回帰」を強く印象付け、金正恩体制への期待感を高めるためだったと判断できる。

2．軍部主導から党・国家機関主導への変化

　イメージ変化と同時に制度と組織の変更が進行していた。

　注目される組織機能の変化の1つが最高人民会議常任委員会の権能拡大（立法、外交、褒賞）であろう。

　最高人民会議常任委員会は、北朝鮮の最高主権機関および立法機関である最高人民会議の常設機関である。最高人民会議の休会中は最高主権機関となり、立法権を行使する役割を果たすと憲法で規定されている。だがその歴史は毀誉褒貶が激しかった。

　1948年9月の最高人民会議第1期第1回会議で「朝鮮民主主義人民共和国憲法（1948年憲法）」が制定され、それに基づき最高人民会議常任委員会が設置された。最高人民会議常任委員会は最高人民会議閉会中の最高主権機関とされ、最高人民会議の招集権や最高人民会議で制定された法令の公布、憲法・法令の解釈権および憲法・法令に違反する内閣の決定・指示の廃止などの権限を与えられた。

　さらに外国との条約の批准及び廃棄、外国に駐在する大使・公使の任命及び召還、外国使臣の信任状及び解任状の接受などの権限も与えられ、対外的に国家元首の権能も果たした。

　しかし1972年12月の朝鮮民主主義人民共和国社会主義憲法（1972年憲法）制定時に、最高人民会議常任委員会は廃止され、新たに国家元首として朝鮮民主主義人民共和国主席が設置された。最高人民会議常任委員会に代わる最高人民会議の常設機関として、権限が縮小された最高人民会議常設会議が設置された。

　1994年7月8日の金日成の死後、国家主席は空席となり、1998年9月の憲法改正で「国家主席」及び「最高人民会議常設会議」は廃止。最高人民会議常任委員会が復活して最高人民会議閉会中の最高主権機関および立法機関として再登場した。また、最高人民会議常任委員会委員長が対外的な国家元首の権能を果たすこととなった。[53]

　しかし、国家運営の実権は、前章で明らかにしたとおり、国防委員会が握っていた。2011年12月の金正日の死去で、状況は一変する。最高人民会議常設会議に国家機関としての実権が戻ったのである。1984年以降、北朝鮮が採択した外国人投資関連の法令が2011年11〜12月、最高人民会議常任委員会で最終修正され、金正日が死去したわずか4日後に、外国投資企業登録に関する新たな法修正が実施された。最高指導者の死去という「国家非常事態」の中でも、国家機関としての機能を果たすことを許されたのは、北朝鮮指導体制の中で最高人民会議常設会議の権限と機能が認められたことに他ならない。

　また、金永南・最高人民会議常任委員長は対外的に「国家を代表し、他国の外交使節の信任状、召喚状を受け付ける」国家元首の役割を取り戻した。外国の首脳に祝電や弔電を送る親善外交を担当し、金正恩が直接対応しない、第三世界の国家元首との首脳外交も遂行する。また、2009年と2012年の改訂憲法で、最高人民会議常任委員会に「勲章とメダル、名誉称号を付与する権能」が与えられた。金正恩体制発足以来、多くの勲章やメダルが制定された。金正恩に対する住民の自発的な忠誠心を煽るための勲章、メダル制定とも推測されている。

ソ連最高会議常任委員会をモデルに金日成が作った最高人民会議常任委員会は、最高指導者（首領）の意思を国会運営に反映させるシステムとして重要であり、北朝鮮の場合は常任委員会に所属する最高指導者側近がすべての政策決定に大きな影響力を持つ。だが、金日成が国家運営の柱として期待しながら、実際は権力闘争激化により常任委員会の適切な運用が不可能になり主体思想による独特の指導体制が必要になったと考えられる。最高人民会議常任委員会の正常化は金日成体制への回帰であると同時に金日成・金正日体制を乗り越え発展していきたいとする、金正恩の強固な意志の表れである。

　また、政府機関と同様に重要なのは朝鮮労働党中央軍事委員会の機能復活だ。同委員会は1948年制定の党規約では「軍事政策についての討論決定、朝鮮人民軍の領導、軍需産業の開発、軍事力の統率を行う」と機能が定められていた。1980年に金正日が第6回党大会で中央軍事委員会委員に選出され、1991年に第2代朝鮮人民軍最高司令官に就任する手続きを取って金正日は最高指導者として公式化された。その時まで、軍事委員会の権威は保たれていたと考えられる。

　しかし、その後、金正日政権下では、前述の通り、国防委員会が実権を担い、党中央軍事委員会は役割を果たさなかった。

　2010年9月28日、朝鮮労働党第3回代表者会において、金正恩は党中央委員に選出され、同日に開かれた党中央委員会総会で党中央軍事委員会副委員長に選出された。これらの動きにより金正恩の「後継者」としての地位が確定した。同時に、この時に改訂された朝鮮労働党規約第27条は軍事委員会について「党大会と党大会の間に軍事分野で立ち向かうすべての事業を党的に組織指導する」と定め、「党の軍事路線と政策を貫徹するための対策を討議決定し、革命武力を強化して軍需工業を発展させるための事業」をはじめ「国防事業全般を党的に指導する機関」に権能を拡大した[54]。党中央軍事委員会の権限は公式に復活した。

　その他にも党代表者会、党中央委員会全体会議、党政治局会議、党書記局など、多くの党機関が、金正日時代に失っていた機能を回復した。

3．まとめ　スムーズな権力継承の理由

　金正日体制の北朝鮮において、指導者が党を通じた社会統制への限界を認識し、政治的、経済的、社会的安定を維持するために軍隊により重要な役割を果たすよう求めた経緯は、既に述べた。

　金正日体制の北朝鮮が「軍事国家化」を指向し始めた1996年には、党中心の国家制度では国家経済悪化を防ぐことができないことが明らかとなり、金正日は「現在、党の責任者は軍隊の責任者より（仕事が）できない」「すべての党組織と党責任者は自高自大せず、革命的軍人精神を学び、党の事業で新たな転換を引き起こさねばならない」[55] などと述べて、軍優先の政策実行を宣言し、1996年が「先軍政治」実施の分岐点となった。そして、軍事国家化の究極の形として表出したのが、核・ミサイルを中心に据えた「先軍政治」であることも述べた。

　一方、前出の鐸木は「イデオロギー上の説明とは異なり、先軍政治とは（党が主導する）人民軍を中心としたものではなかった」という、金正日体制下の「先軍政治」の特殊性に言及している。「その中核は特殊部隊と核兵器であった。四大軍事路線で軍の現代化、要塞化を進めてきたが、湾岸戦争とイラク戦争以後、その膨大な正規軍と全国の地下要塞は、ソ連・中国という後ろ盾がないなかで、特殊部隊と核兵器（生物・化学兵器も含む）に頼らざるを得ないのである。核は体制の護持そのものである」と指摘している。[56]

　だが、経済難解消のための、核・ミサイル開発による経済支援獲得は、短期的な体制維持には効果を持つ一方、体制の改革・開放を伴わない支援受け入れは、体制の中・長期的な生存を保障しない。体制生き残りのためには、支援ではなく、自立的な経済の改革・開放が実施されるべきと考える。「先軍政治」の金正日体制は「党や内閣（政府）の経済エリートが（体制維持に）起用されねばならない。軍が軍事的国防概念を越えて、経済方面まで影響力を行使するという構造では、北朝鮮の経済的危機解消は実現できない」[57] という矛盾を抱えていた。

　こうした困難、矛盾の存在により、金正恩は「軍中心」から「党・内閣中心」の体制に切り替え、対外経済交流のための法・制度整備、経済エリート

育成に踏み切ることを決断したと考えられる。しかし、改革開放への接近は、外部情報の流入により、体制への信頼感を喪失させる危険性が高い。

　結局、金正恩体制は

①金正恩の外貌を金日成に似せて、国民の期待獲得

②党・国家機関の権限強化のための組織改変

　最高人民会議常任委員会の権利拡大〈法に基づく国家運営〉

　朝鮮労働党中央軍事委員会機能復活〈党による軍部統制〉

　党中央委員会政治局機能復活〈最高指導者と側近の権威向上〉

　党中央委員会書記局機能復活〈党人事・宣伝煽動による最高指導者の権威向上と国内体制全般の安定〉

の2つの方法で、スムーズな権力継承と体制運営をスタートさせた。金正恩は、まず外貌を建国者の金日成に似せて住民に期待と安心感を与え、そのイメージが崩れる前に党・国家機関の強化で、柔軟政策（住民生活向上）、強硬政策（監視・統制システム強化）の両面作戦で体制維持を図ろうとした。さらに、金正日時代に必要以上に増大した、軍部勢力の権力・権威の削減も期待したのである。

　こうした緻密な手順を踏むことによって、金正恩体制は発足からわずか4カ月で安定した権力継承を実現したと考えられる。

第4章

労働新聞の動静報道を分析

　金正恩体制成立から５年経過し、北朝鮮の指導体制の変化が明確化していることは前章までに詳述した。その変化は

　①「軍中心」→「党中心」

　②最高指導者の権威強化

　③核・ミサイル外交本格化

の３点にあると仮定した。

　これを序章で述べたように「労働新聞」の動静報道分析を行うことによって検証し、金正日による「先軍政治」からの脱却を図る金正恩体制の指導原理の形成過程を明らかにしていこう。

1．労働新聞分析の方法

　本章では労働新聞記事のうち、最高指導者（2009～2011年は金正日、2012～2014年は金正恩）の動静報道を次のような規準で分類した。

①動静報道を以下の５種類に分類する

　現地指導：国家重要施設及び機関を訪問して活動指針を提示

　　　　　　北朝鮮では最高指導者が直接現場を訪れ、組織の運営・管理等について直接指示を受けるのは最高の名誉とされている。「現地指導」または「指導」を受けるのは、国家が最重要事項と決

めて取り組んでいる事業であり、特に重要なものについては最高指導者が短期間に、複数回にわたって「指導」する例がある。

視察訪問：国家重要施設及び行事を訪問して激励。

　　　　「訪問」「視察」は現地指導・指導に次ぐ重要施設・事業に対して行われる。まず「現地指導」を実施し、その後、再度、同じ施設を「視察」するケースもある。

観　　覧：国家重要行事に参席後、行事参加者らと共に音楽・演劇などの文化行事を楽しむ。行事の一般参加者代表らを同席させるケースが多い。軍・党幹部らを同席させる場合は、公式行事の序列とは関係なく、金正恩委員長との緊密さに応じて主賓席に近い場所に座席が用意される場合があり、北朝鮮権力機構内の実態が反映されやすい。

撮　　影：国家重要行事参加者と撮影、激励・団結。

そ の 他：例年または数年おきに「挙行」される党・軍・政府機関の恒例行事は重要行事であるが、最高指導者は必ずしも、すべての行事に参加しない。また例年、同様の内容で行われる場合が多く、行事「挙行」の報道内容だけで、体制が何を意図しているのかは計りがたい。従って、本研究では党・軍・政府機関の恒例行事は、その内容に応じて重要度を１つずつ判断することにした。

②５種類の動静報道を

　軍の機関・施設名記載の「軍事」関連動静報道

　軍以外の機関・施設名記載の「非軍事」関連動静

に二分する。区分方法は、記事中に「朝鮮人民軍」「労働党中央軍事委員会」「国防委員会」など、軍事関係の記事であることが明確なものは「軍事」に区分する。

　一方、施設建設に軍部隊または軍人建設作業員が関与していることが記載されていたり、掲載写真に軍人建設作業員が写っていたりする場合でも、施設や対象が軍でない場合は「非軍事」に分類した。

　以上の方法に従って金正日時代（2009～2011年）、金正恩時代（2012～2014年）の動静報道を分類・分析することによって、両時代の統治スタイルの相違を明らかにできると考える。

＊：以下に紹介する2009～2015年の労働新聞「動静報道」は①掲載日付〈例：「3・5」は3月5日の意味〉②見出し内容③記事本文中の特記事項〈冒頭に＊マークをつけた部分〉の順で記述する。

2．金正日時代の動静報道

■ 2009年分類

〈軍事関連動静〉

【現地指導（5回）】	
3．5	三池淵地区革命戦跡地の建設現場を現地指導された
3．24	연사〈ヨンサ〉地区革命戦跡地の事業を現地指導された
11．21	第580軍傘下7月18日牛牧場を現地指導された
11．29	第105戦車師団牛牧場と第1596部隊傘下文化農場を現地指導された
11．30	人民保安省で新しく建設した大同江果樹総合農場を現地指導された
【視察・訪問・見る（17回）】	
1．3	第105戦車師団　共用室・寝室等を見回られる
1．5	砲兵司令部傘下第1489部隊の砲撃訓練をご覧になった
1．18	第2752部隊傘下の区分隊を視察された
2．7	第324連合部隊指揮部を視察された
2．12	砲兵司令部傘下第681部隊を訪ね、砲射撃訓練をご覧になった
3．15	砲兵司令部傘下1811部隊を訪ね、砲射撃訓練をご覧になった
4．6	4月5日衛星官制総合指揮所を訪ねられ、人工地球衛星〈光明星2号〉発射過程を観察された
4．27	朝鮮人民軍創建77年を迎え、第851部隊指揮部を訪問され将兵たちを祝われた
5．6	第10215部隊の大学を視察された
5．22	空軍第814部隊を視察された
6．15	第7歩兵師団指揮部を視察された
7．18	海軍第597部隊を視察された
8．12	金正淑海軍大学を視察された

9 .14	海軍第 597 連合部隊をご覧になった
11. 9	第 1224 部隊を視察された
11.22	人民保安省本部を視察された
11.28	海軍第 587 連合部隊指揮部を視察された
【観覧（16 回）】	
1 .29	朝鮮人民軍 4.25 チーム総合チームのバレーボール競技を観覧された
1 .29	海軍司令部・空軍司令部の協奏楽団公演を観覧された
2. 7	第 324 連合部隊芸術宣伝隊公演を観覧された
2. 7	咸鏡南道芸術団芸術人の音楽舞踊総合公演を観覧された
4 .22	第 10215 部隊芸術宣伝大公演を観覧された
5 .26	三大革命赤旗柿木中隊[58]の軍人たちの芸術小品公演を観覧された
6. 2	第 2 期第 2 次軍人家族芸術創作競演に参加した軍部隊の軍家族の芸術創作公演を観覧された
7 .28	戦勝節（祖国解放戦争[59]）を迎え功勲国家合唱団の祝賀公演を観覧された
8 .13	人民軍将兵たちと共に演劇「ネオンの下の兵士」公演を観覧された
8 .14	第 974 部隊傘下部隊の軍人家族芸術創作公演と中隊軍人たちの芸術小品公演を観覧された
9. 3	第 264 連合部隊指揮部を訪問し、部隊将兵たちと共に功勲国家合唱団の公演を観覧された
10.19	ロシア内務省内務軍アカデミア協奏楽団公演を観覧される
10.27	第 33 次勤労者芸術大会に参加した軍人たちの公演を観覧された
11.10	人民保安省芸術宣伝隊公演を観覧された
11.23	第 47 軍部隊傘下中隊軍人たちの芸術小品公演を観覧された
12.28	憲法節を迎え海軍司令部協奏楽団の公演を観覧された
【その他（3 回）】	
3 .21	全将兵熱誠者大会参加者と会い祝福された
9 .30	全軍書記服務士官熱誠者大会参加者と会い祝われた
11.26	中華人民共和国国防部長を接見された
【記念撮影（2 回）】	
4 .25	人工地球衛星〈光明星 2 号〉[60]の成功的発射に貢献した科学者、技術者、労働者と会い記念撮影をされた

10.3	社会主義建設に対し労力的偉勲を達成した軍人建設作業員らと会い、記念撮影をされた

〈非軍事関連動静〉

【現地指導（70回）】	
1.14	大安（大澤注：平安南道）重機械連合企業所と金星トラクター工場を現地指導
1.16	平壌市軽工業工場を現地指導された
1.18	龍岳山遊園地を現地指導された
2.1	創業した禮成江青年1号発電所を現地指導された
2.4	咸州郡東峯〈ドンボン〉共同農場を現地指導された（軍人建設労働者） ＊「強盛大国の大門を開くうえで、もっとも重要な問題の1つは農業生産を上げること」
2.5	2.8ビナロン連合企業所と龍成機械連合企業所を現地指導された
2.7	興南肥料連合企業所を現地指導された
2.9	楽園機械連合企業所を現地指導された
2.13	元山市内の工場を現地指導された
2.13	元山農業大学校を現地指導された
2.22	金策製鉄連合企業所、羅南炭鉱機械連合企業所を現地指導された
2.23	「7月7日」連合企業所を現地指導された
2.24	茂山鉱山〈大澤注：咸鏡北道〉を現地指導された
2.25	会寧市の各部門事業を現地指導された
3.1	満浦市内各単位を現地指導された
3.13	黄海製鉄連合企業所を現地指導された ＊自力更生だけが生き残る道だ
3.18	勝利自動車連合事業所を現地指導された
3.20	金日成総合大学に新しく建設された水泳館を現地指導された
3.24	載寧〈大澤注：黄海南道〉鉱山を現地指導された
3.26	熙川発電所建設現場を現地指導された（軍人建設作業員）
3.28	안주〈アンジュ〉地区炭鉱連合企業所を現地指導された
3.28	構成工作機械工場を現地指導された
4.5	改装した平壌大劇場を現地指導された
4.8	三一浦特産物工場を現地指導された。（軍用食糧生産工場）
4.19	新しく建設された寧越発電所を現地指導された（軍人建設労働者）
4.28	元山市各部門事業を現地指導された
4.30	新しく建設された楽園郡栄誉の赤旗中学校を現地指導された

5.10	熙川郡の工場・企業所を現地指導された
5.21	咸鏡南道검덕〈コムドク〉地区の鉱山を現地指導された
5.29	南興青年科学連合企業所を現地指導された
6.6	端川〈大澤注：咸鏡南道〉市内の工場・企業所を現地指導された
6.7	咸州郡東峰共同農場を現地指導された（軍部経営）
6.8	高山果樹農場を現地指導された（人民保安省経営）
7.1	咸興半導体材料工場と国家科学院咸興分院を現地指導された
7.6	大渓島干拓地建設現場を現地指導された（軍人建設作業員）
7.14	新しく建設された大同江タイル工場を現地指導された（軍人建設作業員）
7.31	平壌紡績工場を現地指導された
8.14	改築された松濤園青年野外劇場（元山）を現地指導された
8.17	新しく建設された普通江商店を現地指導された
8.18	北倉火力発電所連合企業所、「2.8」직동〈チクドン〉青年炭鉱を現地指導（軍人建設作業員）
8.19	改築された구장〈グジャン〉養魚場を現地指導された
8.26	再建築された5月11日精錬所を現地指導された
8.29	元山製塩所を現地指導された
8.30	文川市〈大澤注：江原道〉の栄誉の赤旗中学校を現地指導された
9.3	鏡城郡〈大澤注：咸鏡北道〉と明川郡〈咸鏡北道〉の各部門事業を現地指導された
9.4	城津製鋼連合企業所と金策大興水産企業所を現地指導された
9.15	複重機械連合企業所と楽園機械連合企業所を現地指導された
9.18	熙川発電所建設現場を現地指導された（6カ月ぶりの再訪、軍人建設作業員）
10.1	平壌市内各部門事業を現地指導された
10.3	中央養苗場とダチョウ牧場を現地指導された
10.9	沙里院市米穀共同農場を現地指導された
10.20	サケ研究所を現地指導された
10.23	新しく建設された9月26日種豚工場と10月22日豚工場を現地指導された（軍用食糧生産）
10.25	熙川市内各部門事業を現地指導された
10.26	新しく整備された妙香山遊園地を現地指導された（軍人作業員）
10.31	水豊発電所を現地視察された
11.1	改築・現代化された平安北道内の工場・企業所を現地指導された

11. 2	大川〈デチョン〉郡の協同農場を現地指導された
11. 7	２.８ビナロン連合企業所、興南肥料工場を現地指導された
11. 8	金津江河口青年発電所などを現地指導
11.24	雲山（平安北道）工具工場を現地指導され、工具革命の明かり（道筋）をお示しくださった
11.25	平安北道内の工場・企業所を現地指導された
11.27	安岳〈大澤注：黄海南道〉郡協同農場を現地指導された
11.30	新しく建設された石井豚工場と石井漬物工場を現地指導された（軍用食糧生産）
12.11	江界市内工場を現地指導された
12.12	平壌穀産工場を現地指導された
12.17	羅先大興貿易会社を現地指導された
12.18	金策製鉄連合企業所を現地指導され、「新年戦闘」精神の明かり（方針）をお示しになった
12.18	清津鉱山金属大学を現地指導された
12.20	主体鉄生産体系を完成した城津成功連合企業所を現地指導された
【視察・訪問・見る（4回）】	
1. 7	新しく建設された元山青年発電所を訪問、新年戦闘突入の労働者階級を鼓舞・激励された（軍人建設作業員）
3. 9	金日成政治大学を視察された
10.21	万寿台通りに新しく建設・完工した住宅をごらんになった（軍人建設作業員）
12.12	金日成総合大学水泳場を見て回られた
【観覧（7回）】	
3.19	平壌市民芸術小組公演を観覧された。
5. 2	「5.1」節を迎え労働者階級と共に功勲国家合唱団の慶祝公演を観覧された
5. 3	労働者階級と共に革命歌劇「花を売る乙女」を観覧された
9. 9	ロシアと我が国の芸術人たちの合同公演を観覧された
10. 6	温家宝同志と共に大集団体操と芸術公演を観覧された
10. 9	新しく建設された黄海北道芸術劇場を見て回り、道芸術団の開館公演を観覧された
10.10	労働党創建64年を迎え銀河水管弦楽団、万寿台芸術団、三池淵楽団の共同祝賀公園を観覧された
【その他（6回）】	

1.24	中国共産党中央委員会対外連絡部代表団と接見された
4.16	金日成同志誕生97周年記念祝砲夜会、平壌で盛大に執行（金正日出席）
7.9	金日成同志逝去15周年中央追慕大会厳粛に挙行（金正日出席）
8.5	ビル・クリントン前米大統領と接見された
9.19	胡錦濤同志の特使を接見された
10.5	温家宝同志が平壌到着、温家宝同志とお会いになった
【撮影（0回）】	

＊注：現地指導、訪問の際に撮影があった場合は、現地指導・訪問等に分類し、撮影には入れなかった。

＊非軍事関連動静の報道の項目で██部分は、軍部経営の事業所、軍人建設作業員が動員された建設現場、金正日が軍の精神に倣って事業を行うよう指示した場所——を示す。

■ 2010年分類

〈軍事関連動静〉

【現地指導（4回）】	
1.16	第534部隊傘下10月7日豚工場を現地指導された
1.25	第567連合部隊の豚工場を現地指導された
7.8	第534部隊傘下総合食糧工場に新しく建てられた漬物生産工場を現地指導された
12.16	第522部隊傘下大同江ウナギ工場を現地指導された
【視察・訪問・見る（14回）】	
1.6	呉重治7連隊[61]称号を受けた第105戦車師団傘下の区分隊を視察された
1.18	陸海空軍合同訓練をご覧になった
2.1	第630連合部隊指揮部を視察された
4.14	太陽節を迎え実行された第567連合部隊の総合訓練をご覧になった
4.25	建軍記念日を迎え呉重治7連隊称号を受けた第115部隊の軍人たちの訓練をご覧になった
4.26	建軍78年を迎え、第586部隊指揮部を訪問され、人民軍将兵たちを祝われた
6.20	第593部隊指揮官講習所を視察された
10.6	労働党創建65周年を迎え実施された第851部隊軍人らの合同訓練をご覧になった
10.26	第10215部隊指揮部を視察された

10.27	党中央委員会秘書らと党中央軍事委員会成員らを引率し、檜倉郡にある中国人民支援軍烈士墓に花輪を捧げた（毛岸英[62]の墓が写真に写っていた）
11. 9	趙明録[63]同志の遺体を訪ね、深い哀悼の意を表された
11.13	第 3875 部隊を視察された
11.21	人民内務軍熱誠者大会参加者らとお会いになり、祝われた（金正恩同行）
12.17	第 260 部隊を視察された
【観覧（18 回）】	
1.19	第 324 連合部隊芸術宣伝隊公演を観覧された
2. 1	朝鮮人民軍青年機動宣伝隊公演を観覧された
2.22	人民保安省協奏楽団の初公演を観覧された
2.23	平壌市内大学生たちの芸術創作公演を観覧された
3.13	朝鮮人民軍協奏楽団の公演を観覧された
4.18	朝鮮人民軍内務軍協奏楽団の小品公演を観覧された
4.19	第 10215 部隊芸術公演を観覧された
4.26	功勲国家合唱団の建軍節慶祝音楽会を観覧された
4.27	オペラを観覧された
6. 3	第 963 部隊と芸術宣伝隊公演を観覧された
6.15	第 2 期第 3 次軍人家族芸術創作公演を観覧された
7.28	戦勝節慶祝音楽会を観覧された
8.18	人民軍将兵と地方巡回公演中の軽喜劇「こだま」を観覧された
8.23	軍隊芸術団体が出演する音楽舞踊大公演「先軍勝利千万里」を観覧された
9. 8	第 963 部隊芸術宣伝隊公演を観覧された
9.20	人民内務軍女性吹奏楽団の公演を観覧された
10. 3	第 10215 部隊芸術宣伝大公演を観覧された
12.13	第 34 次軍務者芸術祝祭に当選した中隊軍人らの公演を観覧された
【その他（2 回）】	
10.11	労働党創建 65 周年慶祝閲兵式盛大に挙行（金正恩同行）
10.26	中国人民支援軍　祖国解放戦争参戦 60 周年記念群衆大会盛大に挙行、金正日同志が参席された（金正恩同行）
【撮影（2 回）】	
7. 2	第 2 期第 3 次軍人家族芸術創作公演に参加した軍部隊の軍人家族芸術創作員らと記念撮影をされた

10.13	労働党創建65周年閲兵式に参加した指揮成員らとお会いになり記念撮影をされた（金正恩同行）

〈非軍事関連動静〉

【現地指導（60回）】	
1. 5	新年戦闘に突入している載寧鉱山を現地指導された
1. 7	完成段階に入った礼成江青年2号発電所建設現場を現地指導された（軍人建設作業員）
1.11	素晴らしく建設された강동〈カンドン〉弱電器具工場を現地指導された
1.21	興南精錬所と水産企業を現地指導された
1.24	平壌小麦粉加工工場と龍城食料品工場を現地指導された
1.26	北中機械連合企業所と楽園機械連合企業所を現地指導された
1.27	「9月」製鉄総合企業所と덕현〈トクキョン〉鉱山を現地指導された
1.31	改築された香山ホテルを現地指導された（軍人建設作業員）
2. 3	金野郡〈大澤注：咸鏡南道〉大興水産事業所を現地指導された（軍部経営）
2. 8	現代的に建てられた2.8ビナロン連合企業所を現地指導された
2.21	黄海製鉄連合企業所を現地指導された
3. 5	大高潮の先鋒に立った金策製鉄連合企業所を現地指導された
3.11	大高潮に沸き立つ熙川市内の工場を現地指導された
3.14	新年の営農戦闘に突入した沙里院市3大革命赤旗米穀協同農場を現地指導された
3.26	戦端突破の赤旗が激しく振り上げられる千里電気機械工場と大興山機械工場を現地指導された
4.13	金日成総合大学に新しく建設された電子図書館を現地指導された
4.18	熙川発電所建設現場を現地指導された（軍人建設作業員）
5.17	白頭山先軍青年発電所建設現場を現地指導された
5.18	両江道白岩郡にある大規模ジャガイモ農場を現地指導された
5.18	三池淵郡の各部門事業を現地指導された
5.19	恵山市の各部門事業を現地指導された
5.19	大紅湍郡を現地指導された
5.21	CNC（コンピュータ数値制御）化を実現した冠帽峰〈大澤注：咸鏡北道〉機械工場を現地指導された
5.21	漁郎川発電所建設現場と清津ウサギ種牧場を現地指導された
5.22	龍城機械連合企業所を現地指導された
6. 4	「10日の大祝典」に向け、疾風のように活動する오문현〈オムンヒョン〉同務が事業する機械工場を現地指導された

6. 6	興南肥料連合企業所に新たに建設されたガス化工場を現地指導された
6. 7	能力を拡張した大同江果樹総合農場を現地指導された（軍人建設者作業員）
6.19	大高潮の熱風が吹き渡る楽園機械連合企業所を現地指導された
6.20	平安北道各部門事業を現地視察された
7. 8	元山国民発電所建設現場を現地指導された（軍人建設作業員）
7.16	勝利的に完工された大渓島干拓地を現地指導された（軍人建設作業員）
7.31	最先端を目指す慈江道の各工場を現地指導された
8. 1	江界市の軽工業部門工場を現地指導された
8. 3	終わりのない生産的高揚を巻き起こす2．8ビナロン連合企業所を現地指導された
8. 4	龍城機械連合企業所の先軍鋳物工場と興南肥料連合企業所ガス化対象建設現場を現地指導された（軍人建設作業員）
8. 5	完工段階に入った金野江国民発電所建設現場を現地指導された（軍人建設作業員）
8.25	党の畜産政策貫徹で模範となる927鶏工場を現地指導された
8.26	素晴らしい技術改良がなされた平壌穀産工場を現地指導された
9.12	現代化模範鉱山の3月5日青年鉱山を現地指導された
9.13	最先端突破戦を力強く実行する満浦工場を現地指導された
9.26	歌劇「梁山泊と祝英台」創作事業を指導された
10.18	新しく建設された玉流館料理専門食堂を現地指導された
11. 4	飛躍の暴風が力強く吹き荒れる熙川発電所建設現場を現地指導される（軍人建設作業員、金正恩同行）
11.18	昌城郡の工場を現地指導し、地方工業革命の明かりを高く掲げられた
11.23	룡호〈リョンホ〉アヒル工場を現地指導された
11.24	龍城食糧工場に新たに建設された、醤油工場を現地指導された（金正恩同行）
11.24	金日成総合大学と平壌医科大学を現地指導された（金正恩同行）
11.25	대안친선〈テアンチンソン〉ガラス工場に新設された強化ガラス製造所と薬水加工工場を現地指導された
11.26	改築された平壌舞踊大学を現地指導された
12. 1	龍城機械連合企業所分工場を現地指導された
12. 2	咸興市の軽工業工場を現地視察された
12. 3	端川市の各単位を現地指導された
12. 4	茂山鉱山連合企業所と食糧工場を現地視察された

12. 5	會寧市の各部門事業を現地指導された
12. 7	金策製鉄連合企業所と羅南炭鉱機械連合企業所を現地指導された
12.11	平壌市の軽工業工場と、最近建設された普通江百貨店を現地指導された
12.12	素晴らしく改築された平壌小麦粉加工工場、先喜〈ソンフン〉食糧工場、中国食堂を現地指導された
12.22	標本工場に転身した熙川련하〈リョンハ〉機械総合工場を現地視察された（軍人建設作業員）
12.23	熙川青年電機連合企業所と熙川発電所建設現場を現地指導された（軍人建設作業員）
【視察・訪問・見回る（7回）】	
1. 4	熙川発電所建設現場を訪ね、建設作業員らを激励された（軍人建設作業員）
1.28	平安北道の道路を見回られた
2.10	2.8ビナロン連合企業所で、滝のように降りそそぐビナロンをご覧になった
3. 7	全国の大慶事を招く現代的なビナロン工場竣工を慶祝する咸興市群衆大会盛大に挙行（金正日参加）
4.23	4.25（建国節）に合わせて改修された開城青年公園を見て回られた
10. 9	新しく建設された国立演劇劇場を見て回られ、新入団の芸術人らの家庭を訪問された（金正恩同行）
10.10	労働党創建65周年中央報告大会盛大に挙行、金正日同士が参席（金正恩同行）
【観覧（20回）】	
1. 1	新年を迎え党と国家、軍隊の幹部らと共に銀河水管弦楽団の新年慶祝音楽会を観覧
2.16	銀河水管弦楽団の旧正月節音楽会を観覧された
2.18	功勲国家合唱団の公演を観覧された
3.28	国立交響楽団の公演を観覧された
4. 4	万寿台芸術団の公演を観覧された
4.16	太陽節音楽会を観覧された
4.19	第2次4月の春人民芸術祝典群衆芸術部門総合公演を観覧された
4.29	ロシア「21世紀管弦楽団」の公演を観覧された
5. 2	朝露芸術人たちの5.1節合同音楽会を観覧された
5. 9	軽喜劇「こだま」を観覧された
7.20	金正淑平壌祭事工場の芸術制作員らと扇動隊員たちの公演をご覧になった
7.25	平壌サーカス団の総合サーカス公演を観覧された

9.9	共和国建国62周年を迎え開催された功勲国家合唱団の「9月音楽会」を観覧された
10.7	労働党創建65周年を迎え開催された銀河水楽団の「10月音楽会」を観覧された
10.19	創作が完成した歌劇「梁山泊と祝英台」を観覧された
11.2	銀河水管弦楽団「10月音楽会」公演を観覧された
11.7	朝鮮中央放送創設65周年を迎え中央放送委員会職員らの芸術創作公演を観覧された
11.29	国立交響楽団の公演を観覧された
12.6	咸鏡北道芸術団公演を観覧された
12.26	功勲国家合唱団の「12月慶祝音楽会」を観覧された（金正恩同行）
【その他（8回）】	
2.9	中国共産党中央委員会対外連絡部代表団を接見された
5.7	中華人民共和国東北地方を非公式訪問された
5.8	中華人民共和国を非公式訪問された
5.9	中華人民共和国を非公式訪問された
5.10	中華人民共和国を非公式訪問された
8.31	中華人民共和国を非公式訪問された
10.12	中国共産党代表団を接見された
12.10	中華人民共和国国務委員と接見された
【撮影（1回）】	
9.30	労働党中央指導機関成員ら、党代表者会参加者らと記念撮影された（前日、総書記再推戴が発表された）

＊注：現地指導、訪問の際に撮影があった場合は、現地指導、訪問等でカウントし、撮影には入れなかった。

＊非軍事関連動静の報道の項目で▨▨部分は、軍部経営の事業所、軍人建設作業員が動員された建設現場、金正日が軍部の方針に沿って事業を行うよう指示した場所――を示す。

■ 2011年分類

〈軍事関連動静〉

【現地指導（6回）】	
2.3	朝鮮人民軍정성〈チョンソン〉医学総合研究所を現地指導された
10.8	樂浪栄誉軍人日用品工場を現地指導された
11.3	呉重洽7連隊称号を持つ空軍連合部隊訓練を指導された（金正恩同行）

12. 1	呉重治7連隊称号を持つ第630連合部隊の総合戦術訓練を指導（金正恩同行）
12. 4	呉重治7連隊称号を持つ空軍第378部隊飛行訓練を指導された（金正恩同行）
12.14	第966連合部隊火力打撃訓練を指導された（金正恩同行）
【視察・訪問・見る（10回）】	
2. 3	第6556部隊指揮部を視察された
3.17	朝鮮人民軍海軍第597部隊傘下の工場を視察された
7.14	第963部隊指揮部を視察された（金正恩同行）
7.26	海軍指揮部を視察された
10.20	第4304部隊を視察された
11. 1	第789部隊を視察された（金正恩同行）
11. 4	第322部隊を視察された（金正恩同行）
11. 8	第813部隊を視察された（金正恩同行）
11.14	第534部隊傘下の総合食糧加工工場を視察された
11.27	第1016部隊を視察された（金正恩同行）
【観覧（13回）】	
1.27	空軍司令部協奏楽団、電子楽団の公演を観覧された
2. 1	第324連合部隊芸術宣伝隊公演を観覧された
2.10	第963部隊芸術宣伝隊の公演を観覧された
2.17	新設された烽火芸術劇場で、朝鮮人民軍内務軍協奏楽団の開館公演を観覧された
3.14	朝鮮人民軍海軍協奏楽団の公演を観覧された
4.23	第264連合部隊芸術宣伝隊公演を観覧された
6.11	第2期第4次軍人家族芸術小組公演を観覧された
7. 2	弟63部隊芸術宣伝隊公演を観覧された
7. 3	第2期第4次軍人家族芸術小組競演に参加した軍部隊の家族による芸術小組公演を観覧された
10.19	3大革命赤旗柿木中隊の軍人たちの芸術小組公演を観覧された
11.19	第6556部隊指揮部芸術小組公演を観覧された
12. 7	第35次軍務者芸術祝典に当選した中隊軍人たちの公演を観覧された（金正恩同行）
12.10	第324連合部隊芸術宣伝隊公演を観覧された
【その他（7回）】	
2.15	中華人民共和国公安部長と接見された（金正恩同行）

3.25	朝鮮人民軍武装装備部門関係者の熱誠者大会参加者らとお会いになり、祝われた
5.5	人民軍総合体育館開館式挙行（金日成、金正恩出席）
9.10	朝鮮民主主義人民共和国創建 63 周年労農職位大閲兵式盛大に挙行（金正日、金正恩参加）
10.13	朝鮮労働党中央軍事委員会で党創建 66 周年を迎え宴会を準備した
11.18	中国人民解放軍高位軍事代表団を接見された
12.31	金正日同士の 2011 年 10 月 8 日の偉勲に従って党中央軍事委員会副委員長である金正恩同志を朝鮮人民軍最高司令官に高くお迎えする

【撮影（2 回）】

| 7.6 | 軍人家族芸術小組競演参加者らと記念写真（金正恩同行） |
| 11.23 | 第 3154 部隊の軍人建設作業員らと記念撮影をされた |

〈非軍事関連動静〉

【現地指導（59 回）】

1.13	新しく建設された南浦ガラス瓶工場を現地指導された
1.15	新年戦闘で革新の火を力強く掲げる平安北道の工場を現地指導された（金正恩同行）
1.16	CNC 化を高い水準で実現した大館〈大澤注：平安北道〉ガラス工場を現地指導された（金正恩同行）
1.19	「1 月 18 日」機械総合工場を現地指導された
1.20	最先端を目指して飛躍する国家科学院生物工学部門を現地指導された
1.20	中央動物園を現地指導された
1.21	「11 月 20 日」工場と龍岳山泉水工場を現地指導された
1.22	沙里院の食糧工場を現地指導された
1.22	新しく建設された黄海北道人民学習堂を現地指導された
1.23	万寿台創作社を現地指導された（金正恩同行）
1.31	人民生活大高潮進軍を力強く支える咸興市の重要企業所を現地指導された
2.2	新興機械工場を現地指導された
2.12	新しく建設された雲山工具工場を現地指導された
3.4	現代的に運営される平壌野菜科学研究所と平壌花草研究所を現地指導された
3.11	飛躍の道を走る咸興市の工場、企業所を現地指導された
4.7	高い生産水準を達成した慈江道内の工場、企業所を現地指導された（金正恩同行）

4．8	江界市の工場を現地指導された（金正恩同行）
4．9	最先端突破戦で先頭を行く慈江道の工場、企業所を現地指導された（金正恩同行）
4.21	大高潮の先鋒として走る金策製鉄連合企業所を現地指導された
4.22	恵山青年鉱山を現地指導された
4.23	羅先造船所を現地指導された
4.24	主体鉄生産の優越性を高く発揮している先津製鋼連合企業所を現地指導された
4.25	龍城機械連合企業所を現地指導された
5．7	平壌市内軽工業工場を現地指導された
5．8	南興青年化学連合企業所を現地視察された
5.13	구장〈グジャン〉養魚場を現地指導された
5.19	룡전〈リョンジョン〉果樹農場と덕성〈トクソン〉果樹農場を現地指導された
5.29	熙川発電所建設現場を現地指導された（軍人建設作業員）
6．3	高山果樹農場を現地指導された（軍部経営）
6．3	신철희〈シンチョルヒ〉同務が事業をする養魚研究所を現地指導された
7．7	楽園機械連合企業所を現地指導された
7.11	軽工業部門事業を現地指導された
7.11	中央動物園を現地指導された
7.22	能力を拡張した大同江果樹総合農場と新しく建設された大同江果実総合加工場を現地指導された（軍人建設作業員、金正恩も同行）
7.29	5月11日工場を現地指導された（金正恩同行）
8．9	2.8ビナロン連合企業所を現地指導された
8.31	熙川発電所建設現場を現地指導された（金正恩同行、軍人建設作業員）
9．9	新しく建設された普通門通り肉商店を現地指導された
9．9	平壌市各部門事業を現地指導された
9.11	牡丹峰ビデオ社を現地指導された（金正恩同行）
10．4	룡전果樹農場を現地指導された
10．4	端川港建設現場を現地指導された
10．8	平城合成皮革工場を現地指導された
10.10	中央養苗場を現地指導された（金正恩同行）
10.11	新たに建設された太陽熱設備センターを現地指導された
10.12	改築・現代化された두단〈トゥダン〉あひる工場を現地指導された

10.14	新しく建設された大同江スッポン工場を現地指導された
10.16	大興青年英雄鉱山と竜陽〈リョンヤン〉鉱山を現地指導された
10.17	咸興市の重要企業所を現地指導された（金正恩同行）
10.18	咸州郡東峰〈ドンボン〉協同農場を現地指導された
10.23	光徳養豚場を現地指導された
10.30	慈江道を現地指導された（金正恩同行）
11. 4	대성〈テソン〉機械工場を現地視察された
11.12	김종환〈キムジョンファン〉同務が事業をする養魚事業所を現地指導された
11.26	리명제〈リョンジェ〉同務が事業をする石材加工場を現地視察された（金正恩同行）
11.28	黄海南道果実郡を現地指導された（金正恩同行）
12.11	咸鏡南道の各部門事業を現地指導された
12.16	ハナ音楽情報センターを現地指導された
12.16	光復地区商業センターを現地指導された（金正日最後の現地指導、金正恩同行）
【視察・訪問・見る（14回）】	
5.27	中華人民共和国非公式訪問された（5月20〜26日）
5.28	中華人民共和国東北地方と華東地域を非公式訪問された
8.21	ロシア訪問、ロシア連邦の国境駅ハサンを通過された
8.22	ロシア連邦アムール州を訪問された
8.24	ロシア連邦ブリャチャ共和国を訪問された
8.26	中華人民共和国東北地方訪問について
8.27	中華人民共和国内蒙古自治区を訪問された
8.27	中華人民共和国黒龍江省を訪問された
8.28	ロシア連邦、中華人民共和国に関する訪問を終え、祖国に戻られた
8.28	中華人民共和国吉林省を通過された
8.29	ロシア連邦訪問詳報
8.30	中華人民共和国東北地域通過と訪問に関する詳報
11.13	엄덕성〈オムドクソン〉同務が事業をする養魚場を視察された
12. 5	凱旋青年公演遊技場を視察された（金正恩同行）
【観覧（19回）】	
1. 2	新年を迎え党と国家、軍隊の責任者たちと共に銀河水管弦楽団の新年慶祝音楽会を観覧された

2．3	党と国家。軍隊の責任者たちと共に銀河水管弦楽団「旧正月音楽会」を観覧された
2.16	功勲国家合唱団の公演を観覧された
2.17	2月16日慶祝宴会が開催された
2.19	正月の満月を迎え中国の同志たちと共に銀河水管弦楽団の音楽会を観覧された
3．6	国立交響楽団の公演を観覧された
3．8	3．8国際婦人デーを迎え、朝露芸術人らの合同公演を観覧された
3.24	水中体操舞踊の模範演技を観覧された
3.27	新しく建設された国立演劇劇場で軽喜劇「こだま」を観覧された
4.26	功勲国家合唱団の建国節慶祝公演を観覧された
5.10	金亨稷師範大学芸術小組公演を観覧された
7.14	演劇「今日を追憶せよ」を観覧された（金正恩同行）
7.16	中国・甘粛省歌舞局員の舞踊曲「シルクロードの花の舞」と朝鮮訪問芸術団を観覧された
7.17	新しく建設された銀河水劇場で、銀河水管弦楽団の開館記念音楽会を観覧された
7.22	国立交響楽団の公演を観覧された
7.28	戦勝記念節慶祝、功勲国家合唱団の公演を観覧された
9.12	全国女性同盟芸術小組総合公演を観覧された
10.12	銀河水管弦楽団10月音楽会「永遠に1つの道をお行きになる」を観覧された（金正恩同行）
12．5	アイスフィギュア模範出演を観覧された（金正恩同行）
【その他（15回）】	
1.25	エジプト、オラスコム電気通信会社理事長を接見された
5.18	ロシア連邦対外情報局代表団を接見された
6.14	中国共産党代表団を接見された（金正恩同行）
7.13	中華人民共和国親善代表団を接見された（金正恩同行）
7.25	道市郡人員会議代議員選挙に参加された
8.25	ロシア連邦大統領メドベージェフ閣下とお会いになった
9.24	ラオス人民革命党中央委員会総秘書・ラオス人民民主主義共和国主席のチュママリ同志とお会いになった
10.21	ロシア連邦アムール州長官一行を接見された
10.25	中華人民共和国副総理の李克強同志を接見された
12.20	金正日同志は永生である（死去報道）

12.21	偉大な領導者、金正日同志は永世不滅である
12.23	偉大な領導者、金正日同士の逝去に際して
12.28	人民の大きな悲しみの中、将軍様と永訣する
12.29	偉大な領導者、金正日同士と永訣する儀式厳粛に挙行
12.30	我が党と我が人民の偉大な領導者、金正日同士を追慕する中央追慕大会、革命の首都平壌で厳粛に挙行
【撮影（0回）】	

＊注：現地指導、訪問の際に撮影があった場合は、現地指導、訪問等でカウントし、撮影には入れなかった。

＊非軍事関連動静の報道の項目で■■部分は、軍部経営の事業所、軍人建設作業員が動員された建設現場、金正日が軍部の方針に沿って事業を行うよう指示した場所——を示す。

3．2009〜2011年〈金正日時代〉の「現地指導」「視察・訪問」分析

図表4-1　2009〜2011年「労働新聞」の金正日動静報道まとめ

金正日時代	2009		2010		2011	
	軍事	非軍事	軍事	非軍事	軍事	非軍事
現地指導	5	70	4	60	6	59
視察・訪問・見る	17	4	14	7	10	14
観覧	16	7	18	20	13	19
その他	3	6	2	8	7	15
撮影	2	0	2	1	2	0
合計	43	87	40	96	38	107
年間総合計	130		136		145	

現地指導回数は軍事より非軍事優先。しかし、「非軍事」の内容を精査すると、軍部による重要企業所運営、発電所等エネルギー開発への関与が明らかになる。動静報道の目的は「先軍政治」確立であることを示している。

　この期間の金正日総書記の動静報道回数をすべて合計すると411回（2009年130回、2010年136回、2011年145回）に上る。

　その中で最も多いのは「現地指導」で、2009年75回、2010年64回、2011年65回に及び、全動静報道の約半数に及んでいる。次に多いのは「視察・訪問・見る」で、2009年21回、2010年21回、2011年24回に及ぶ。

一方、「軍事関連」の現地指導は2009年5回▽2010年4回▽2011年6回で意外と少ない。「非軍事関連」で登場するのは、2009年70回▽2010年60回▽2011年59回と多くを数える。回数を見れば、金正日は「非軍事」部門の「現地指導」を重要視している。しかし「非軍事関連」の「現地指導」「視察・訪問・見る」の内容を精査していくと、実は製鉄・食糧生産などの重要施設を軍部が実質運営していたり、発電所などの重点建設事業を軍人労働者が担当していたりするケースが多く存在していることが分かる。

■ 2009年分析

①2月4日報道「咸州郡東峰〈ドンボン〉共同農場」現地指導は「強盛大国の大門を開くうえで最重要な問題の1つは農業生産の向上」と述べ、農業生産＝軍事強国の模式を強調。

②3月13日報道「黄海製鉄連合企業所」の現地指導では「自力更生だけが生き残る道だ」と述べ、軍事力強化の決意を提示。

③4月8日報道「三一浦特産物工場」の現地指導では「人民軍隊は革命的軍人精神の創造者らしく、強盛大国の大門を開けるために、現在の総攻撃戦においても革新的な先導者としての役割を遂行している」と述べ、工場労働者に対して、軍隊を見習って工場運営するよう主張。

④7月14日報道「新しく建設された大同江タイル工場」の現地指導では軍人建設労働者の活躍を称えている。

⑤10月23日報道「9月26日種豚工場と10月22日豚工場」の現地指導では同工場が軍人向けの食糧生産拠点であることが明らかにされている。

⑥大規模企業所の「金策製鉄連合企業所」（2月22日報道）、重要拠点である「熙川発電所」（3月26日）で軍人建設労働者が活躍していることを記事や写真で紹介している。

　このような視点で労働新聞を読み込んで確認したところ、70回の「非軍事」現地指導中、少なくとも27回は「軍部経営」「軍人建設労働者関与」の施設訪問であり、すべて基礎産業、エネルギー、食糧生産を担う、体制維持にとっての重要拠点を対象にした訪問だった。また「非軍事」視察・訪問を

写真 4 - 1　2 月 4 日付「咸州郡東峰共同農場」を現地指導

위대한 수령 김일성동지의
주 체 사 상 으 로
튼 튼 히 무 장 하 자 !

로동신문

조선로동당중앙위원회기관지

제72호 (4주) 제22659호 루계9일 (2009)년 3월 13일 (금요일)

위대한 령도자 김정일동지의
사 상 과 령 도 를 한 마 음
한 뜻 으 로 받 들 어 나 가 자 !

위대한 령도자 김정일동지께서
황해제철련합기업소를 현지지도하시였다

写真4－2　3月13日付「黄海製鉄連合企業所」を現地指導

로동신문

조선로동당 중앙위원회기관지

위대한 수령 김일성동지의 주체사상으로 튼튼히 무장하자 !

위대한 령도자 김정일동지의 사상과 령도를 한마음 한뜻으로 받들어나가자 !

위대한 령도자 김정일동지께서
삼일포특산물공장을 현지지도하시였다

조선인민군 최고사령관 김정일동지께서
고 김건일동지의 령전에 화환을 보내시였다

위대한 령도자 김정일동지께
웰남정부경제대표단과 수리아 공보상이 선물을 드리였다

나라의 자주권과 민족의 존엄을 수호하신분

김정일국방위원장의 정치, 외교적승리
세계보도계에 파문을 일으키고있는 인류최고위성 《광명성2호》의 성과적발사

태양절을 맞으며 평양시내 청소년학생들

만 경 대 방 문

写真４－３　４月８日付「三一浦特産物工場」を現地指導

위대한 수령 김일성동지의
주체사상으로
튼튼히 무장하자 !

위대한 령도자 김정일동지의
사상과 령도를 한마음
한뜻으로 받들어나가자 !

로동신문

조선로동당 중앙위원회 기관지

제159호 14세 제22748호ㅣ주체98 (2009) 년 6월 8일 (월요일)

위대한 령도자 김정일동지께서
고산과수농장을 현지지도하시였다

写真4－4　6月8日付「高山果樹農場」を現地指導

写真４－５　７月14日付「大同江タイル工場」を現地指導

위대한 수령 김일성동지의
주체사상으로
튼튼히 무장하자 !

로동신문

조선로동당 중앙위원회 기관지

제85호 (루계 제22072호) 주체98 (2009)년 3월 28일 (토요일)

위대한 령도자 김정일동지의
사상과 령도를 한마음
한뜻으로 받들어나가자 !

위대한 령도자 김정일동지께서
희천발전소 건설장을 현지지도하시였다

위대한 령도자 김정일동지께서 희천 1호발전소 건설장을 현지지도하시였다.

写真4－6　3月26日付「熙川発電所」建設現場を現地指導

検討したところ、4回のうち2回が「軍人建設労働者」の激励が目的だった。

　こうした動静報道の分類・分析結果から2009年の現地指導・視察・訪問の主目的は、

①軍部の力で鉄鋼など産業の基礎分野、発電などのエネルギー分野関連機関を発展・維持し、国家経済を支える姿勢を明示。軍部への資源やエネルギーの優先配給を確約。

②報道を通じて、関連機関に勤務する軍人の士気を高めるという2点であり、軍組織優先の「先軍政治」の確立が目的だったと判断できる。

　これら6枚の写真は「非軍事」に分類される現地指導だが、記事・写真を精査すると軍の企業経営関与、重要エネルギー機関建設など、国家の重要拠点で軍中心の国家運営が進められていることが判明する。

▓ 2010年分析

2009年と同様の傾向が続く。

　「非軍事関連動静報道」の内容を精査してみよう。

①1月31日報道「香山ホテル改装」の現地指導

②4月18日報道「熙川発電所建設現場」の現地指導

③6月7日報道「大同江果樹総合農場」の現地指導

④8月4日報道「龍城機械連合企業所」の現地指導

⑤8月5日報道「金野江国民発電所建設現場」の現地指導

⑥12月22日報道「熙川련하〈リョンハ〉機械総合工場」と翌23日報道「熙川青年電機連合企業所」の現地指導

　明示的なのは、香山ホテルの建設現場の報道では「建築形式と内部構造はもちろん、装飾や備品の色合いに至るまで細かくご覧になり、軍人建設者たちが大衆的英雄主義と愛国的献身性を発揮し、ホテルを最上の水準で改築したことに対し満足を表された」と金正日の様子を報じることで、軍人の活動を徹底して賞賛するための現地指導であることが確認できる。

위대한 수령 김일성동지의
주체사상으로
튼튼히 무장하자!

로동신문

조선로동당 중앙위원회기관지

제31호 [루계 제22983호] 주체99 (2010) 년 1월 31일 (일요일)

위대한 령도자 김정일동지의
사상과 령도를 한마음
한뜻으로 받들어나가자!

위대한 령도자 김정일동지께서
개건된 향산호텔을 현지지도하시였다

写真4－7　1月31日付「香山ホテル改装」を現地指導

위대한 수령 김일성동지의
주체사상으로
튼튼히 무장하자 !

로동신문

조선로동당 중앙위원회기관지
제108호 [제4세 제23060호] 주체99 (2010) 년 4월 18일 (일요일)

위대한 령도자 김정일동지의
사상과 령도를 한마음
한뜻으로 받들어나가자 !

위대한 령도자 김정일동지께서
희천발전소건설장을 현지지도하시였다

写真 4 − 8　4 月 18 日付 「熙川発電所建設現場」 を現地指導

위대한 수령 김일성동지의
주체사상으로
튼튼히 무장하자!

로동신문

조선로동당 중앙위원회 기관지

제158호 (4째 제23110호) 주체99 (2010) 년 6월 7일 (월요일)

위대한 령도자 김정일동지의
사상과 령도를 한마음
한뜻으로 받들어나가자!

위대한 령도자 김정일동지께서

능력확장된 대동강과수종합농장을 현지지도하시였다

写真4－9　6月7日付「大同江果樹総合農場」を現地指導

위대한 수령 김일성동지의
주체사상으로
튼튼히 무장하자 !

로동신문

조선로동당 중앙위원회기관지

第216호 (루계 제231 68±1 무제9일9 (2010) 년 8월 4일 (수요일)

위대한 령도자 김정일동지의
사상과 령도를 한마음
한뜻으로 받들어나가자 !

위대한 령도자 김정일동지께서
룡성기계련합기업소의 선군주물공장과 흥남비료 련합기업소 가스화대상건설장을 현지지도하시였다

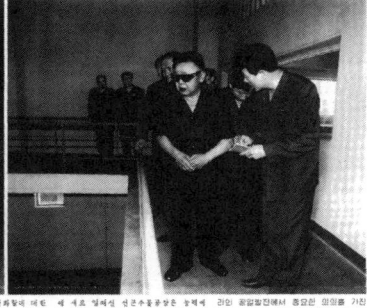

写真４−10　８月４日付「龍城機械連合企業所」を現地指導

위대한 수령 김일성동지의

주체사상으로

튼튼히 무장하자!

로동신문

조선로동당 중앙위원회기관지

제217호 [누계 제23169호] 주체99 (2010) 년 8월 5일 (목요일)

위대한 령도자 김정일동지의

사상과 령도를 한마음

한뜻으로 받들어나가자!

위대한 령도자 김정일동지께서
완공단계에 들어선 금야강군민발전소
건설장을 현지지도하시였다

写真4－11　8月5日付「金野江国民発電所建設現場」を現地指導

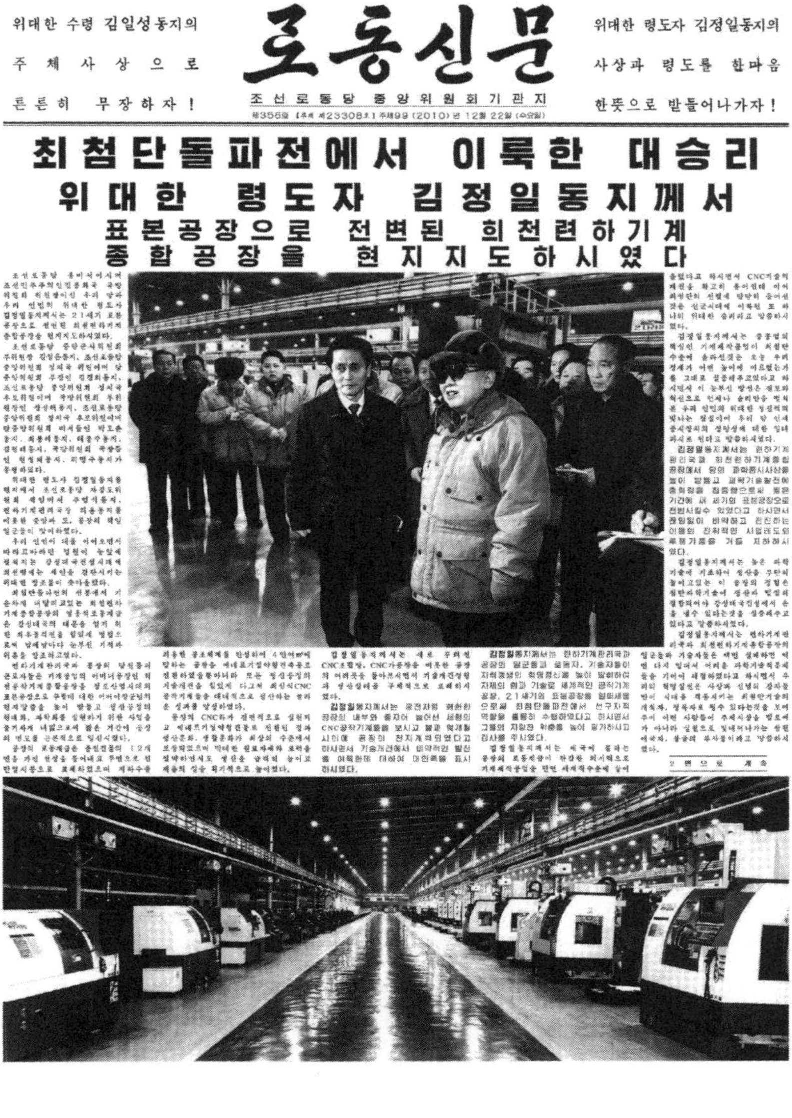

写真 4 − 12　12 月 22 日付「熙川련하機械総合工場」を現地指導

全体をまとめると、60回の「非軍事」現地指導中23回が軍運営施設か軍人建設労働者が関与する現地視察だった。7回の「非軍事」視察・訪問中3回は軍部関与の大規模企業所、軍部関与の建設現場、行事現場が目的地だった。

　以上6件の報道で紹介された現場では、いずれも記事や写真で軍人建設作業員が建設や作業の中核となっていることが明らかにされている。

■ 2011年分析

　この年は「軍事」関連の現地指導6回、「視察・訪問」は10回、「非軍事」の視察・訪問に関する報道は14回中、中国公式訪問（5月20〜26日）、ロシア訪問（8月20〜25日）、中国東北部訪問（8月25〜27日）の外国訪問が12回〈大澤注：訪問回数ではなく報道回数である〉を占めるなど、前2年の訪問とは目的を異にした動静報道が増えている。しかし、そうした中でも、「非軍事」現地指導の内容を検討すると、59回中18回が「軍経営」事業所または「軍人建設労働者」による建設事業現場の訪問であり、2009年、2010年と同様「先軍」重視だった。例えば、下記のような例が挙げられる。

①軍隊式スローガンによる生産達成を要求
　1月31日報道「人民生活大高潮進軍を力強く支える咸興市の重要企業所現地指導」では「強盛大国の大門を前に、これを開いていこうという意志を持ち、天を突く勢いを持って、昼も夜も緊張して戦闘を行っている労働階級」「どのような困難な課業も徹底貫徹する彼等の革命的な闘争の気風」を高く評価するという金正日の言葉が紹介された。
　4月9日報道「最先端突破戦で先頭を行く慈江道の工場、企業所」の現地指導、4月21日報道「大高潮の先鋒として走る金策製鉄連合企業所」の現地指導は、軍隊精神の具現化を工場労働者に求めた。
②軍人労働者激励
　5月29日と8月31日報道「熙川発電所」の現地指導は、工事に投入された軍人労働者を激励する趣旨で実施された。特に5月29日報道の現地指導には

위대한 수령 김일성동지의
주체사상으로
튼튼히 무장하자！

로동신문

조선로동당 중앙위원회기관지

제287호 （루계 제23604호） 주체100 （2011）년 10월 14일 （금요일）

위대한 령도자 김정일동지의
사상과 령도를 한마음
한뜻으로 받들어나가자！

위대한 령도자 김정일동지께서
새로 건설된 대동강자라공장을 현지지도하시였다

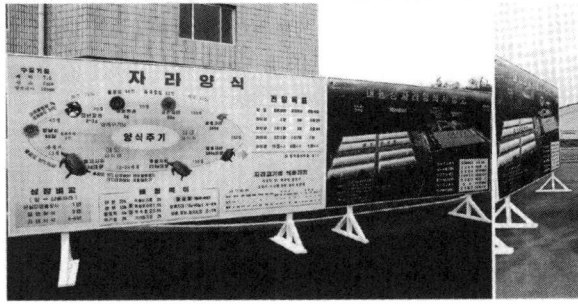

写真 4 ー 14　10 月 23 日付「광덕光徳養豚場」（2 面）

軍幹部のほか朝鮮労働党中央軍事委員会副委員長の肩書で金正恩も同行した。金正日はここでも「軍人労働者たちが『朝鮮は決心すればできる』という信念を胸に抱き、強盛大国建設史に道を開く偉大な創造物を立派に造り上げたことに、大満足を表された」と報じられるなど、軍人建設者の役割の重要性を強調した。

③軍経営または軍需生産企業所訪問

　7月22日報道「大同江果樹総合農場」と「大同江果実総合加工場」の現地指導は軍人の案内で実施されており、同農場及び加工場が軍需用または軍経営によるものであることを明示している。

　10月14日報道「新しく建設された大同江スッポン工場」、10月18日報道「咸州郡東峯〈ドンボン〉協同農場」、10月23日報道「光徳〈クワァンドク〉養豚場」の現地指導では、金正日総書記は「新時代の要求に合わせ、軍人たちの食生活を向上させる、丈夫な土台を準備していることに大きな満足を示された」と報じるなど、金正日訪問の目的が軍部強化の一環であることを強調した。

　この2件の報道では工場経営者・労働者に軍隊式の経営や労働の方式を取るよう要求していることが明記されている

■ 2011年の変化の兆候

　一方、2011年の「現地指導」「視察・訪問」では、金正恩が本格的に同行し始めたことによるとみられる変化が表れる。

①11月12日報道の「金鍾煥〈キムジョンファン〉同務が事業をする養魚事業所」の現地指導

②11月13日報道の「厳徳成〈オムドクソン〉同務が事業をする養魚場」の視察

③11月26日報道の「李英済〈リヨンジェ〉同務が事業をする石材加工場」の現地指導

　大規模企業所、軍関連企業所とは縁がない、個人が運営を任された小規模事業所を頻繁に訪問している。

로동신문

조선로동당중앙위원회기관지

제316호 [4째 제23633호] 주체100 (2011) 년 11월 12일 (토요일)

위대한 령도자 김정일동지께서

김종환동무가 사업하는 양어사업소를 현지지도하시였다

写真 4 － 15　11 月 12 日付　「金宗煥同務が事業をする養魚事業所」を現地指導

위대한 수령 김일성동지의
주체사상으로
튼튼히 무장하자!

로동신문

조선로동당 중앙위원회 기관지

위대한 령도자 김정일동지의
사상과 령도를 한마음
한뜻으로 받들어나가자!

위대한 령도자 김정일동지께서
조선인민군 제580군부대관하
엄덕성동무가 사업하는 양어장을 시찰하시였다

写真4－16　11月13日付　「엄덕성同務が事業をする養魚場」を視察

로동신문

조선로동당 중앙위원회 기관지

제330호 (루계 제23647호) 주체100 (2011) 년 11월 26일 (토요일)

위대한 령도자 김정일동지께서
리영제동무가 사업하는 돌가공공장을 현지지도하시였다

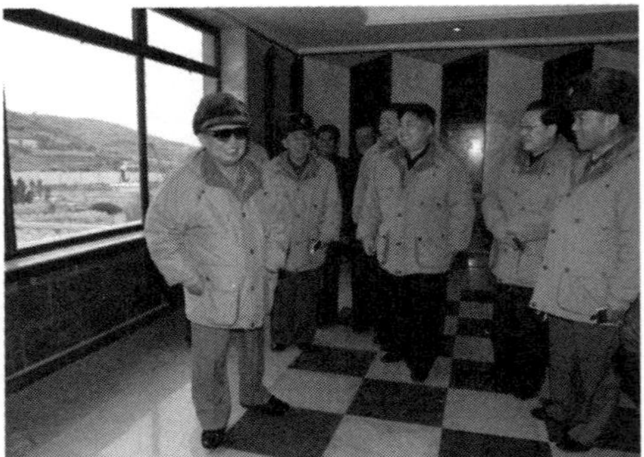

조선인민군 최고사령관 김정일동지께서
전선서부에 위치한 조선인민군
제233대련합부대 지휘부를 시찰하시였다

写真 4 − 17　11月26日付　「리영제同務が事業をする石材加工場」を現地指導

위대한 수령 김일성동지의
주 체 사 상 으 로
튼튼히 무장하자!

로동신문

조선로동당 중앙위원회기관지
제350호 [누계 제23667호] 주체100 (2011) 년 12월 16일 (금요일)

위대한 령도자 김정일동지의
사상과 령도를 한마음
한뜻으로 받들어나가자!

위대한 령도자 김정일동지께서
하나음악정보쎈터를 현지지도하시였다

写真 4 － 18　2011 年 12 月 16 日報道、労働新聞 1 面
金正日最後の現地指導となった「하나（ハナ「１つ」の意）音楽情報センター」。軍服姿の
同行者は見えない。

これら３件の記事内容や写真から個人に運営が任された小規模事業所であることが判明する。

　2011年も、鉄鋼、機械製造などの大規模企業所と発電所、食糧生産など体制維持のために軍部の力を使う基本方針は維持されているが、小規模事業所の訪問が目立つ。

　金正日総書記の生前最後の現地指導となった、12月16日報道の平壌の「하나〈ハナ〉音楽情報センター」「光復地区商業センター」の現地指導には軍人の同行者がなかった。随行者は金正恩、金慶姫・党部長、張成沢・国防委員会副委員長（軍人の肩書はあるが、主に党組織で活動してきた）ら、親族・党の有力者が顔をそろえた。

　金正恩第１書記が「現地指導」「視察・訪問」の計画をたてるなど、主導権を発揮し始めたことによる変化だったと考えられる。

　後に詳述するが、金正恩体制が発足した2012年以降、同種の動静報道が増えることからみて、これは「軍部中心」指導から「党中心」への第１歩だったと考えられる。

■ まとめ　2009〜2011年、金正日の「現地指導」「視察・訪問」の特徴

Ⅰ．軍隊式経営・労働スタイル要求

　金正日総書記の現地指導・訪問には、北朝鮮経済が韓国に対して経済優位性を保っていた1970年代に創業した重要拠点企業の訪問を繰り返す傾向がある。その代表格として、2.8ビナロン連合企業所、興南肥料連合企業所、楽園機械連合企業所、金策製鉄連合企業所が挙げられる。

〈2009〜2011年に複数回の現地指導または訪問が報道された生産設備の全例〉（日付はすべて報道日）

①2.8ビナロン連合企業所（2009年２月５日、11月７日、2010年２月８日、２月10日、３月７日、８月３日、2011年８月９日）

②興南肥料連合企業所（2009年２月７日、11月７日、2010年６月6

日、8 月 4 日）

③楽園機械連合企業所（2009 年 2 月 9 日、9 月15日、2010 年 1 月26
日、6 月19日、2011 年 7 月 7 日）

④金策製鉄連合企業所（2009 年 2 月22日、12月18日、2010 年 3 月 5
日、12月 7 日、2011 年 4 月21日）

⑥龍城機械連合企業所（2010 年 5 月22日、8 月 4 日、12月 1 日、2011
年 4 月25日）

　訪問を繰り返した大規模企業所、経済拠点で、金正日は「『苦難の
行軍』の中でも、自分に与えられた生産計画を超過遂行するよう求め
る」という、軍隊式のスローガンによる生産性向上の実現を繰り返し
求めている。

Ⅱ．軍部による国家重要事業建設

　1970年代建設の重要拠点だけでなく、北朝鮮が経済再建の基礎と期
待するエネルギー生産分野の建設作業は、ほぼ軍部に委ねられた。熙
川発電所、金野江国民発電所等の水力発電所建設が例として挙げられ
る。軍部の要求を満たす事業としては豚工場（養豚場）、果樹農場の
建設・運営による軍事食糧の確保も重点事業として実施され、労働新
聞で大きく報道することで、軍人の士気高揚を図った。

Ⅲ．「先軍政治」浸透

　金正日時代の動静報道の目的は、軍中心または軍の力による国家建
設〈「先軍政治」〉の必要性を住民に繰り返して呼びかけ、浸透させ
るために実行されたと判断できる。

　一方で、2011年11月ごろから変化も表れる。個人名で運営される小
規模事業所の連続訪問だ。このころから現地指導や視察訪問に同行し
た金正恩はスローガンによって疲弊した住民を動かそうとしても生産
効率は上がらず、軍部に力を集中することで民生経済が破壊される状
況を目撃することになった。

金正日時代の動静報道の目的はⅠ～Ⅲのように分析できる。その一方でⅠは「先軍政治」による経済状況改善の限界を示し、Ⅱは民用生産の遅滞・縮小を招き、Ⅲは軍部中心への住民の反発を招く、などの副作用をもたらしたと考えられる。

そして、金正恩に「軍中心」から「党・内閣中心」の国家指導への切り替えという重大な決意をさせる重要な背景になったと判断できる。

また「小規模事業所訪問」に応じていることからみて、金正日も経済の沈滞等から、金正恩による将来の「軍中心」から「党中心」への統治スタイル切り替えは不可避だと考え、生前から金正恩に「党中心」への移行許可を与えていたと推測できる。

4．金正恩時代の動静報道

以下は労働新聞に掲載された金正恩時代の「動静報道」の一覧である。
金正恩時代（2012～2014年）の動静報道一覧

■ 2012年分類

〈軍事関連動静〉

【現地指導（5回）】	
1.28	呉重洽7連隊称号を持つ空軍第378部隊の飛行訓練を指導された ＊いちいち（部隊の）倉庫に入られた最高司令官同志はチョコレートをご覧になり、生産年度と保管期日が過ぎていることを確認されると、飛行士らに与えないよう願われた
3.15	陸海空軍合同打撃訓練を指導された
4.28	人民軍創建80周年を迎え挙行された朝鮮人民軍第655連合部隊の総合戦術訓練を指導された
8.8	呉重洽7連隊称号を持つ航空・反航空軍第1017部隊の飛行訓練を指導された
9.3	朝鮮人民軍軍楽団の演奏会を指導された
【視察・訪問・見る（38回）】	
1.2	新年を迎え呉重洽7連隊称号を持つ第105戦車師団を訪問され将兵らを祝われた
1.12	朝鮮人民軍が引き受けている各建設現場を視察された

1.19	呉重治7連隊称号を持つ第169部隊を視察された
1.21	呉重治7連隊称号を持つ空軍第354部隊を視察された
1.21	呉重治7連隊称号を持つ第387部隊を視察された ＊敬愛する最高司令官同志は軍人会館食堂をはじめ各所を回りながら軍人たちの生活を詳しくご覧になった ＊図書館にお入りになった最高司令官同志は本棚から小説をおとりになり、必読書をすべてご覧になった。（将兵らに）読書はどのようにしているかをお尋ねになった。映画や本を見た後に必ず感想文を書くことで、文芸作品に込められた内容を自分のものにして、豊富な文化的素養を持つことができるとお話しになった
1.22	第671連合部隊指揮部を視察された
1.31	呉重治7連隊称号を持つ空軍第1017部隊を視察された
2.7	海軍第597連合部隊を視察された ＊兵舎、教養室、食堂をはじめ各所をご覧になった。兵舎に入られると温度をチェックされ、歯磨きをご覧になって質はどうか聞かれた。質が良く正常に供給されているとの報告を満足げに聞いておられた
2.8	第324連合部隊指揮部と管轄下の部隊を視察された ＊教養室に入り、DVD・カラオケ利用室をご覧になった。軍部隊長と政治委員の歌「私が守る祖国」を3番までお聴きになった。点数が画面に出ると、最高司令官同志は「指揮官は戦闘も上手にしなければならないし、歌も上手に歌えなければならない」と言われ、兵士たちとよくなじむように指示された
2.22	第842部隊を視察された
2.26	西南戦線地区に位置する朝鮮人民軍第4軍団司令部傘下の軍部隊を視察された
3.3	戦略ロケット部隊司令部を視察された ＊兵士たちの寝台に座り寒い冬も暖かく過ごせるよう暖房条件を良くするよう命じられた。理髪室にお入りになり鏡を前だけでなく後ろと横にも置けば理髪がうまくいっているかどうか分かると指示された。食堂の温度を保ち軍人たちが暖かい場所で熱いご飯とスープを食べることができるよう指示された
3.4	板門店を視察された
3.10	西海岸前方哨戒所を守る乤〈チョ〉島防護隊を視察された
3.10	呉重治7連隊称号を持つ海軍第123部隊を視察された
4.5	東海岸前方哨戒所を守る領土防護隊を視察された ＊領土防護隊が自ら運営する兵士院と副食物倉庫、野菜温室をはじめとする後方経理施設をご覧になった。最高司令官同志はおいしそうなパンや干物、餅、スープをはじめ様々な食べ物をご覧になった。軍人たちが喜ぶだろうと、朝早く、食事もとらずに船に乗って来られたのに、食べ物を見ても「おなかがいっぱい」と言うだけで満足された
4.6	呉重治7連隊称号を持つ海軍第155部隊を視察された ＊DVDカラオケを使って歌う中隊長と政治指導員の二重唱「私が守る祖国」をお聴きになり「98点」が出ると彼らに拍手を送ってくださった。1日の糧食規定量表をご覧になり、豆をどのくらい食べさせているかを聞かれた。最高司令官同志は、今年、豆が豊作なので軍人たちに豆料理をたくさん作って食べさせ、父母である将軍様の偉勲を徹底して貫徹しなければならないと、依頼された
4.30	第26次軍事化学技術展覧会をご覧になった

5.4	軍最高司令官、金正恩同志が朝鮮人民軍航空・反航空軍指揮部を視察された
5.24	第1501部隊を視察された
8.7	第552部隊傘下の部隊を視察された
8.18	金正恩同志が西南戦線の最南端の最大熱戦地域に位置する島防衛隊を視察された ＊我々の領土にただ1発の砲弾でも落ちたら即時に殲滅的な反撃を与え、祖国統一大戦に続けよう
8.24	第4302部隊傘下3大革命赤旗柿木中隊を視察された
8.28	金正恩同志が宣伝・扇動部を守る朝鮮人民軍第313連合部隊指揮部と傘下の部隊を視察された
8.29	金正恩同志が宣伝・扇動部に位置する第318部隊を視察された
8.30	東部戦線視察を終えて帰られる途中、人民武力部に高く迎えられた偉大な金日成大元帥と金正日元帥の銅像を見て回られた（李雪主同行）
9.1	朝鮮人民軍武装装備館に新たに備えられた電子図書館を見て回られた（張成沢、李雪主、崔竜海同行） ＊武装装備館は見れば見るほど素晴らしく、格好が良いとおっしゃられ、12月24日、完工した同館に父母である将軍をお連れしようとしたが、その願いが叶わなかったことを熱く語られた
9.9	党軍事委員会と国防委員会、最高司令部作戦指揮成員らと共に錦繍山太陽宮殿を訪ねられた
10.7	国家安全保衛部に高く奉じた領導者、金正日大元帥の銅像を見て回られた
10.10	党中央軍事委員会、国防委員会、最高司令部作戦指揮成員らと共に錦繍山太陽宮殿を訪ねられた（崔竜海、金慶姫、張成沢同席）
11.20	第534部隊直属騎馬中隊の訓練場を視察された
11.21	保衛機関創立節を迎え、国家安全保衛部を訪問され、保衛戦士たちを祝われた 参考＝12.13人工地球衛星「光明星3号2号機」を成功的に発射
12.14	衛星管制総合指揮所を訪れ、人工地球衛星「光明星3号2号機」の発射過程を観察された〈1〜4ページの特集〉
12.15	西海衛星発射場を訪ねられ、光明星3号2号機を成功裏に発射することに大きく貢献した科学者、技術者らを祝われた
12.20	錦繍山太陽宮殿を訪ねられ、党・武力・政治機関・社会団体・省・中央機関職員、人民軍将兵らに崇高な敬意を表した
12.22	朝鮮労働党中央委員会で光明星3号2号機を成功裏に発射することに貢献した科学者、技術者、労働者らのための宴会を準備し、参加された（金正恩が演説）
12.24	朝鮮労働党中央軍事委員会、朝鮮民主主義人民共和国国防委員会、朝鮮人民軍指揮成員らと共に錦繍山太陽宮殿を訪ねられた

| 12.31 | 労働党中央院階で「光明星 3 号 2 号機」を成功裏に発射することに貢献した科学者、技術者、労働者らと祝う盛大な宴会を再び準備された（金正恩参席） |

【観覧（12 回）】

1 . 3	朝鮮人民軍最高司令官、金正恩同志は 2012 年銀河水新年音楽会を観覧された
1.15	音楽舞踊総合公演「永遠に奉じる我々の最高司令官」を観覧された
2.17	光明星節記念大公演「時を次いで忠誠を尽くす」を盛況のうちに挙行。敬愛する金正恩同志は大公演を観覧された
4 .28	平壌市民らと共に人民劇場で朝鮮人民軍創建 80 周年慶祝銀河水管弦楽団音楽会を観覧された
4 .30	平壌市民らと共に朝鮮人民軍サーカス団の大型マジック公演「時代の終わりまで」を観覧された
5 .20	朝鮮人民軍第 639 連合部隊と第 534 隊連合部隊の芸術公演を鑑賞された
7 .31	戦勝節慶祝牡丹峰楽団公演を観覧された
8 .26	宣伝・扇動部視察の途中、人民軍将兵らと「8.25 慶祝」牡丹峰楽団の凱旋公演を観覧された（ミニスカートの李雪主同行）
9 .10	共和国創建 64 周年を機に行われた朝鮮人民軍合奏団の総合公演を観覧された
9 .17	平壌市民と共に金日成賞桂冠作品の大集団体操と芸術公演「アリラン」を観覧された
11. 8	「4 .25」国防体育団の射撃選手らの協議をご覧になった
11. 8	稲妻チームと平壌チームの女子バスケットボール競技をご覧になった（李雪主、崔竜海、張成沢が参加）

【その他（9 回）】

2.17	錦繍山記念宮殿を「錦繍山太陽宮殿」と命名することに関する共同決定公表。朝鮮人民軍陸海空軍将兵らの礼式厳粛に挙行。敬愛する金正恩同志は党・国家・武力機関の責任者たちと共に参席された
4.11	最高人民会議第 12 期第 5 次会議挙行、金正日同志を永遠の国防委員長に高く奉じる　金正恩同志を国防委員会第 1 委員長に高く推戴
4.11	朝鮮人民軍武装備館開館式盛大に挙行（金正恩出席）
4.16	金日成同志誕生 100 周年慶祝閲兵式で、最高司令官・金正恩同志が演説
4.26	英雄的朝鮮人民軍創建 80 周年慶祝中央報告大会挙行 (金正恩参加)
8.26	金正恩同志が 8.25 慶祝演説〈大澤注：1960 年 8 月 25 日、金正日が金日成と共にソウルに侵攻した 105 戦車師団を訪問した。これを「先軍革命領導」の始まりと位置づけている〉 ＊偉大な金日成同志と金正日同志の不滅の太陽旗を高く掲げるこれからの我々の道には勝利と栄光だけがあるだろう

8.26	金正恩同志を招き「8.25慶祝」宴会が挙行された
12.18	主体の最高聖地・錦繍山太陽宮殿開館式を厳粛に挙行（崔竜海が開館の辞）
12.18	偉大な領導者・金正日同志の逝去1周忌を迎え、金正恩同志が父母である将軍〈大澤注：金正日のこと〉に崇高な敬意を表された

【撮影（9回）】	
4.18	人民劇場建設で功績のあった軍人建設作業員ら設計者らと記念写真を撮られた
4.27	人民軍武力整備館建設に功績のあった軍人建設作業員らと記念写真を撮られた
5.10	国土管理総動員運動熱誠者大会参加者と共に写真を撮られた
5.24	第6556部隊将兵らと共に記念写真を撮られた
5.24	第6557部隊将兵たちと記念写真を撮られた
7.15	主要対象物建設で功績を挙げた朝鮮人民軍内務軍の模範的な軍人らと記念写真を撮られた
7.31	金正恩元帥〈大澤注：7.19に元帥称号の報道〉は戦勝記念節慶祝行事に参加した戦争老兵代表らと共に記念写真を撮られた
10. 7	金正恩同志は国家安全保衛部と保衛部の戦士らが、死生決断の意志と無慈の勇敢さを発揮し、帝国主義者らと反動反共和国圧殺策動に対し断固として戦い、自己の使命を果たすことへの期待を表明した。指揮成員らと将軍様の銅像の前で記念写真を撮られた
12.31	人工地球衛星「光明星3号2号機」を成功裏に発射したことに貢献した科学者、技術者、労働者らと共に記念写真を撮られた

〈非軍事関連動静〉

【現地指導（14回）】	
1.23	허철용〈ホチョルヨン〉同務が事業をする機械工場を現地指導された ＊工場の労働者、科学者、技術者らが生産に向かえるよう、彼らの生活をよく見てあげねばならないと話された
2.23	競技用銃弾工場を現地指導された〈大澤注：非軍事の工場であることを強調〉
4.11	完成間近の人民劇場を現地指導された
5. 2	金正恩同志が綾羅人民遊園地開発事業を現地指導された
5.26	完成を間近に控えた倉田通りを現地指導された
5.28	中央動物園を現地指導された ＊我が人民に喜びを抱かせるため、知識と熱誠を示していることを高く評価された ＊実力のある園芸専門家を動員して、動物園地区について緑化事業を新世紀の要求に合わせて一新させるための仕事もしていかねばならない
5.31	倉田通りに新しく建設された倉田小学校、경상託児所、경상幼稚園を現地指導

7.2	完工段階にきた綾羅人民遊園地と建設中の平壌産院、乳腺腫瘍研究所を現地指導 ＊金正恩同志は軍人建設作業員らが建設の質保証に高い関心を示し、研究所の特性をよく生かし現代的で、自慢できる乳腺腫瘍研究所を党創建記念日までに立派に建てることへの期待と確信を表明された
7.3	平壌靴下工場と児童百貨店を現地指導された ＊工場で自主生産し利用している包装器の性能が大変良いとおっしゃり、研究開発した平壌機械大学の研究士、조수경〈チュスギョン〉同務の研究成果を高く称えられた
7.6	平壌国際空港第2庁舎を現地指導された ＊535号史跡飛行機をご覧になった。同飛行機は1958年9月ソ連の党と政府から贈られたもの
8.6	雲谷〈大澤注：平安南道〉地区総合牧場を現地指導された
9.2	能力を拡張した「大同江タイル工場」を現地指導された（軍部経営）
9.8	竣工を前にした統一通り運動センターを現地指導された ＊この世で最も善良な我が人民が社会主義の富裕栄華を心行くまで楽しませることが、我が党の確固たる決心であり、意志であると話された。そのために統一通り運動センターをうまく運営し、人民らの幸福の笑い声がより大きくなるようにしなければならないと話された
9.22	能力が拡張された平壌野菜科学研究所と平壌花草研究所を現地指導された
【視察・訪問・見る（17回）】	
1.25	旧正月を迎え、万景台革命学院を訪問され、教職員、学生たちを祝われた
1.28	西部地区航空クラブの選手たちの模範競技をご覧になった
4.11	父母である首領様の誕生100年慶祝国家産業美術展示会場をご覧になった
4.26	万寿橋「精肉商店」にお出でになり竣工を祝われた
5.2	「5.1」節を迎え、대관〈テグァン〉ガラス工場と허철용〈ホチョルヨン〉同務が事業する機械工場を訪ねられ、労働階級を祝賀された
5.10	万寿台遊技場をご覧になった
5.26	凱旋青年公園遊技場を回ってご覧になった
5.31	倉田通りに並ぶ児童百貨店と住宅を見て回られた ＊45階と20階のベランダから全景をご覧になりながら、短い期間にこのような立派な住宅が建ち並ぶ倉田通りを造ったことは大変素晴らしい成果であると評価され、軍人建設作業員たちの苦労を慰められた ＊首都平壌を先軍時代の要求に合わせていくことを指針にするという、強力な課題を提示された
7.9	朝鮮解放戦争勝利記念館を見て回られた
7.25	竣工を前にした綾羅人民遊園地を見て回られた
7.26	敬愛する金正恩同志をお迎えし、綾羅人民遊園地竣工式を盛大に挙行（李雪主と腕を組んで登場）

9.1	開業を前にした「海の味食堂」を見て回られた ＊金正恩元帥は食堂のあちこちを見て回られ、施工状態や食品陳列状態、サービス計画、料理の種類と質を具体的に了解された ＊スーパーマーケットが独特であり、陳列も特色があり、どこと比べても遜色なく手本となれる、と満足を表された ＊「海の味食堂」は雰囲気が良く、すべてが気に入ったとおっしゃり、100点満点の満足を表された。その一方、新しい世紀の要求に合わせた素晴らしい建物を建てた軍人建設作業員と、党の意図に合わせて、食堂を運営する該当職員たちに感謝を表された
9.5	倉田通り住宅に入居した勤労者らの家庭を訪問された ＊3階2号に住む中区域都市美化事業所労働者朴勝日〈パクスンイル〉同務の家庭を訪ねられた ＊2階1号に住む金正淑平壌紡績工場労働者の新婚家庭も訪ねられた。昨年5月に結婚して2カ月で新居に入ったという話をお聞きになり、新婚生活が楽しいか、子供を何人ぐらい作りたいかなどを笑いながらお聞きになった
9.8	竣工を前にした平壌民俗公園を見て回られた
11.4	新たに建設された平壌産院、乳腺腫瘍研究所を見て回られた。
11.4	竣工を前にした柳京院と人民野外氷上場（スケート場）、ローラースケート場を見て回られた〈大澤注：柳京院は延べ面積1万8379平方メートル、地下1階地上4階の入浴施設。大衆浴場、家族浴場、個別浴場、浴療室、理髪室、美容室、娯楽場、食堂、清涼飲料室、地下倉庫がある〉
12.20	錦繡山太陽宮殿を訪ねられ、党・武力・政治機関・社会団体・省・中央機関職員、人民軍将兵らに崇高な敬意を表した
【観覧（8回）】	
2.18	銀河水管弦楽団、光明星節音楽会「太陽を持つ心」を観覧された
3.9	3.8国際婦人デー記念の銀河水管弦楽団音楽会「女性は花だ」を観覧された
5.2	5.1節慶祝銀河水音楽会「将軍様の家族」盛大に挙行、金正恩同志が観覧された
6.7	朝鮮少年団創立66周年慶祝銀河水管弦楽団音楽会「未来を愛せ」盛大に挙行、金正恩同志が少年団代表と共に観覧された
7.9	新たに組織された牡丹峰楽団の試験公演を観覧された（李雪主が写真に登場）
10.11	朝鮮労働党創建67周年慶祝牡丹峰楽団公演「郷土の党を仰ぎ歌う」盛大に挙行。金正恩元帥は平壌市民と共に公演を観覧された（金慶姫、張成沢が同じ写真に写る）
10.30	金正恩同志をお迎えし金日成軍事総合大学創立60周年記念の牡丹峰楽団公演挙行
10.30	平壌市民と共に第12次人民体育大会体育団部門男子サッカー決勝競技を観覧された
【その他（10回）】	

3.26	我が党、我が人民の偉大な領導者、金正日同志の逝去100日中央追慕大会、革命の首都・平壌で厳粛に挙行される。敬愛する金正恩同志が党・国家・武力機関責任者と共に参席された
4.11	太陽朝鮮の終わりの無い誇りと栄冠、千秋万代に光り輝く偉大な金日成同志と金正日同志の銅像、万寿台の丘に建つ（金正恩、金慶姫、張成沢が参席）
4.15	（2面）金日成同志誕生100周年慶祝中央報告大会盛大に挙行（金正恩参席）
4.16	慶祝祝砲夜会「太陽朝鮮は無窮に繁栄する」盛大に挙行
6. 7	朝鮮少年団創立66周年慶祝朝鮮少年団全国連合大会盛大に挙行（金正恩参加）
9.26	最高人民会議第12期第6次会議挙行（金正恩参席）
10.30	偉大な金日成大元帥と金正日大元帥の銅像を金日成総合大学に高くお迎えした（金正恩が参加して演説）
12. 1	中国共産党代表団を接見された
12.18	偉大な領導者、金正日同志の逝去1周忌を迎え、金正恩同志が父母である将軍〈大澤注：金正日のこと〉に崇高な敬意を表された
12.18	主体の最高聖地・錦繡山太陽宮殿開館式を厳粛に挙行（崔竜海が開館の辞）
【撮影（8回）】	
4.18	労働党第4次代表者会参加者、偉大な首領・金日成同志の誕生100周年慶祝代表らと記念写真を撮られた
4.20	万寿台創作社社員、創作家、従業員と記念写真を撮られた
6. 8	朝鮮少年団創立66周年慶祝行事の代表らと共に記念写真を撮られた（20枚掲載）＊6月は朝鮮少年団行事以外の出現なし
8.31	青年節慶祝行事代表団と共に記念撮影された
10.15	万景台革命学院、康盤石〈大澤注：金日成の母〉革命学院創立65周年慶祝大会参加者と共に記念写真を撮られた（金慶姫、張成沢参加）
10.30	創立60周年を迎えた金日成軍事総合大学の教職員らと記念写真を撮られた
11.19	第4次全国母親大会参加者と共に記念写真を撮られた（金慶姫、張成沢参加）
11.27	全国분주〈プンジュ〉所長大会の参加者らと記念写真を撮られた

＊注：現地指導、訪問の際に撮影があった場合は、現地指導・訪問等でカウントし、撮影には入れなかった。
＊軍事関連動静報道の項目で▨▨部分は兵士の生活状況に集中して「現地指導」「視察」が行われていることを示す部分。
＊非軍事関連動静報道の項目で_____（下線）部分は、純民用施設に軍人労働者が動員されていたり、軍部が事業経営していることが記事や写真で明確な動静報道を示す部分。

■ 2013年分類

〈軍事関連動静〉

【現地指導（24回）】	
2.3	金正恩同志の指導の下、党中央軍事委員会拡大会議挙行 参考＝2.13 第3次地下核実験成功裏に進行
2.22	第526連合部隊傘下部隊の実弾を使った攻撃戦術練習を指導された
2.23	人民軍航空及び反航空軍、人民軍第630連合部隊の飛行訓練と航空陸戦隊兵の降下訓練を指導された
2.26	人民軍砲兵火力打撃訓練を指導された
3.14	延坪島、白翎島打撃に向けた、熱点地域の砲兵区分隊の実践能力判定のための実弾射撃訓練を指導された ＊訓練では장재〈チャンジェ〉島防護隊、茂島英雄防護隊の砲兵らが平時に練磨してきた砲撃戦術を余すところなく見せ、最高司令官同志から最も高い評価を受けた
3.21	超精密無人攻撃機による対象物攻撃と、低空で来襲する敵の巡航ミサイルを消滅する自行高射ロケット射撃訓練を指導された
3.25	人民軍隊の各部門事業を現地指導された
3.26	第324連合部隊、第287連合部隊、海軍597連合部隊の上陸及び反上陸訓練を指導された
5.13	万寿台創作社を訪ねられ、祖国解放戦争勝利記念館にお迎えする偉大な首領様の映像創作事業を指導された
5.17	朝鮮人民軍2月20日工場を現地指導された
6.1	朝鮮人民軍第1521号企業所に新たに建設された城川江〈大澤注：咸鏡南道の河川〉河口水工場などを現地指導された
6.4	第549部隊豚工場を現地指導された
6.19	呉重治7連隊称号を持つ朝鮮人民軍航空及び反航空軍第1017部隊の飛行訓練を指導された
7.1	第851部隊の砲射撃訓練を指導された
7.16	第534部隊傘下1116号農場に建設された、きのこ工場を現地指導された
8.26	朝鮮労働党中央軍事委員会委員長、金正恩同志の指導の下、党中央軍事委員会拡大会議が挙行された
10.12	新たに建造された戦闘艦艇をご覧になり、機動訓練を指導された
10.25	人民軍第4次中隊長、政治指導員大会挙行　最高司令官、金正恩同志が大会を指導された
10.30	人民軍第4次中隊長・中隊政治指導員大会参加者らの射撃競技大会を指導された
11.13	朝鮮人民軍11月2日工場を現地指導された

11.21	金正恩同志の指導の下、人民軍第2次保衛職員大会が挙行された
11.27	平壌建築総合大学を現地指導された
11.30	三池淵郡の各種部門事業を現地指導された
12.14	人民軍設計研究所を現地指導された
【視察・訪問・見る（44回）】	
1.20	人民軍隊によって建設されている大城山総合病院〈大澤注：平壌市内の革命烈士陵の近く〉を見て回られた
2.17	金正恩同志が朝鮮労働党中央軍事委員会と朝鮮民主主義人民共和国国防委員会の成員ら、人民軍最高司令部作戦指揮成員らと共に錦繍山太陽宮殿を訪ねられた（李雪主、崔竜海、張成沢＝軍服姿、金慶姫が参加）
2.21	金正恩同志は呉重治7連隊称号を持つ第323部隊を視察された
2.22	祖国解放戦争勝利記念館建設現場を見て回られた
3.8	金正恩同志は西南戦線の最南端の最大熱点地域に位置する長在島防護隊、茂島英雄防護隊を再び視察された ＊最高司令官同志は、延坪島砲撃戦[64]は停戦以降もっとも痛快な戦いであったと語り、その日1人の軍人もケガをせず、敵に白頭山革命強軍の銃撃の味を示した防護隊軍人らの偉勲を高く評価された（写真に軍人のほか子供を抱いた女性の姿があった）
3.12	白翎島が近くに見える西部戦線最大熱点地域の最前線に位置する월내〈ウォルネ〉島防護隊を視察された
3.12	第641部隊傘下長距離砲兵区分隊を視察された
3.23	呉重治7連隊称号を持つ第1973部隊を視察された
3.24	呉重治7連隊称号を持つ第1973部隊傘下の2大隊を視察された
3.25	第1501部隊を視察された
3.25	人民軍隊で新たに建造している食堂船「大同江」号を見て回られた
4.15	金正恩同志は朝鮮労働党中央軍事委員会と朝鮮民主主義人民共和国国防委員会、朝鮮人民軍指揮部成員らと共に錦繍山太陽宮殿を訪ねられた（崔竜海、張成沢が参加） 参考＝4.16朝鮮人民軍最高司令部の最後通牒 1．我々の最高尊厳を毀損したことを千秋に許すことが出来ない蛮行が、傀儡当局の保護下で、それもソウルのど真ん中で行われている限り、今後、我々の予告無しの報復行動が開始されるであろう。 2．我々千万軍民が最高尊厳をどのように仰ぎ、守っているかを見せるため、我々の革命武力の正々堂々とした軍事的示威行動が即時に開催されることになろう 3．傀儡当局者らが真実に対話と協調を願うなら、今まで行ってきた大小、すべての反共和国敵対行為について謝罪し、全面中止しようという、実践的意志を全同胞に見せなければならない
4.26	朝鮮人民軍創建81周年を迎え、朝鮮人民軍礼式厳粛に挙行。金正恩元帥が党・軍隊・国家の責任職員と共に参列された
4.26	金正恩同志が英雄的朝鮮人民軍創建81周年を迎え錦繍山太陽宮殿を訪ねられた

5.2	「5.1」節を迎え人民保安部を訪問され、保安部員、朝鮮人民内務軍将兵らを祝われた
5.7	人民軍隊が建設している各対象を見て回られた
5.9	戦勝60年慶祝公演準備をする銀河水管弦楽団の創作家、芸術人とお会いになった
5.21	朝鮮人民軍第405部隊を視察された
6.3	先軍の山岳오성산〈オソンサン〉の哨戒所と第507軍部隊を視察された ＊最高司令官同志は오성산〈オソンサン〉の軍人たちと会いたかったと言われ、小隊に双眼鏡などを記念品として与えられた
7.2	金正恩元帥が完成を前にした祖国解放戦争勝利記念館を見て回られた ＊現地で建設に参加した軍部隊と該当部門の職員らとお会いになった
7.2	金正恩元帥が完工段階に入った人民軍烈士墓地を見て回られた
7.8	金正恩同志は労働党中央軍事委員会、国防委員会、人民軍の指揮成員らと錦繍山太陽宮殿を訪ねられた（張成沢が軍服姿で参加）
7.12	金正恩元帥が開館を前にした祖国解放戦争勝利記念館を見て回られた
7.26	金正恩同志をお迎えして、祖国解放戦争参戦烈士陵竣工式を厳粛に挙行
7.28	偉大な祖国解放戦争勝利60周年を迎え、錦繍山太陽宮殿を訪ねられた
7.28	祖国解放戦争勝利記念館開館式、盛大に開催。金正恩同志開館のテープを切られた
7.30	金正恩元帥が戦勝60周年を迎え、中国人民志願軍司令部があった성흥〈ソンフン〉革命史跡地を見て回られた
8.18	第3404部隊を視察された
8.21	朝鮮人民軍科学技術展覧会を見て回られた
9.2	장재〈チャジェ〉島防護隊と茂島英雄防護隊を視察された ＊兵営が故郷の家より素晴らしく、すべての条件が生活にとって最高の水準を持ち、島の軍人たちが喜び、他の場所で生活する軍人たちも、この島をうらやむという報告を受け、大きな満足を示された。
9.4	월내〈ウォルネ〉島防護隊を視察された
9.10	朝鮮民主主義人民共和国創建65周年慶祝労農赤衛隊閲兵式と平壌市群衆大会、盛大に挙行　金正恩同志が参席された
10.25	第4次空隊長、中隊政治指導員大会を祝う、牡丹峰楽団、功勲国家合唱団合同公演　盛大に挙行（金正恩参加）
10.29	全国すべての中隊を、党中央を決死で守る最精鋭戦闘隊伍に作り上げよう。人民軍第4次中隊長・中隊政治指導員大会参加者の決意大会を開催
10.31	第4次中隊長・中隊政治指導員大会参加者と共に人民軍火力打撃訓練をご覧になった
11.2	戦闘任務遂行中に犠牲になった人民軍海軍第790部隊勇士らの墓を訪ねられた[65]

11. 9	趙明録同志の逝去3年を迎え、人民武力部革命事跡館にある「最高司令官と戦友館」を訪ねられた ＊最高司令官金正恩同志は、革命戦友らが我が党の崇高な道徳義理の歴史を教えてくれる「戦友館」をより良くしていくために、どのようにしていけばよいのかについて、貴重な教えをお示しくださった
11.20	金日成軍事総合大学に新たに建設している金正日軍事研究院を見て回られた
11.30	三池淵革命戦跡を見て回られた
11.30	航空の日を迎え人民軍航空及び反航空軍第991部隊を訪問され、将兵らを祝われた 参考＝12.13千万国民の怒り爆発　張成沢について国家安全保衛部特別軍事裁判行われる
12.24	人民軍指揮成員らと錦繍山太陽宮殿を訪ねられた
12.25	意義深い12月24日を迎え、人民軍第526連合部隊指揮部を訪問し、将兵らを祝われた
12.27	人民軍水産部門の模範的な職員、船長らに対する党と国家の表彰授与式が挙行された
12.28	人民軍初年兵大会参加者らと朝鮮人民軍第3168部隊、695部隊の軍人らの銃撃訓練をご覧になった
【観覧（10回）】	
1. 1	牡丹峰楽団新年慶祝公演「党に最後まで従う」盛大に挙行。金正恩元帥が新年を迎え全体軍隊と人民を祝われ、公演を観覧された
2.26	人民軍将兵らと功勲国家合唱団公演「朝鮮は決心すればやる」を観覧された
3. 9	4.25国防体育団と鴨緑江国防体育団アーチェリー選手らの競技をご覧になった ＊金正恩同志は4.25鴨緑江のアーチェリー選手、監督ら指導成員がアーチェリーをより発展させ国際競技大会で立派な成績を上げることへの期待と確信の気持ちを表され、彼らと記念写真を撮られた
3.13	第531部隊芸術宣伝隊公演を観覧された
4.16	太陽節を迎え挙行された軍事学校教職員体育競技を観覧された（崔竜海、張成沢参加）
5.13	朝鮮人民内務軍協奏楽団の公演を観覧された
8. 4	戦勝60周年慶祝閲兵式参加者らと牡丹峰楽団の公演をご覧になった
8.29	青年節を迎え、人民軍将兵、平壌市民の青年、学生らと松明カップ1級男子サッカー競技の決勝戦を観覧された
9. 2	金正恩元帥が人民内務軍協奏楽団の音楽舞踊総合公演を観覧された
11.21	人民軍第2次保衛職員大会参加者らと共に功勲国家合唱団の公演を観覧された
【その他（9回）】	

1.27	醸成された周辺情勢に関連する国家安全と対外部門の責任者協議会開催を指示された ＊金正恩同志は協議会で既に国防委員会と外務省声明などを通じて民族の尊厳と国家の自主権を守るため、強力な物理的対応措置をとることを厭わないという立場を明らかにされたように、醸成された周辺情勢に対応し、実質的で感度の強い国家的対応措置をとるという断固とした決意を表明され、各部署に具体的な仕事を提示された
2.17	万景台血統、白頭の血統を脈々と引き継ぐ主体偉業継承者たちの忠義の発揮である、偉大な金日成大元帥と金正日大元帥の銅像を万景台革命学院に高くお迎えした（金正恩参加）
3.29	人民軍戦略ロケット砲、火力攻撃任務遂行と関連した作戦会議が緊急招集され、火力攻撃計画を最終検討し批准された。
4.26	朝鮮人民軍最高司令官、金正恩同志をお迎えし朝鮮人民軍創建81周年慶祝宴会、盛大に挙行
7.25	金正恩元帥が戦勝60周年祝賀行事に参加するため我が国を訪問中のシリア代表団を接見された
7.26	金正恩元帥が戦勝60周年祝賀行事に参加するため我が国を訪問中の中華人民共和国代表団を接見された
7.28	偉大な祖国解放戦争勝利60周年慶祝閲兵式、平壌市群衆大会が革命の首都である平壌で盛大に挙行（金正恩参加）
7.28	祖国解放戦争勝利60周年祝砲夜会「我々は永遠に勝利する」盛大に挙行（金正恩参加）
7.28	祖国解放戦争勝利60周年慶祝宴会が盛大に挙行された
【撮影（11回）】	
2.23	全軍党指導担当者会議の参加者らと記念写真を撮られた
2.28	第3次地下核実験に貢献した科学者、技術者、労働者、軍人建設作業員らと記念写真を撮られた
6.3	오성산〈オソンサン〉の軍人たちと記念写真を撮られた
7.31	戦勝60周年慶祝行事に参加した戦争老兵代表団と記念写真を撮られた
8.3	戦勝60周年慶祝閲兵式に参加した戦争老兵、指揮成員らと記念写真を撮られた
9.2	金正恩元帥は旱〈茂〉島英雄防護隊の軍人、軍人家族らと意味深い記念写真を撮られた
10.25	人民軍第4次中隊長、中隊政治指導員大会が開催　参加者と共に記念写真を撮られた
10.31	第267部隊の軍人建設作業員らと共に記念写真を撮られた
11.20	人民軍第2次保衛職員大会参加者と共に記念写真を撮られた
12.27	人民軍水産部門熱誠者会議参加者らと共に記念写真を撮られた
12.28	人民軍初年兵大会参加者らと記念写真を撮られた

〈非軍事関連動静〉

【現地指導（30回）】	
1.29	朝鮮労働党第4次細胞秘書大会開催。金正恩同志が大会を指導された
3.12	룡정〈リョンジョン〉養魚場を現地指導された
4.1	朝鮮労働党中央委員会2013年3月全員会議について報道。朝鮮労働党第1書記であられる、金正恩同志が全員会議を指導された ＊全員会議では最初の議題である「経済建設と核武力建設を併進させ、社会主義強国国家建設偉業の最後の勝利を引き寄せることについて」が採択された・2番目の議題である最高人民会議第12期第7次会議に提出された幹部の問題を討議決定した。全員会議では3番目の議題である組織問題を取り扱った
5.15	新たに建設された강태호〈カンテホ〉同務が事業をする機械工場を現地指導された ＊金正恩元帥は工場内に建設された食堂、風呂場をはじめ文化厚生施設を見て回られ、勤労者らの生活に深い関心を示された
5.19	竜門酒工場を現地指導された
6.4	高山果樹農場を現地指導された
6.6	新たに建設された보성〈ボソン〉きのこ工場を現地指導された
6.8	平壌基礎食品工場を現地指導された
6.14	장성〈チャンソン〉郡の各部門事業を現地指導された
6.15	대관〈テグァン〉ガラス工場を現地指導された
6.17	허철용〈ホチョルヨン〉同務が事業をする機械工場を現地指導された
6.19	「1月18日」機械総合工場を現地指導された
6.20	南興青年化学連合企業所を現地指導された
6.22	江界トラクター総合工場を現地指導された
6.23	江界精密機械総合工場を現地指導された
6.24	장자강〈チャンジャガン〉工作機械工場を現地指導された
6.29	龍城機械連合企業所2月11日工場を現地指導された
6.30	신흥〈シヌン〉機械工場を現地指導された
7.4	金正恩元帥が강동〈カンドン〉精密機械工場を現地指導された
8.11	「5月11日」工場を現地指導された〈大澤注：同工場はスマートフォンを含む携帯電話製造工場〉 ＊使用する人の便利を最大に守りながら保安性が徹底して守られている応用プログラムを我々式で開発したことが評価された。
9.2	愛国石工場〈大澤注：黄海南道海州市〉を現地指導された
9.4	룡연〈リョンヨン〉海岸養魚事業所を現地指導された
9.24	完工段階にある구강〈クガン〉病院建設現場を現地指導された
10.8	新たに建設された国家科学院中央きのこ研究所を現地指導された

10. 9	一段階工事が終わった第621号育種場を現地指導された
10. 9	김익철〈キムイクチョル〉同務が事業をする日用品工場を現地指導され、工場現代化の課題を提示された
10.14	金正淑平壌紡績工場を現地指導された
11. 2	주성호〈チュソンホ〉同務が事業をする船舶工場を現地指導された
11.17	第354号食糧工場を現地指導された
12.15	完工を前にした馬息嶺スキー場を現地指導された
【視察・訪問・見る（34回）】	
1. 2	新年を迎え、党と国家、軍隊の責任職員らと錦繡山太陽宮殿を訪ねられた
3. 9	青春通り体育村を見て回られた
4. 1	金正恩同志が党中央委員会政治局成員ら、党中央軍事委員会成員らと共に錦繡山太陽宮殿を訪ねられた
4.28	金正恩同志が開業を前にした해당〈ヘダン〉会館を見て回られた（李雪主のほか、中山服姿の崔竜海、張成沢参加） ＊金正恩同志は現地で建設に参加した軍部隊の指揮官らと該当部門の職員らと会われた ＊金正恩元帥は해당〈ヘダン〉会館の室内温度維持の体系はどのようになっているのかを問われ、地熱水による最先端冷暖房体系を導入していると知ると、高く評価された
4.30	羊角島サッカー競技場を見て回られた
5. 6	新たに建設された国家科学院生物工学分院芝研究所を見て回られた
5.20	平壌市妙香山登山少年団野営地を見て回られた ＊敬愛する元帥から贈られた画像機械、伴奏機材、テレビなどもあると報告を受けられた元帥は、我々の子供たちのため、より良い文化娯楽機材、それにピアノも贈ろうと話された
6. 7	朝鮮少年団第7次大会盛大に挙行。敬愛する金正恩元帥が大会に参席され少年団代表らを祝われた
6.11	平壌国際サッカー場と綾羅人民体育公園を見て回られた
6.16	유평〈ユピョン〉革命史跡地を見て回られた
7. 2	金正恩元帥が科学者団建設現場を見て回られた
8. 7	金正恩元帥が完工段階に入った科学者用住宅建設現場をご覧になった
8. 7	新たに建設している平壌体育館を見て回られた
8.10	美林乗馬クラブ建設現場を見て回られた ＊미림〈美林〉乗馬クラブ建設は将軍様の領導業績を光らせ、我が人民がより一層の文明生活を楽しむことにおいて重要な意義を持っていると語られ、乗馬クラブを世界的水準に高めるための課題を提示された
8.10	紋繡水遊び場建設現場を見て回られた
8.14	金日成総合大学科学者住宅建設現場を見て回られた
8.18	飛躍の熱風が巻き起こる馬息嶺スキー場建設現場を見て回られた

9.15	新たに建設された平壌体育館を見て回られた
9.15	綾羅人民遊園地・遊技場に新たに建設された立体律動映画館と電子娯楽館などを見て回られた
9.18	完工段階に入った紋繍水遊び場建設現場を見て回られた ＊軍人労働者らが昼も夜も変わりなく緊張して戦闘する建設現場で、党が提示した期日内に（作業を）無条件で終わらせることが出来る確固たる展望を開いたことに大満足を表された
9.23	紋繍水遊び場建設現場を再び見て回られた ＊元帥は（軍人作業員らについて）わずか数日の間に多くの仕事をしたとおっしゃり、呉今水遊び場が完工すれば、紋繍地区がまるで天地開闢を迎えたことになる。それを考えると気分が良いとお話しになった ＊紋繍地区の天地開闢（のような変化）は無条件、絶対性の精神を持った人民軍隊でなければ成し遂げられず、まるで奇跡のような出来事であったとおっしゃり、軍人建設作業員らの偉勲を高く評価された
9.23	完工段階にある美林乗馬クラブ建設現場を見て回られた
9.25	「5月1日」競技場を見て回られ、改築補修の課題を提示された
9.29	完工を前にした金日成総合大学教育者住宅建設現場を見て回られた
10.6	完工を前にした児童病院建設現場を見て回られた
10.11	金正恩元帥を迎え、全国道対抗体育競技平壌体育館で挙行
10.14	美林乗馬クラブを訪ねられ、竣工準備を良くするための課題を提示された
10.14	完工した紋繍水遊び場を見て回られた〈大澤注：10月だけで3回目〉
10.21	完工した美林乗馬クラブを見て回られた
11.3	馬息嶺スキー場建設現場を再び見て回られた
11.17	新たに造られる万景台体育団のサッカー練習場を見て回られた ＊全国のサッカー競技場・運動場を万景台体育団の人工芝サッカー練習場のように造ろうとすれば質の良い人工芝を大量生産する基地を建設しなければならないとおっしゃり、そのための具体的な課題と方法をお教えくださった
12.16	故金国泰同志の棺を訪ね、深い哀悼の意を表した
12.18	金正日同志の逝去2周年を迎え錦繍山太陽宮殿を訪ねられた
12.31	完工した馬息嶺スキー場を見て回られた
【観覧】（13回）	
3.1	我が国と米国バスケットボールチームの選手たちの混合競技を観覧され、米NBA元選手一行とお会いになった（デニス・ロッドマン[66] が主席壇に上がり、元帥に挨拶した） ＊元帥はデニス・ロッドマン一行が今回の平壌訪問を通じて、我が人民、特にバスケットボール愛好家たちと親しくなることを望むとおっしゃり、彼らの我が国訪問を歓迎された。ロッドマンは米国と朝鮮の体育交流が継続されることを望むと強調した。晩餐会は和気藹々の雰囲気の中で行われた
4.16	平壌市民と共に太陽節慶祝銀河水管弦楽団音楽会を観覧された（張成沢、金慶姫、姜錫柱参加）

4.30	万景台賞体育競技大会男子サッカー決勝競技を観覧され、最近、国際大会などで金メダルを取った選手らとお会いになった
5.2	5.1節を迎え挙行された保健部門の勤労者らの体育競技をご覧になった
5.4	各階層の勤労者らと共に5.1節記念銀河水管弦楽団音楽会を観覧された
6.24	慈江道の労働階級と牡丹峰楽団の公演を観覧され、歴史的演説をされた
8.1	金正恩元帥が4.25チームと松明チーム間の男子サッカー競技をご覧になった
8.1	金正恩元帥が4.25国防体育団と鴨緑江国防体育団のアーチェリー選手らの競技をご覧になった
8.15	平壌市民と共に龍岳山チームと普通江チーム間の男子サッカー競技を観覧された ＊2013年6〜8月の呼称はほとんどが「金正恩元帥」
9.10	朝鮮民主主義人民共和国創建65周年慶祝朝鮮人民内務軍協奏楽団公演を観覧された
9.16	「2013年青年・成人級アジアカップ及びクラブ重量挙げ選手権大会」の競技をご覧になった
10.11	労働党創建68周年慶祝牡丹峰楽団・功勲国家合唱団の合同公演「朝鮮労働党万歳」を挙行
10.16	ロシア21世紀管弦楽団メンバー、平壌市民らと、牡丹峰楽団＋功勲国家合唱団の合同公演を観覧された
【その他（7回）】	
1.30	金正恩同志が朝鮮労働党第4次細胞秘書大会で強力な演説をされた
	〈大澤注：7ページ特集、写真、討論内容を掲載〉
2.16	金正恩同志を迎え、金正日将軍の尊名を入れた時計の初授与式が挙行された
3.19	全国軽工業大会盛大に挙行。金正恩同志は大会に参席され、強力な演説をされた（金慶姫参加）〈大澤注：人民生活向上のシンボリックな訪問か〉
4.2	金正恩同志が朝鮮労働党中央委員会2013年3月全員会議に参席され、報告をされた。金正恩同志が朝鮮労働党中央委員会2013年3月全員会議で結論を出された
8.1	2013年東アジアカップ女子サッカー競技大会に参加し、栄誉の第1位を獲得した選手らとお会いになった ＊金正恩元帥は競技大会で最優秀選手賞を受けた김은주〈キムウンジュ〉選手と最高得点者賞を受けた허은민〈ホウンミン〉、チームを勝利に導いた김관민〈キムグァンミン〉責任監督の特出した成果を高く称えられた
12.9	労働党中央委員会政治局拡大会議に関する報道（金正恩参加）
12.18	金正日同志逝去2周年追慕大会に参席された
【撮影（5回）】	

2.3	朝鮮労働党第4次細胞秘書大会参加者らと記念写真を撮られた
3.20	全国軽工業大会参加者らと記念写真を撮られた
6.7	朝鮮少年団第7次大会代表らと記念写真を撮られた
11.12	第4次功績職員会議参加者らと共に記念写真を撮られた
11.15	全国科学者、技術者大会参加者らと共に記念写真を撮られた

＊注：現地指導、訪問の際に撮影があった場合は、現地指導・訪問等でカウントし、撮影には入れなかった。

＊軍事関連動静報道の項目で▨▨部分は兵士の生活状況に集中して「現地指導」「視察」が行われていることを示す部分。

＊非軍事関連動静報道の項目で＿＿＿（下線）部分は、純民用施設に軍人労働者が動員されていることを示す部分。

■ 2014年分類

〈軍事関連動静〉

【現地指導（34 回）】
1.17　人民軍軍楽団の演奏会を指導された ＊最高司令官同志は思想・芸術性が完璧であり戦闘的旗色にあふれる公演を行った人民軍軍楽団の創作歌、演奏歌に感謝を示され、軍楽団の芸術創造と演奏活動に必要な楽器と輪転機材を贈ってくださると語られた
1.20　航空陸戦隊区分隊の夜間訓練を指導された
2.20　朝鮮人民軍11月2日工場を再び現地指導された
3.7　呉重治7連隊称号を持つ航空及び反航空軍第2620部隊の飛行訓練を指導 ＊祖国防衛は神聖な義務であり、最大の愛国である我が国において、夫婦の戦闘機飛行士を見ることができるというのは、まさに世界に自慢できることであり、彼らは愛国者であることに疑いはない
3.12　軍事学校教職員らの射撃競技を指導された
3.17　労働党中央軍事委員会委員長、金正恩同志の指導の下、党中央軍事委員会拡大会議が挙行された
3.17　軍団級指揮成員らの射撃競技を指導された
3.17　呉重治7連隊称号を持つ航空及び反航空軍第188部隊の飛行訓練を指導された
3.19　金正淑海軍大学と金策航空軍大学教職員らの射撃競技を指導された
4.24　第851部隊傘下砲兵区分隊の砲射撃訓練を指導された
4.26　第681部隊傘下砲兵区分隊の砲射撃訓練を指導された
4.27　金正恩同志の指導の下、朝鮮労働党中央軍事委員会拡大会議が挙行された

4 .27	人民軍創建 82 周年を迎え、西南海上の主要敵対象物への打撃任務を任されている長距離砲兵区分隊の砲射撃訓練を指導された（4 ページ特集）
5 .10	人民軍航空及び反航空軍飛行指揮成員らの戦闘飛行競技大会 2014 を指導
6 .27	最先端水準で新たに開発され、超精密化された戦術誘導弾の試験発射を指導された
7 . 5	陸軍、海軍、空軍及び反航空軍の島上陸戦闘訓練を指導された
7 .10	戦略軍西部戦線打撃部隊の戦術ロケット発射訓練を指導された
7 .15	最前線を守る第 171 部隊の砲実射撃訓練を指導された
7 .18	第 324 連合部隊芸術宣伝大公演を指導された
8 .15	戦術ロケット弾試験発射を指導された
8 .24	人民軍 11 月 2 日工場を現地指導された
8 .28	航空軍陸戦兵区分隊の強化及び対象物打撃実弾訓練を指導された
10.19	呉重洽 7 連隊称号を持つ航空及び反航空軍第 1017 部隊と第 458 部隊戦闘飛行士らの道路飛行場での離着陸訓練を指導された
10.24	第 526 連合部隊と第 478 連合部隊間の双方実働訓練を指導された
10.29	新たに建設された軍人食堂を現地指導された
10.30	航空及び反航空軍戦闘飛行訓練を指導された
11.15	我が国食糧工場の模範へと転身した人民軍 2 月 20 日工場を現地指導された
11.17	現代化が最上の水準で実現した人民軍第 534 部隊傘下総合食糧加工工場を現地指導された
11.19	人民軍第 567 部隊傘下 18 号水産事業所を現地指導された
11.23	第 572 連合部隊と第 630 連合部隊傘下の連合共同訓練を組織指導された
11.25	信川博物館を現地指導された〈大澤注：1950 年 10 月、黄海道信川郡で起きた 3 万 5000 人の住民虐殺事件。北朝鮮は米軍の犯行と主張して、この博物館を建設した〉
11.28	航空及び反航空軍女性追撃機飛行士らの飛行訓練を指導された
12.26	人民軍 6 月 8 日農場に新たに建設された野菜温室を現地指導された
12.30	第 851 部隊傘下女性放射砲兵区分隊の砲射撃訓練を指導された
【視察・訪問・見る（26 回）】	
1 . 7	第 534 部隊により新しく建設された水産物冷凍施設を見て回られた
1 .12	第 5341 部隊指揮部を視察された
1 .23	마두산〈マドゥサン〉革命戦跡地を見て回られた
2 .23	人民軍 1 月 8 日水産事業所建設現場を見て回られた

3.10	金日成政治大学を訪問し、人民軍将兵らと最高人民会議代議員選挙に参加された
4. 2	白頭山地区革命戦跡地踏査行軍に参加した人民軍連合部隊指揮官らとお会いになり激励された（4ページ特集）
4.10	金正恩同志を国防委員会第1委員長に高く推戴
4.20	朝鮮人民軍第1回飛行士大会が盛大に挙行された（6面全部を使った大特集）
4.22	開業を前に朝鮮人民軍1月8日水産事業所を見て回られた
5.14	呉重浴7連隊称号を持つ朝鮮人民軍航空及び反航空軍第447部隊を視察された
6. 2	人民軍隊で新たに制作した急降下水滑り台をご覧になった
6.13	東海岸前方哨戒所を守っている領土防護隊を視察された
6.14	呉重浴7連隊称号を持つ第863部隊を視察された
6.16	呉重浴7連隊称号を持つ海軍第167部隊を視察された
7. 1	東海岸の前線を守る斗〈ファ〉島防護隊を視察された
7. 2	海軍指揮成員らの水泳能力判定訓練を視察された
7. 7	東海岸前線の哨戒所を守る웅〈ウン〉島防護隊を訪ねられた
7.10	故全炳浩同志〈大澤注：人民軍大将〉の棺を訪ね、深い哀悼の意を表された
7.15	最前線地域を守る人民軍第171部隊の哨戒所を視察された
7.28	祖国解放戦争勝利61周年を迎え、人民軍指揮成員と祖国解放戦争参戦烈士墓を訪ねられた
11. 5	朝鮮人民軍第3回大隊長、大隊政治指導員大会盛大に挙行
11.27	呉重浴7連隊称号を持つ人民軍航空及び反航空軍第991部隊を視察された
12. 2	新たな年度に戦闘政治訓練に入る人民軍第963部隊直属砲兵中隊を視察された
12. 5	呉重浴7連隊称号を持つ航空及び反航空軍第458部隊を視察された
12.13	呉重浴7連隊称号を持つ海軍第189部隊を視察された
12.28	人民軍水産部門の模範的な職員らと功労のある後方職員らに対する党及び国家の表彰授与式挙行。金正恩同志が歴史的演説をされた
【観覧（9回）】	
2.18	光明星節を迎え挙行された人民軍海軍指揮部と人民軍航空及び反航空軍指揮部軍人らの体育競技をご覧になった
2.18	人民軍将兵らと光明星節慶祝功勲国家合唱団の公演を観覧された

3.11	人民軍第1回芸術宣伝大競演に当選した芸術宣伝隊員らの公演を観覧された
3.17	人民軍将兵らと共に牡丹峰楽団の公演を観覧された
3.23	人民軍将兵らと共に牡丹峰楽団の公演を観覧された
5.16	万景峰チームと仝明水〈ソベクス〉チーム間の男子サッカー競技をご覧になった
5.16	人民軍国防体育団と鴨緑江国防体育団アーチェリー選手らの競技をご覧になった
7.28	戦勝記念節慶祝功勲国家合唱団の公演を観覧された
12. 9	第2回軍人家族熱誠大会参加者と共に軍人家族芸術小組総合公演を観覧された

【その他 （0回）】

【撮影 （8回）】

1.28	呉重治7連隊称号を持つ人民軍第323部隊の軍人らと記念写真を撮られた
2.15	労農職位軍指揮成員熱誠者会議参加者と記念写真を撮られた
3. 3	呉重治7連隊称号を持つ航空及び反航空軍第2620部隊の飛行士らと共に記念写真を撮られた
8.30	航空軍陸戦兵区分隊の強化及び対象物打撃実弾訓練に参加した軍人たちと記念写真を撮られた
11. 5	朝鮮人民軍第3回大隊長、大隊政治指導員大会参加者と共に記念写真を撮られた
11.15	我が国食糧工場の模範へと転身した人民軍2月20日工場で記念写真を撮られた
12. 9	第2回軍人家族熱誠者大会参加者らと記念写真を撮られた
12.25	人民軍第2次後方職員大会参加者と記念写真を撮られた

〈非軍事関連動静〉

【現地指導 （44回）】

1.15	国家科学院を現地指導された
3. 3	平壌弱電機械工場を現地指導された ＊他の人の念頭にも浮かばないものを作ろうという野心に満ちた心を持ち、主体的な観点と立場から規制技術の文献に無いものを独自に開発しなければならない、と話され、その実現のための方法を詳しくお教えくださった
3.20	金太浩〈キムテホ〉同務が事業をする機械工場を現地指導された
3.22	柳京口腔病院と玉流児童病院を現地指導された
4. 9	金正恩同志の指導下、労働党中央委員会政治局会議が開かれた
5.25	天馬電気機械工場を現地指導された

5.26	대관〈テグァン〉ガラス工場を現地指導された
5.27	허철용〈ホチョルヨン〉同務が事業をする機械工場を現地指導された
5.28	龍門（平安北道）酒工場を現地指導された
6. 2	艾島（平壌市）開発事業を現地指導された
6.10	平壌市사동〈サドン〉区域장천〈チャンチョン〉野菜協同農場を現地指導された
6.10	気象局を現地指導された
6.20	衛星科学者通り建設現場を現地指導された
6.20	「5月1日」競技場建設現場を現地指導された
6.25	平壌育児院、愛育院建設現場を現地指導された
7. 6	松濤園国際少年団野営所を現地指導された
7.11	平壌国際空港航空駅舎（ターミナル）建設現場を現地指導された
7.17	청아포〈チョンアポ〉水産研究所を現地指導された
7.18	第1521号企業所の城川江〈大澤注：咸鏡南道〉水工場と合成樹脂管工場を現地指導された
7.20	第17回アジア競技大会に参加する国家総合チーム男子サッカー歓送競技を指導された
7.24	高山果樹農場を現地指導された
7.26	元山靴工場を現地指導された
8. 3	千里馬タイル工場を現地指導された
8. 5	天地潤滑油工場を現地指導された
8. 7	平壌靴下工場を現地指導された
8.10	전동렬〈チョンドンリョル〉同務が事業をする機械工場を現地指導された
8.12	第17回アジア競技大会に参加する国家総合チーム女子サッカー歓送競技を指導された
8.13	完工段階にある金策工業総合大学教育者住宅団地建設現場を現地指導された
8.13	平壌育児院、愛育院建設現場をまた再び現地指導された
8.15	新たに操業した갈마〈カルマ〉食糧工場を現地指導された
8.18	延豊〈大澤注：平安南道〉科学者休養所建設現場を現地指導された
8.21	完工した第621号育種場を現地指導された
8.31	我が国産業施設の模範標準として立派に仕事をしている10月8日工場を現地指導された

10.14	新たに整備された衛星科学者住宅地区を現地指導された〈大澤注：金正恩が杖をついて登場。通風か？〉
10.17	完工した金策工業総合大学教育者住宅団地を現地指導された
10.22	完工した延豊科学者休養所を現地指導された
10.28	完工した平壌育児院と愛育院を現地指導された
11. 1	平壌国際飛行場建設現場を現地指導された ＊平壌国際飛行場地区を新世紀の要求に合わせ開発することについて課題提示された
11. 8	정성〈チョンソン〉製薬工場を現地指導された
11.11	中央養苗場を現地指導された ＊全国を樹林化、原林化するために起きる大きな課題を提示された
11.27	「4.26」漫画映画撮影所を現地指導された
12.16	平壌子供食糧工場を現地指導された
12.20	金正淑平壌紡績工場を現地指導された
12.23	平壌ナマズ工場を現地指導された
【視察・訪問・見る】（19回）	
1. 2	新年2014年を迎え錦繍山太陽宮殿を訪ねられた
2. 4	平壌市育児院と愛育院を見て回られた ＊元帥は台所に入られ、子供たちに何を食べさせているのかをご覧になり、育児院も愛育院のように、子供たちの成長発育に合わせて栄養学的に食べさせていることについて満足を表された ＊元帥は育児院、愛育院の子供たちに肉、魚はもちろん栄養価の高い干し柿も常に食べさせねばならないと話され、柿がたくさん生るところに駐屯する軍部隊に干し柿を準備し、保存させる最高司令官命令を下達しようと話された ＊元帥は各道、直轄市にも子供たちの要求に合わせて育児院と愛育院を新しく造らねばならないとおっしゃり、まず手本を決め、それを一般化しなければならないと指示された
2.12	新たに建設された競技用銃弾工場とメアリ射撃館を見て回られた
2.24	新たに建設している松濤園国際少年団野営所を見て回られた
3.12	新たに建て直した中央動物園を見て回られた
4.21	竣工前の松濤園国際少年団野営所を見て回られた
4.30	新たに建設された金正淑平壌紡績工場の労働者寮を見て回られた
5. 3	金日成大元帥と金正日大元帥の銅像を高くお迎えし、竣工式を盛大に挙行。金正恩元帥が竣工式に参席された
5.14	1月18日機械総合工場を訪ねられ、現代化への課題を提示された
5.19	배성산〈ペソンサン〉総合病院を見て回られた
5.21	金策工業総合大学教育者住宅建設現場を見て回られた
5.29	科学者休養所建設現場を見て回られた
5.31	万景台学生少年宮殿を見て回られた

6.2	国際児童デーに合わせて平壌愛育院を訪ねられ、院児らを祝ってくださった
6.5	大同江果樹総合農場と大同江果樹加工工場を見て回られた
6.7	朝鮮少年団創立68周年を迎え、万景台革命学院を訪問された
6.29	新たに建設された갈마〈カルマ〉食糧工場を訪ねられ、操業準備について課題を提示された
10.19	第17回アジア競技大会と世界選手権などで金メダルを取得した選手、監督らとお会いになった
12.18	金正日同志逝去3周年を迎え、党と国家、軍隊の責任職員らと共に錦繍山太陽宮殿を訪ねられた

【観覧（8回）】

1.9	我が国と米国バスケットボール選手らの競技を観覧された
4.6	かもめチームとつばめチームの男子サッカー競技をご覧になった
4.7	女子サッカー競技をご覧になった
5.3	松濤園国際少年団野営所で全国少年サッカー競技大会決勝競技と牡丹峰楽団の祝賀公演が行われ、祝砲が発射された
5.20	第9回全国芸術大会参加者のための牡丹峰楽団祝賀公演、盛大に開催（金正恩参席）
8.10	民用航空局と陸海運商社間の男子バレーボール競技をご覧になった
9.4	牡丹峰楽団の新作音楽会を観覧された
10.29	平壌市民と新たに改築された5月1日競技場で女子サッカー競技を観覧された

【その他（3回）】

2.26	革命的な思想攻勢で最後の勝利を引き寄せよう。金正恩同志が労働党第8回思想職員大会で行われた演説
4.10	最高人民会議第13期第1回会議挙行（金正恩参加）
7.9	金日成同志逝去20周年中央追慕大会を厳粛に挙行。金正恩同志が大会に参席

【撮影（5回）】

2.10	全国農業部門分組長大会参加者と記念写真を撮られた
2.26	労働党第8回思想職員大会参加者らと記念写真を撮られた
4.11	最高人民会議代議員らと記念写真を撮られた
5.3	松濤園国際少年団野営所建設において偉勲を立てた人民軍第267部隊の軍人建設作業員らと記念写真を撮られた
5.6	金正淑平壌紡績工場の労働者寮建設に偉勲を立てた軍人建設作業員らと記念写真を撮られた（撮影風景を横から撮影した写真）

5．2012〜2014年〈金正恩時代〉の「現地指導」「視察・訪問」分析

　この期間の金正恩第1書記の動静報道回数と「目的」「軍事・非軍事」による分類結果は以下の通りだ。

図表4−2　分類結果

金正恩時代	2012		2013		2014	
	軍事	非軍事	軍事	非軍事	軍事	非軍事
現地指導	5	14	24	30	34	44
視察・訪問・見る	38	17	44	34	26	19
観覧	12	8	10	13	9	8
その他	9	10	9	7	0	3
撮影	9	8	11	5	8	5
合計	73	57	98	89	77	79
年間総合計	130		187		156	

　金正日総書記の死亡直後で葬儀関連行事が多かった2012年は、金正日時代に比べ若干の減少がみられるが、2013年と2014年は、金正日総書記時代の末期3年間と比べても明らかに動静報道回数の上昇を見ることができる。〈大澤注：2009年は130回、2010年は136回、2011年は145回だった〉
〈2012年〉「現地指導」19回、「視察・訪問・見る」55回、「観覧」20回、
　　　　　記念撮影17回、その他（行事、外交接見など）19回
〈2013年〉「現地指導」54回、「視察・訪問・見る」78回、「観覧」23回、
　　　　　記念撮影16回、その他16回
〈2014年〉「現地指導」78回、「視察・訪問・見る」45回、「観覧」17回、

　　　「記念撮影」13回、その他（外交接見など）３回

　「軍事関連」としてカウントできる現地指導は2012年５回、2013年24回、2014年34回で、金正日総書記時代より多い。〈大澤注：2009年５回、2010年４回、2011年６回〉

　一方、工場や建設現場などの「非軍事関連」として登場する現地指導は2012年14回、2013年30回、2014年44回を数える。〈大澤注：2009年70回、2010年60回、2011年59回〉

　回数だけを見れば、金正日時代より軍事優先路線を強化しているが、2012〜14年の訪問先の実態を見ていくことで、軍事力を民用経済に転用し、党・国家機関中心の国家指導を志向する金正恩の「現地指導」や「視察・訪問」の特徴が発見できる。

■　「軍事関連」訪問 ── 軍人生活への関心

　「軍事関連」の「現地指導」で目立つのは、軍部隊の戦闘能力や武勇ではなく、金正日時代には見られなかった、将兵の生活環境に対する手厚い配慮だ。

①2012年１月21日報道「呉重治７連隊称号を与えられた空軍第354部隊」の「視察」では「敬愛する最高司令官同志（金正恩第１書記）は、軍人会館、食堂をはじめ各所を回られて軍人たちの生活を詳しくご覧になった。軍部隊では、軍人たちの物質文化生活を向上させることについて配慮された」との表現があった。また「図書館にお入りになった最高司令官は、本棚から１冊の小説を取り出されるなど、必読書はすべてご覧になった。映画や本を見た後には必ず感想文を作らねばならない。そうすれば文芸作品に込められた内容を自分のものにすることが出来る、とお話しになられた」というエピソードを紹介した。

②2012年１月28日報道「呉重治７連隊称号を持つ空軍378部隊」の「現地指導」では「倉庫に入られた最高司令官同志は、チョコレートをご覧になり、生産年度と保管期日が過ぎていることを確認されると、飛行士らに与えないよう」注意したことが強調されている。

③2012年2月7日報道「海軍第597連合部隊」の視察では「兵舎に入られると温度をチェックされ、歯磨きをご覧になって質はどうかと聞かれた。質が良く正常に供給されているとの報告を満足げに聞いておられた」と報じた。

④2012年2月8日報道「第324連合部隊指揮部と管轄下部隊の視察」では「教養室に入り、DVD・カラオケ利用室をご覧になると、軍部隊長と政治委員が歌う歌をお聴きになった。兵士たちが座るイスに自らお座りになった。歌の点数が評価され、画面に映し出されると『指揮官たちは戦闘もうまくしなければならないが、歌も上手に歌えなければならない』と話された」と報じた。

⑤2012年3月3日報道「戦略ロケット部隊視察」では「兵士たちの寝台に座り、寒い冬も暖かく過ごせるよう暖房条件を良くするよう命じられた。理容室にお入りになり鏡を前だけでなく、後ろと横からも見られるようにすれば理容がうまくいっているかどうか知ることができる、と指示された。食堂の温度を調節して、軍人たちが暖かい場所で、熱いご飯とスープを食べることが出来るよう指示された」と報じている。

⑥2012年4月6日報道の「呉重治7連隊称号を授与された海軍第155部隊」の視察でも「カラオケを歌う中隊長と中隊政治指導員が二重唱で98点を取ると、彼らに拍手を送ってくださった」「1日の糧食規定量をご覧になり、『今年、豆は豊作だったので、軍人たちに様々な豆料理を食べさせよ』とおっしゃり、将軍様（金正日）の遺訓を徹底貫徹しなければならない」と話したことが詳細に報じられた。

　金正日時代も兵士の生活空間（兵舎、食堂、休憩室等）に最高指導者が入ることはあったが、そこで、何を見て、どのような指示を出したかまでの報道はされなかった。前出のような細かい内容が公式報道機関で伝えられたのは、金正恩になってからであることが判明する。

■ 前方基地訪問をどう評価するか

　金正日時代には、大きな軍部隊の司令部や本部で現地指導する例がほとんどを占めた。しかし、金正恩時代の軍部隊訪問で目立つのは最前線基地、部隊の訪問だ。

　金正恩の「好戦性」を表すといわれる前線訪問だが、その内容を精細に読むと、他の軍部隊への訪問や指導時に見せたのと同様の「軍人の私生活」にまで踏み込んだ発言が報道されている。

①2012年４月５日報道の「東海岸前方哨戒所を守る領土防衛隊」視察報道には次のような内容が見える。「領土防護隊が自主運営する副食物倉庫、野菜温室をはじめとする後方経理施設をご覧になった。最高司令官同志は、おいしそうなパンや干物、餅、スープなど様々な食べ物をご覧になった」

②2013年９月２日報道「西南戦線最南端に位置する長在島防護隊と茂島英雄防護隊」視察では「兵営が故郷の家より素晴らしく、生活に便利な最高の水準であり、島の軍人たちは喜び、他の場所で生活する軍人たちも、ここをうらやましく思っているという報告を受け、満足を表示された」と報道された。

　生活困難な地域（特に最前線の離島）に勤務する兵士たちを「現地指導」または「訪問」すること自体が、兵士の鼓舞激励という意味合いはあるにしても、公式報道で、政治的スローガンを叫んだり、最高司令官「死守」を訴えたりする兵士の姿を中心にするのではなく、兵士たちの日常生活を前面に押し出そうとの意図が見て取れる。ここには、軍部の末端から支持を固め、体制の安定を図ろうとする金正恩委員長の統治戦略があると判断できる。

〈金正恩時代に前方部隊哨戒所を現地指導または訪問した全例〉
　○西南戦線地区に位置する朝鮮人民軍第４軍団司令部傘下の軍部隊
　　（2012年２月26日）
　○西海岸前方哨戒所を守る乥〈チョ〉島防護隊（2012年３月10日）

○東海岸前方哨戒所を守る領土防護隊（2012年4月5日、2014年6月13日）
○西南戦線の最南端に位置する島の防護隊（2012年8月18日）
○西南戦線の最南端に位置する長在島防護隊、茂島英雄防護隊（2013年3月8日、3月14日、9月2日）
○西部戦線最大熱点地域に位置する月乃島防護隊（2013年3月12日、9月4日）
○東海岸前方を守る화〈ファ〉島防護隊（2014年7月1日）
○東海岸前方哨所を守る응〈ウン〉島防護隊（2014年7月7日）
○最前線地域を守る人民軍第171部隊哨戒所（2014年7月15日）

　以下10枚の写真から、金正恩が最前線の兵士らが最高指導者への絶対的な忠誠心を持つよう現地指導を重ねていることが明らかになる。

■　「非軍事」現地指導・視察・訪問──民用施設建設に軍人動員

〈各年ごとに表れた特徴〉
　2014年は軍人労働力が軍需用以外の生産施設、その他施設に動員されているケースが多数確認できる。食糧品生産関連施設としては、野菜温室、水産の建設例があげられている。
▷　1月7日「第534部隊で新しく建設された水産物冷凍施設」視察
▷11月17日「現代化が最上の水準で実現された朝鮮人民軍第534部隊傘下の総合食料加工工場」現地指導
▷11月19日「朝鮮人民軍第567部隊傘下の18号水産事業所」現地指導
▷12月26日「朝鮮人民軍6月8日農場に新しく建設された野菜温室」現地指導
　これらの施設は「人民生活向上」のために軍が運営していることが記事に明記されている。無論、一部は軍用に回るだろうが、軍部隊が農業、水産業（漁業）に兵力を割き、一般住民の食糧事情改善の主力になっていることを強調する狙いの報道だ。

위대한 김일성동지와
김정일동지의 혁명사상
으로 철저히 무장하자!

로동신문

조선로동당 중앙위원회기관지

제57호 〔루계 제23739호〕주체101 (2012) 년 2월 26일 (일요일)

전당, 전군, 전민이
일심단결하여　선군의
위력을 더 높이 떨치자!

조선인민군 최고사령관 김정은동지께서
서남전선지구에 위치한 조선인민군 제4군단
사령부관하 군부대들을 시찰하시였다

경애하는 김정은동지를 수반으로 하는 당중앙위원회를 목숨으로 사수하자!

写真 4 － 19
2012 年 2 月 26 日付「西南戦線地区に位置する第4軍団司令部傘下の軍部隊」を視察

위대한 김일성동지와
김정일동지의 혁명사상
으로 철저히 무장하자 !

로동신문

조선로동당중앙위원회기관지

제70호 [누계 제23752호] 주체101 (2012) 년 3월 10일 《토요일》

전당, 전군, 전민이
일심단결하여 선군의
위력을 더 높이 떨치자 !

조선인민군 최고사령관 김정은동지께서
서해안전방초소를 지키고있는 초도방어대를 시찰하시였다

写真 4 － 20
2012 年 3 月 10 日付「西海岸前方哨戒所を守る초〈チョ〉島防護隊」を視察

132

위대한 김일성동지와
김정일동지의 혁명사상
으로 철저히 무장하자 !

로동신문

조선로동당 중앙위원회 기관지
제96호 (우제 제23776호) 주체101 (2012) 년 4월 5일 (목요일)

전당 , 전군 , 전민이
일심단결하여　선군의
위력을 더 높이 펼치자 !

조선인민군　최고사령관　김정은동지께서
동해안전방초소를　지키고있는　려도방어대를　시찰하시였다

写真 4 − 21
2012 年 4 月 5 日付「東海岸前方哨戒所を守る領土防護隊」を視察

写真 4 − 22

2012 年 8 月 18 日付「西南戦線の最南端に位置する島の防護隊」を視察

写真 4 － 23
2013 年 3 月 8 日付「西南戦線最南端に位置する長在島防護隊」を視察

写真 4 — 24

2013 年 3 月 12 日付「西部戦線最大熱点地域の最前線に位置する月乃島防護隊」を視察

写真 4 － 25
2013年3月12日付「西部戦線最大熱点地域の最前線に位置する月乃島防護隊」を視察
2面に兵士の家族と見られる女性や子供と一緒の写真が掲載されていた。

写真 4 − 26
2014 年 7 月 1 日付「東海岸の前線を守る化〈ファ〉島防護隊」を視察

위대한 김일성동지와
김정일동지의 혁명사상
으로 철저히 무장하자!

로동신문
조선로동당 중앙위원회기관지
제188호 [주체 제24601호] 주체103 (2014) 년 7월 7일 (월요일)

위대한 김정은동지
따라 최후의 승리를
향하여 앞으로!

조선인민군 최고사령관 김정은동지께서
동해안전방초소를 지키고있는 웅도방어대를 시찰하시였다

写真 4 − 27
2014 年 7 月 7 日付「東海岸前方哨戒所を守る웅〈ウン〉島防護隊」を視察

위대한 김일성동지와
김정일동지의 혁명사상
으로 철저히 무장하자!

로동신문

조선로동당 중앙위원회기관지

제196호 [루계 제24609호] 주체103 (2014) 년 7월 15일 (화요일)

위대한 김정은동지
따라 최후의 승리를
향하여 앞으로!

조선인민군 최고사령관 김정은동지께서
최전연을 지키고있는 조선인민군
제171군부대의 초소들을 시찰하시였다

写真 4 − 28
2014 年 7 月 15 日付「最前線地域を守る第 171 部隊哨戒所」を視察

　また、生存に直結しない民間の娯楽施設建設に軍人が動員された実例も多く報道されている。

▷2012年1月12日報道「朝鮮人民軍が引き受けている各建設現場を視察した」対象は、記事内容で「平壌民俗公園」と明記されており、一般人民対象の施設であることが判明する。

▷2012年4月11日報道「完成間近の人民劇場」現地指導では、軍人建設作業員の姿が確認できる。

▷2012年7月2日報道「完工段階にきた綾羅人民遊園地と建設中の平壌産院、乳腺腫瘍研究所」の現地指導については「軍人建設者たちが（建築物の）質保証」に関心を持ち「自慢することの出来る施設を建設できるだろう」との金正恩第1書記の発言を紹介している。

▷2012年9月8日報道「統一通り運動センター」現地指導で「人民らの幸福の笑い声がより大きくなるよう」軍の奮起を期待している。

　2013年になると、スポーツ施設、福祉施設への軍人労働者投入現場への現地指導、視察訪問が繰り返される。その中でも特記されているのは以下の施設訪問だ。

▷8月10日報道「美林乗馬クラブ」建設現場視察
　乗馬クラブ建設は将軍様（金正日）の領導業績を輝かせ、わが人民が一層の文明生活を楽しむことにおいて重要な意義を持っている。

▷9月18日報道「紋繍水遊び場」建設現場を視察
　軍人労働者らが昼も夜も変わりなく緊張して戦闘する建設現場で、党が提示した期日内に（作業を）無条件で終わらせることが出来る確固たる展望を開いたことに大満足を表された。

▷9月23日報道「紋繍水遊び場」建設現場を視察
　わずか数日の間に多くの仕事をしたとおっしゃり、完工すれば紋繍地区が天地開びゃくを迎えたことになる。無条件、絶対性の人民軍隊でなければ成し遂げられず、奇跡のような出来事だったとおっしゃった。

▷12月31日報道「馬息嶺スキー場」視察
　さらに2014年には医療・福祉施設への軍人労働者投入の報道が繰り返される。

まずは、育児院、愛育院の訪問が繰り返し報道された。

▷ 4 月21日報道「松濤園国際少年団野営所」視察

▷ 6 月 2 日報道「国際児童デー」に合わせた平壌愛育院訪問

▷ 6 月25日報道、 8 月13日報道の 2 回にわたる「平壌育児院、愛育院建設現場」の現地指導

▷10月28日報道「完工した平壌育児院と愛育院」の現地指導

　「人民向上」を打ち出した金正恩体制の姿勢を表そうという強い意図が読み取れる。

■ 2012～2014年に共通した特徴・小規模事業所訪問

　個人名を掲げる事業所での現地指導、訪問が現れるのは金正日時代の末期であり、金正恩時代に入ると一気に増加する。個人事業所の存在を強調することで、金正恩体制が経済開放政策に強い関心を持っていることを国際社会にアピールする狙いがあると考えられる。

　以下は金正恩時代に個人名の事業所の現地指導または訪問を実施した全例

○허철용〈ホチョルヨン〉同務が事業をする機械工場（2012年 1 月23日、 5 月 2 日、2013年 6 月17日、2014年 5 月27日）

○강태호〈カンテホ〉同務が事業をする機械工場（2013年 5 月15日）

○김익철〈キムイクチョル〉同務が事業をする日用品工場（2013年10月 9 日）

○주성호〈チュソンホ〉同務が事業をする船舶工場（2013年11月 2 日）

■ 「光明星」関連報道の意味

　2012年12月、実態は弾道ミサイルとみられる「衛星打ち上げ」成功に関係して、衛星管制総合指揮所などの衛星発射関連施設訪問及び宴会（ 4 回）、衛星科学者通り（ 2 回）は、軍事的事業の成功に対する金正恩第 1 書記の期待の高さを示している。「軍事経済併進」を主張する金正恩体制の特徴が、ここにも表れているとみる。また、前年末の金正日死亡以来の暗い雰囲気を

写真4－29　2012年7月2日付の労働新聞では、綾羅人民遊園地と平壌産院という純民用施設に軍人建設労働者が動員されていることが報じられている。

写真4−30　2013年12月31日付「敬愛する金正恩同志が完工した馬息嶺スキー場を見て回られた」。金正恩時代の「速度戦」[67] の代名詞となっている「馬息嶺スキー場」[68] については、11月3日の視察、12月15日の「完工を前にした」現地指導、12月31日の完工後の視察と3回続けて訪問し、軍人労働者をねぎらっていることからみて、兵士労働力の民用転換とその実績の強調が目的だったと判断できる。

写真4−31　2014年2月4日付「平壌市の育児院、愛育院」の視察。「元帥（金正恩）は台所に入られ子供たちに何を食べさせているのかをご覧になり育児院も愛育院と同様に子供の成長発育に合わせて栄養学的に食べさせていることに満足された。各道、直轄市にも子供たちの要求に合わせて育児院と愛育院を新たに造らねばならないとおっしゃり、まずは手本を決め、それを一般化しなければならないとおっしゃった」。

〈大澤注〉この訪問を契機に平壌育児院・愛育院の建築方針が出され、軍人労働者の動員が決定した。

一掃し、金正恩指導の政治・外交が本格的に展開されることを宣言する意味
もあった。

　「光明星３号２号機」[69] 関連報道は以下の通り。

▷2012年12月14日報道「衛星管制総合指揮所を訪ねられ、人工地球衛星・光
　明星３号２号機の発射過程を観察された」（１～４ページまで全面使用
　の特集記事）

▷2012年12月15日報道「西海衛星発射場を訪ねられ、光明星３号２号機を成
　功裏に発射することに貢献した科学者・技術者たちを祝われた」

▷2012年12月22日報道「朝鮮労働党中央委員会で光明星３号２号機を成功裏
　に発射することに貢献した科学者・技術者・労働者・職員たちのための
　盛大な宴会を準備され、演説をされた」

▷2012年12月31日報道「人工地球衛星光明星３号２号機を成功裏に発射する
　ことに貢献した科学者・技術者・労働者・職員たちと記念写真を撮られ
　た」「科学者・技術者・労働者・職員たちを祝う盛大な宴会を再び準備
　された（金正恩も出席した）」

　金正恩委員長の「核・ミサイル」完成にかける強い執着が見て取れる。

　さらに「人工衛星」開発に関与した科学者にインセンティブを与えるた
め、「科学者住宅」等の提供が、軍人労働力を動員して実施された。

▷2014年５月29日報道「科学者休養所建設現場」視察

▷2014年６月20日報道「衛星科学者通り建設現場」の現地指導

▷2014年10月14日報道「新たに整備された衛星科学者住宅地区」の現地指導

▷2014年10月22日報道「完工した延豊科学者休養所」現地指導

　「核・ミサイル」開発者に対する特恵の背景にあるのは、実効性ある核兵
器（核弾頭を装着した大陸間弾道弾）を持つことによって、国際的な発言力
を高めるだけでなく、国内の求心力強化を図るという効果である。

　「核兵器」保有・配備により周辺国の圧力に屈しない決意を示し、体制を
支持する指導層に対し「忠誠を誓えば特権は維持される」ことを示すことが
できる。さらに、国防のための通常兵器の依存度を低下させることで、実戦
部隊を指揮する軍部エリートの権威・権力を実質的に低下させることも可能
になる。

　鐸木昌之は「イデオロギー上の説明とは異なり、先軍政治とは人民軍を中心としたものではなかった。その中核は特殊部隊と核兵器であった。四大軍事路線で軍の近代化、要塞化を進めてきたが、湾岸戦争とイラク戦争以後、その膨大な正規軍と全国の地下要塞は、米国における軍事革命によって無用の長物と化してしまった。（中略）北朝鮮はソ連・中国という後ろ盾がないなかで、特殊部隊と核兵器（生物・化学兵器も含む）に頼らざるを得ないのである。核は体制の護持そのものなのである」[70]と述べている。

〈参考・金正恩時代の複数回現地指導または訪問を実施した生産設備・施設の全例〉

　○綾羅人民遊園地（2012年7月2日、7月25日、2013年9月15日）

　○平壌産院、乳腺腫瘍研究所（2012年7月2日、11月4日）

　○平壌国際空港第2庁舎（2012年7月6日、2014年7月11日、11月1日）

　○衛星管制総合指揮所など衛星発射関連施設訪問及び宴会（2012年12月14日、12月15日、12月22日、12月31日、）

　○高山果樹農場（2013年6月4日、2014年7月24日）

　○대관〈テグァン〉ガラス工場（2013年6月15日、2014年5月26日）

　○祖国解放戦争勝利記念館（2013年7月2日、7月12日、7月28日）

　○美林乗馬クラブ（2013年8月10日、9月23日、10月14日、10月21日）

　○馬息嶺スキー場（2013年8月18日、11月3日、12月15日、12月31日）

　○紋繡水遊び場（2013年9月18日、9月23日、10月14日）

　○5月1日競技場（2013年9月25日、2014年6月20日）

　○金正淑平壌紡績工場（2013年10月14日、2014年4月30日、5月6日、12月20日）

　○朝鮮人民軍11月2日工場〈間食生産工場〉（2013年11月13日、2014年2月20日、8月24日）

　○平壌育児院・愛育院（2014年2月4日、6月2日、6月25日、8月13日、10月28日）

　○朝鮮人民軍1月8日水産事業所（2014年2月23日、4月22日）

○松濤園国際少年団野営所（2014年2月24日、4月21日、5月3日、7月6日）

○衛星科学者通り（2014年6月20日、10月14日）

○金策工業総合大学教育者住宅団地（2014年8月13日、10月14日、10月17日）

6．まとめ　金正恩時代の動静報道の特徴は「脱スローガン」と「現実主義」

　労働新聞の「現地指導」「訪問」に関する金正日時代と金正恩時代の最大の相違点は軍の力を国家運営のどこに向けるかである。

①金正日は軍の力を軍自体の組織強化に当てた。軍の力を大規模企業所の運営または「熙川発電所」などの建設事業に投入し、軍部に資源とエネルギーを集中し、国家経済運営・再建を果たそうとする「先軍政治」「強盛大国」の確立を目指した。

②金正恩は軍人建設作業員を、民用食糧生産や衣類、薬品など住民の生活維持や関心事項に直結する事業に振り向ける傾向が顕著になる。

③また乗馬クラブ、スキー場、国際少年団野営所、水遊び場、人民遊園地などのスポーツ・娯楽施設に資源、エネルギーを振り向け、そこに軍の力を動員することで、北朝鮮住民の目に見える形で軍部を利用するスタイルを取っている。

③軍部隊訪問では、金正日時代の「司令部」や「指揮所」中心の訪問ではなく、最前線部隊を選んで「現地指導」「訪問」を繰り返し、軍人の生活環境に細かな関心を示している。

　金正日と金正恩の動静報道比較から判明する金正恩の指導スタイルの特徴は以下のようにまとめられる。

脱スローガン

　経済再建と体制維持を「大衆的英雄主義」や「愛国的献身性」という「スローガン」によって実現することを認めない。あくまで実利を求めることを最重視する。住民や軍将兵の生活基盤を充実させることで士気高揚を図り、

その力を「経済再建」と「現実主義」「体制維持」に向けることが、脱ス
ローガン、現実主義の目的であると判断できる。

　そして、「脱スローガン」「現実主義」が最大に表出するのが、通常兵器
を常に維持・拡張していくのではなく、より安い費用で武力の質的向上を図
ることができる「核・ミサイル」開発への強い執着である。2016年5月に36
年ぶりの党大会開催が間近に迫っているにもかかわらず、金正恩は2016年1
月、核実験を強行した。国連の厳しい制裁を受けたり、外国からの要人招待
が困難になるなどのデメリットがあることは明白だったにもかかわらず、核
実験を行った。その理由は、党大会に多くの外国賓客を集めて盛大なマス
ゲームを実施し、スローガンを連呼して得られる「権威」「カリスマ」では
なく、通常兵器より安価な「核・ミサイル開発」による武力の質的強化に
よって、体制維持実現への現実的、実利的利益を優先させたからと考えられ
る。

7．2015年動静報道から見た金正恩の統治スタイル

　前節まで述べた金正恩の統治スタイルの特徴が、より色濃く発揮されるの
が、金正日の喪明けの2015年である。本研究では、2015年の労働新聞の「現
地指導」「視察・訪問」などの動静報道を分類・分析し、近年の脱北者イン
タビューから、金正恩の新スタイル統治に対する住民の評価と体制の安定性
について検討を重ねる。

　2009〜14年は金正日、金正恩の統治スタイルの相違を明らかにするため、
「現地指導」「視察・訪問」を中心に、両者の動静報道比較を主に行った。
2015年においては比較対象がないため、金正恩の動静報道を「目的別」に分
類し、金正恩がどこに重点を置いて、現地指導、視察・訪問を実施している
かを分析する方法をとることにした。

■ 金正恩の統治スタイルに関する先行研究

　2012〜14年の労働新聞報道内容等を使った先行研究（白鶴淳[71]〈ペク・

ハクスン〉「金正恩時代の北韓政治」）では、北朝鮮の最高指導者の指導原理を分類する際の指標として①公開性②透明性③専門性④実用性の４つを掲げ、それぞれの代表的報道内容を例示した。この４つの分類は、国家指導者の指導スタイルを分類・分析する際に多用される方法である。

①公開性

2012年４月13日、人工衛星ロケット発射失敗を公式に認めた。金正日時代の1998年８月31日咸鏡北道ムスダンリから人工衛星「光明星１号」、2009年４月５日には「光明星２号」を発射し軌道投入に失敗したにもかかわらず「成功」を主張したことと比較して、公開性・透明性は高い。

2012年４月15日、金日成生誕100周年記念閲兵式で金正恩が20分以上の演説をし、朝鮮中央テレビが実況放送した。金正日の肉声が最初に公開されたのは1992年４月25日に行われた朝鮮人民軍創建60周年の軍事パレードの「英雄的朝鮮人民軍将兵たちに栄光あれ」の５秒間の短い言葉だった。

②透明性

2012年５月、北朝鮮を訪問した朝日新聞記者に平壌での「自由取材」を許した。同年５月９日、万景台遊園地を現地指導した際、管理の問題点を叱責し、歩道ブロックの隙間に生えた雑草を直接引き抜いたことも報道した。

③実用性

同年６月20日、平壌中心地域の商店、飲食店新築建物の現地指導で「外観の美しさより便利性が重要である」と強調。その模様を朝鮮中央テレビでそのまま放送した。

④公開性・透明性の両面

2014年５月31日に平壌のアパートが崩壊し多くの人命被害が出た際、５日後に公開し、人民保安部（警察に相当）部長（長官に相当）が謝罪する姿を報道した。

⑤専門性

2013年10月８日韓国統一部が発表した資料によれば、党・政・軍の主要人物218人中、44％にあたる97人が交代し、党と内閣では経済分野で専門家が抜擢された。党の場合、部長級以上の96人中40％に当たる38人が交代した。

政府（行政機関）でも閣僚級を含む118人の高官のうち47％に当たる55人が交代した。特に2012年以降交代した高官27人中85％に当たる23人が経済関連専門家への交代だったことが判明している。

⑥実用性

経済の改革開放に反対し、軍の利益を守ろうとした李明浩を粛清し、2002年7月1日経済管理改善措置を実施したことで知られる朴奉珠らが重用され、新しい我々式の経済管理方法を実践させた。

■ 金正恩の統治スタイルに関する本研究の考察方法

金正日の死去から3年が過ぎた「喪明け」の2015年、金正恩体制は本格的にスタートする。2015年10月に第7回朝鮮労働党大会開催を発表したのは、その決意の表れだった。従って、この年、労働新聞で報じられた金正恩の動静報道を分析することによって、金正恩体制の指導スタイルはより明確になる。

2015年の動静報道は計138回に上る。

本研究では、白鶴淳が採用した「公開性」「透明性」「実用性」「専門性」に加え、金正恩統治スタイルの特徴を表すものとして、住民との接触、軍最前線訪問などで住民・下級兵士に示した「親和性」と、「宣伝・扇動性」の2つを新たに加えた。

北朝鮮では唯一絶対の指導者を「父母なる首領様」と呼ぶ。本研究は北朝鮮の指導理論である「主体思想」をメーンテーマとしていないため、詳述はしないが、朝鮮半島の指導者に関する思想の中に「徳性」「恩情」「慈愛」を意味する言葉が多用される。鐸木昌之は「南北ともに集団観、自国観は血縁集団を原型にし、そのイデオロギーであった儒教によって社会主義も民主主義も解釈される」[72] と説明している。金正恩の統治スタイルの特徴分析に、一般的な国家指導者の統治スタイル分析に加え、「親和性」を加えたのは、金正恩が朝鮮半島伝統の指導者としてのスタイルを備えているかどうかを検証するためである。

また「宣伝・扇動性」は2016年5月に36年ぶりの朝鮮労働党第7回党大会

開催を決意する金正恩が、その成功に体制維持のための熱意と期待を込めているかを証明したいと考え、加えたものである。

■ 2015年分類

〈金正恩動静報道〉

宣伝・扇動	
1.1	金正恩同志は新年を迎え、朝鮮人民軍指揮成員らと錦繍山太陽宮殿を訪ねた
1.13	最高司令官、金正恩同志が朝鮮人民軍航空及び反航空軍指揮部を視察された
1.27	最高司令官、金正恩同志が人民軍西部戦線機械化打撃集団装甲歩兵部隊の冬季渡河訓練を組織指導された
1.31	最高司令官、金正恩同志が敵の海上目標物に対する総打撃訓練を組織指導された〈なぜか3面に掲載〉
1.31	最高司令官、金正恩同志　新世紀の要求にあわせ立派に改築された元山靴工場を現地視察された
2.2	最高司令官、金正恩同志が新年初の飛行戦闘訓練命令を貫徹した戦闘飛行士らとともに記念写真を撮られた
2.2	最高司令官、金正恩同志が2014年に主要対象物建設に貢献した人民軍の功労者らと共に記念写真を撮られた
2.12	敬愛する金正恩同志が先軍時代の記念碑的創造物を次々と建てることに功績があった建設軍と軍の建設作業員らと記念写真を撮られた
2.16	最高司令官、金正恩同志が光明星節を迎え朝鮮人民軍指揮成員らと錦繍山太陽宮殿を訪ねられた
2.19	朝鮮労働党第1書紀、敬愛する金正恩同志の指導の下、朝鮮労働党中央委員会政治局拡大会議が開かれた
2.21	朝鮮人民軍最高司令官、金正恩同志が島火力打撃及び占領のための演習を組織指導された
2.23	朝鮮労働党中央軍事委員会委員長で敬愛する金正恩同志の指導の下で朝鮮労働党中央軍事委員会拡大会議が開かれた
2.28	敬愛する金正恩同志が祖国解放戦争勝利記念館に新たに建設された軍位部隊館をご覧になった
3.20	最高司令官、金正恩同志が朝鮮人民軍航空及び反航空軍の飛行場打撃及び復旧訓練をご覧になった
4.4	朝鮮人民軍最高司令官、金正恩同志が朝鮮人民軍海軍第164部隊を視察された

4.15	朝鮮人民軍最高司令官、金正恩同志が太陽節を迎え、朝鮮人民軍指揮成員らと錦繍山太陽宮殿を訪ねられた
4.19	白頭山地区革命戦跡地、踏査行軍隊成員らと会い、鼓舞激励された〈4面特集〉
4.20	敬愛する金正恩同志が白頭山先軍青年発電所建設現場を現地指導された
4.26	敬愛する最高司令官、金正恩同志の指導下、朝鮮人民軍第5次訓練 – 軍大会が盛大に挙行された〈4ページ特集〉
5.1	朝鮮人民軍最高司令官、金正恩同志が朝鮮人民軍第5次訓練作業員大会参加者らと記念写真を撮られた
5.17	敬愛する金正恩同志が第2回全国青年美風先駆者大会参加者と記念写真を撮られた
5.24	朝鮮人民軍最高司令官、金正恩同志が朝鮮人民軍第264連合部隊指揮部を視察された
6.9	敬愛する金正恩同志が祖国解放戦争史跡地を現地指導された
6.15	敬愛する最高司令官、金正恩同志が朝鮮人民軍第2回軍団芸術宣伝大競演に当選した芸術宣伝隊の公演を観覧された
6.16	朝鮮人民軍最高司令官、金正恩同志が海軍艦艇区分隊と地上砲兵区分隊の夜間会場火力打撃演習をご覧になった
6.18	朝鮮人民軍最高司令官、金正恩同志が朝鮮人民軍第11回偵察担当者大会参加者と共に記念写真を撮られる。 ＊敬愛する最高司令官同志は我々が信頼する偵察情報担当者と戦闘員は党が与える困難で危険な偵察情報戦線を守り戦うことに、自分の生の痕跡を残していることを高く評価された
6.18	朝鮮人民軍最高司令官、金正恩同志が高射砲兵射撃競技をご覧になった
7.8	金正恩同志が朝鮮人民軍指揮成員と錦繍山太陽宮殿を訪ねられた（大澤注：金日成死去21周年）
7.15	敬愛する金正恩同志が第43回大使会議の参加者と記念写真を撮られた
7.20	敬愛する金正恩同志が道・市・郡人民会議代議員選挙に参加された
7.23	敬愛する金正恩同志が新たに建設された新川博物館を現地指導された〈大澤注：朝鮮戦争当時、米軍の『良民虐殺』（新川虐殺）[73]があったと主張するために建設された〉 ＊敬愛する金正恩同志は反帝反米教養、階級教養を強化することは、我が革命の伝道、祖国の運命と関連する重大な問題であるとお話しになった
7.26	敬愛する金正恩同志が第4回全国老兵大会で祝賀演説をされた
7.27	敬愛する金正恩同志が朝鮮人民軍指揮成員と錦繍山太陽宮殿を訪ねられた
7.28	敬愛する金正恩同志が祖国解放戦争勝利62周年を迎え、朝鮮人民軍指揮成員らと祖国解放戦争参戦烈士の墓を訪ねられた

7 .30	敬愛する金正恩同志が偉大な祖国解放戦争勝利 62 周年を迎えて行われた「朝鮮人民軍航空及び反航空軍飛行指揮成員らの戦闘飛行機競技大会 2015」を指導された
7 .30	金正恩同志が第 4 回老兵大会参加者と記念写真を撮られた
8 . 4	敬愛する金正恩同志が人民軍将兵らと偉大な祖国解放戦争勝利 62 周年慶祝功勲国家合唱団公演を観覧された
8.15	敬愛する金正恩同志が祖国解放 70 周年を迎え、朝鮮人民軍指揮成員らと錦繡山太陽宮殿を訪ねられた
8.21	造成された危険千万な情勢に対して、朝鮮労働党中央軍事委員会非常拡大会議の緊急招集。朝鮮労働党第 1 書紀であられ、朝鮮労働党中央軍事委員会委員長であられる敬愛する金正恩同志が会議を指導された
9 . 8	敬愛する金正恩同志がキューバ共和国国家代表団を接見された
9.10	敬愛する金正恩同志が青年中央芸術宣伝大公演「太陽に従う青春の歌」を観覧された
10.10	敬愛する金正恩同志が朝鮮労働党創建 70 周年を迎え、錦繡山太陽宮殿を訪ねられた
10.10	敬愛する金正恩同志が、朝鮮労働党創建 70 周年の機会に我が国を公式訪問している中国共産党代表団（劉雲山代表）を接見された ＊劉雲山同志は、朝鮮労働党第 1 書記であり朝鮮民主主義人民共和国国防委員会第 1 委員長の金正恩同志に送る、中国共産党中央委員会総書記、国家主席である習近平同志のあたたかな挨拶と親書を厳粛に伝達した
10.11	朝鮮労働党創建 70 周年慶祝閲兵式及び平壌市群衆集会で、我が党と国家軍隊の最高領導者、金正恩同志の演説があった（1 面から 8 面までの全ページ特集）
10.14	敬愛する金正恩同志が朝鮮労働党創建 70 周年慶祝代表らと記念写真を撮られた
10.16	朝鮮人民軍最高司令官、金正恩同志が朝鮮人民軍第 350 部隊を視察された
10.19	敬愛する金正恩同志が朝鮮労働党創建 70 周年慶祝功勲国家合唱団と牡丹峰楽団の合同公演を観覧された
11. 3	敬愛する金正恩同志が朝鮮人民軍西部戦線反航空部隊の高射砲ロケット射撃訓練をご覧になった
11. 5	朝鮮人民軍第 7 次軍事教育担当者会議盛大に挙行。敬愛する金正恩同志が参席して強力な演説を行われた。
11. 7	敬愛する金正恩同志が朝鮮人民軍第 7 次軍事教育担当者会議参加者と記念写真を撮られた
11.24	敬愛する金正恩同志が朝鮮人民軍第 37 次軍務者芸術祝典に当選した中隊軍人らの公演を観覧された
12. 1	偉大な党の崇高な後代愛、未来愛が凝縮された記念碑的創造物、敬愛する金正恩同志が新たに改築された万景台学生少年宮殿を見て回られた

12. 5	敬愛する金正恩同志の指導の下で朝鮮人民軍第4次砲兵大会盛大に挙行（1～8面の全ページ特集）
12.10	敬愛する金正恩同志が新たに建設された平川革命事跡地を現地指導された
12.17	敬愛する金正恩同志が偉大な領導者である金正日同志の逝去4周年を迎え、錦繍山太陽宮殿を訪ねられた
12.24	敬愛する金正恩同志が朝鮮人民軍第526連合部隊と第671連合部隊の実働訓練をご覧になった
12.29	敬愛する金正恩同志をお迎えし、朝鮮人民軍第3次水産部門熱誠者会議参加者について党及び国家表彰が行われた
12.31	敬愛する金正恩同志が故金養建同志の棺を訪ねられ、深い哀悼の意を表された
実用性	
1. 2	金正恩同志は平壌育児院、愛育院を訪ねられ新しい年を迎え、園児たちを祝福された
1.10	金正恩同志が新たに建設された平壌市きのこ工場を現地指導された ＊現代的なきのこ生産基地を作るため力を尽くした、全国の優秀な建設労働者と金日成総合大学、金策工業総合大学、平壌建築総合大学、平壌機械大学の科学者、技術者ら関連単位の労働者らに自分の挨拶を伝えるよう望まれた
1.16	敬愛する金正恩同志が金カップ体育人総合食糧工場を現地指導された
1.21	敬愛する金正恩同志が異엘履物工場を現地指導された
1.31	敬愛する金正恩同志が新世紀の要求に合わせて再建された元山靴工場を現地指導された
2. 5	敬愛する金正恩同志が平壌化粧品工場を現地指導された
2. 7	金正恩同志が最先端水準で開発された新型対艦ロケット試験発射をご覧になった。
2.11	敬愛する金正恩同志が元山市の育児院、愛育院、初等学院、中等学院の建設現場を現地指導された ＊建設経験のない人民軍海軍第863部隊の戦闘員らが育児院の鉄骨工事を終え、祖国防衛も、社会主義建設も、我々にすべて任せろというスローガンを高く掲げ、党の思想貫徹、党の政策応援の旗手として献身的に闘争していることを高く評価された
3. 3	朝鮮人民軍最高司令官、金正恩同志が呉重洽7連隊称号を持つ航空及び反航空軍第447部隊を訪ねられ、戦闘飛行士らと植樹された ＊最高司令官は、祖国の山川をどこまでも愛された偉大な首領様たちの愛国偉業を受け継ぎ、今後10年間にすべての山を「宝物山」「黄金山」に変えねばならない、とおっしゃった。そして、我が党は山林復旧を銃や砲声のない戦闘として完遂する「自然との戦争」を宣言した、と述べられた
3. 6	敬愛する金正恩同志が平壌市養老院建設現場を現地指導された
3.14	敬愛する金正恩同志が「5月27日」水産産業所建設現場を現地指導された

3.18	敬愛する金正恩同志が、人民軍漁具総合工場を現地指導された
3.14	敬愛する金正恩同志が人民軍隊で新たに建設した魚粉飼料工場を現地指導された ＊金正恩同志は魚粉飼料工場を建てた朝鮮人民軍第810部隊は、これまで国の養魚発展に大きな役割を果たしたことを高く評価され、今後も先駆者としての「基地」を守るようにと激励された
3.27	敬愛する金正恩同志が금산포〈クムサンポ〉塩辛加工場と금산포〈クムサンポ〉水産事業所建設現場を現地指導された ＊敬愛する金正恩同志は、人民という誇るべき名がつく人民軍隊が、偉大な首領様たちの偉勲を心の深くにしまい人民のために良い仕事をしようと加工場を立派に建設し、人民への贈り物とした、と述べられた
4.22	敬愛する金正恩同志が完工を前に元山育児院、愛育園を現地指導された
5.9	敬愛する金正日総書記が新浦遠洋水産連合企業所を現地指導された ＊水産省をはじめ該当部門の各労働者は机上主義と決別し、大衆に奇跡と革新による感激を与えねばならない、と指導された
5.11	敬愛する金正恩同志に朝鮮人民軍第580部隊傘下7月18日牛牧場を現地指導された ＊敬愛する金正恩同志は牧場で党の方針通り畜産と農産の高効率循環体系を確立し、自然放牧を活発に行っていくことで食べる問題を解決するだけでなく、農作物の生産力を高めるなど多くの成果を挙げたことを評価された
5.11	敬愛する金正恩同志が朝鮮人民軍第580部隊傘下安邊養魚場を現地指導された ＊敬愛する金正恩同志は養魚場の党員らと偉大な将軍様（大澤注：金正日を指す）の遺訓貫徹のため力強く闘争し、将軍様が訪れた2011年以降、毎年多くの魚を育て生産量を4倍に伸ばしたことを大きな成果と褒め称えた。
5.15	敬愛する金正恩同志が朝鮮人民軍第810部隊傘下新昌養魚場を現地指導された ＊敬愛する金正恩同志は朝鮮人民軍810部隊の労働者たちと養魚場の従業員らが養魚発展について偉大な首領様らの遺訓を守り、現実に花咲かせている偉勲を評価された
5.19	敬愛する金正恩同志が大同江スッポン工場を現地指導された ＊敬愛する金正恩同志は工場のあちらこちらをご覧になり、生産や管理運営状況を具体的に了解したが、工場の実態については厳しく指摘された
5.23	敬愛する金正恩同志が朝鮮人民軍第810部隊傘下の속마〈ソクマ〉大西洋サケ養魚場、楽山海サケ種子場と楽山海サケ養魚事業所を現地指導された ＊敬愛する金正恩同志は朝鮮人民軍第810部隊と作業員らに国の養魚発展の先駆者的役割を遂行することへの期待と確信を表明され、彼らと記念写真を撮られた
6.1	敬愛する金正恩同志は朝鮮人民軍第810部隊傘下1116号農場を現地指導された
6.2	敬愛する金正恩同志が竣工式を前にした元山育児院、愛育院を現地指導された
6.3	朝鮮人民軍最高司令官、金正恩同志が元山育児院、愛育院建設で偉勲を立てた軍人建設作業員らと記念写真を撮られた

6.13	朝鮮人民軍最高司令官、金正恩同志が高射砲兵軍官学校を現地指導された ＊金正恩同志は軍官学校の無暖房温室、きのこ栽培場、種子場も見て回られた
6.25	敬愛する金正恩同志が完工した平壌国際空港航空駅舎（ターミナル）を現地指導された
7.11	敬愛する金正恩同志が平壌대경〈テギョン〉のり加工工場を現地指導された ＊敬愛する金正恩同志は、のりを多く生産し、人民に供給することは偉大な首領様の生前の意を受け、人民の食生活を1日も早く高めるための重要な事業の1つであるとおっしゃられ、工場の将来に立ちふさがる課題を提示された
7.14	敬愛する金正恩同志が楽浪衛生用品工場を現地指導された ＊偉大な将軍様が生涯の最後まで我が人民と軍人により良い衛生用品を提供するために心を遣っておられたと話され、この工場が愛国工場であるとも述べられた
8. 2	敬愛する金正恩同志が新たに建設された平壌養老院を現地指導された ＊金正恩同志は平壌養老院建設で主体性、民族性を生かし、民俗建築形式を発展させたことについて、党の意図が完全に発揮され、最上の水準で建設されていると述べ、設計・施行を任された単位と軍人建設作業員らの功績を高く評価された
8.18	敬愛する金正恩同志が大同江果樹総合農場を現地指導された ＊金正恩同志は大同江果樹総合農場をはじめ全国の果樹農場に毎年、大豊作を準備することは果樹部門に力を入れられた偉大な首領様と偉大な将軍様の不滅の領導を守護・固守し、首領様の権威を保衛するための大変に重要な事業であると強調された
9. 1	敬愛する金正恩同志が新たに建設した平壌トウモロコシ加工工場を現地指導された ＊麺、米、菓子、パン、ゼリーなど、工場で生産されるトウモロコシ加工品の種類も多様であり、製品の包装水準も大きく高まり、見るほどに微笑ましい
9.14	敬愛する金正恩同志が完工を前にした白頭山英雄発電所建設現場を現地指導された
9.22	敬愛する金正恩同志が軍需工業部門、生活必需品品評会会場を見て回られた ＊金正恩同志は、軍需工業部門の担当者、党員、勤労者は、人民に、より豊かで文明的な生活を準備するための重要な事業を、非常の覚悟で励むようにと強調された
9.25	敬愛する金正恩同志が新たに建設された蒼光商店を現地指導された ＊商業奉仕者の人民に対する奉仕は、我が社会主義制度の優越性を示す問題と直結している
10. 1	敬愛する金正恩同志が정성〈チョンソン〉製薬総合工場を現地指導された ＊金正恩同志は偉大な将軍様と共に工場を訪ねた日を感慨深く回顧されながら、工場で水液薬品の生産工場の現代化を実現し、生産能力を拡張することによって、将軍様の遺訓をまた一つ貫徹したことを何よりも喜ばれた ＊軍人と人民の健康維持と病気治療・予防に必要な様々な医薬品生産を正常化しなければならないとおっしゃり、設備管理と原料保存をうまく行い、国産化率を高めるため、節約に励まねばならないと話された

10. 4	白頭山大国の誇らしい青春記念碑、青年強国の象徴である白頭山英雄青年発電所が立派に完工。敬愛する金正恩同志が竣工式に参列され歴史的な演説をされ、建設労働者らと記念写真を撮られた（1面から5面までの特集）
10.23	敬愛する金正恩同志が킴종태〈キムジョンテ〉電気機関車連合企業所で新たに作られた地下電動車（地下鉄）をご覧になった ＊金正恩同志は我が党と同じ年の킴종태電気機関車連合企業所が、党創建70周年を迎え、我々式の新たな地下電動車を作りだすことによって、我々の10月がより光り輝くようになったと話された。
10.26	敬愛する金正恩同志が白頭山英雄青年発電所完工に寄与した関連単位と記念写真
10.31	敬愛する金正恩同志が我が国の養魚部門の模範・標準に転身した平壌ナマズ工場を現地視察された（1～3面特集） ＊金正恩同志は工場敷地内に新たに迎えたモザイク壁画「平壌ナマズ工場を現地指導される金正日同志」と白頭山の偉人らの現地指導標識碑をご覧になった。
11.14	敬愛する金正恩同志が我々式現代化の手本工場に変身した平壌子供食料品工場を現地指導された
11.18	敬愛する金正恩同志が大同江に新たに設置された移動式網の養魚場を現地指導された
11.20	敬愛する金正恩同志をお迎えし、新たに作られた地下電動車の試運転が行われた
11.23	敬愛する金正恩同志が社会主義の海の香りがあふれる朝鮮人民軍第313部隊傘下8月25日水産事業所を現地指導された
11.25	敬愛する金正恩同志が朝鮮人民軍第549部隊傘下15号水産事業所を現地指導された
11.27	敬愛する金正恩同志が元山靴工場を現地指導された
専門性	
1. 7	金正恩同志が朝鮮人民軍歩兵師団直属区分隊の非反衝砲射撃競技大会を指導
2.15	敬愛する金正恩同志が未来科学者通りの建設現場を現地指導された ＊専用機で未来科学者通り建設現場を俯瞰され、次には現地に行って建設作業員らを指導された
2.27	敬愛する金正恩同志が科学技術殿堂建設現場を現地指導された
3. 9	最高司令官、金正恩同志が呉重治7連隊称号を持つ航空及び反航空軍第1016部隊を視察された ＊金正恩同志は軍部隊の風力及び太陽光発電所を見て回られた

4．1	敬愛する金正恩同志は전동렬〈チョンドンリョル〉同務が事業をする機械工場を現地指導された ＊工場労働階級が最先端設備を開発する課題に対し、世界と堂々と協奏できる球威的な科学技術的成果を上げ、我々の機械製作光学を飛躍的に発展させる基礎を築いた、と喜びを語られた ＊長い歴史を持つこの工場で軍用飛行機だけでなく様々な機種の民間用飛行機も思う存分作ることが出来るということに大きな満足を表された ＊金正恩同志は、我々労働階級が作った飛行機なので自身で乗ってみなければならないとおっしゃった。そうすれば我が科学者、技術者、労働者階級は、より高い目標を目指すための闘争に力強く出て行くことができる、とおっしゃり、ついに軽飛行機に乗られ、離着陸試験飛行を行われた
4．8	敬愛する金正恩同志が平壌弱電機械工場を現地指導された ＊敬愛する金正恩同志は工場の労働階級が既存技術や文献もなく、他人が念頭にもしなかった最先端の弱電機械製品を作りだそうという野心を持ち、新製品開発事業を力強く行っていくことについて、大きな満足を表された
4．12	敬愛する金正恩同志が完成段階の平壌国際飛行場の 2 航空駅舎建設現場を現地指導された ＊敬愛する金正恩同志は時間がもう少しかかっても、該当部門と軍人建設作業員らが平壌国際飛行場 2 航空駅舎を世間に出して自慢できるように完成せねばならないとおっしゃり、問題点を早くなくすための方法を明示してくださった
4．16	敬愛する金正恩同志が軽飛行機開発に寄与した科学者、技術者、労働者、作業員らと記念写真を撮られた
5．3	敬愛する金正恩同志が新たに建設された国家宇宙開発局衛星官制総合指揮所を現地指導された
5．7	敬愛する金正恩同志が龍城機械連合企業所 2 月 11 日工場を現地指導された ＊工場における最先端機械製品を創案製作するための闘争から、多くの成果が生まれているとおっしゃり、新製作の現代的な機械製品が本当に良く出来ており、最近、我が国の機械製造業が大きく飛躍したことが分かった、と満足された ＊今、各部門でより多くの現代的な機械設備を要求している。工場では制作組織を固め人民経済計画を無条件で達成するとともに、早期に新たな製品開発事業を行っていかねばならない、と指示された
5．26	敬愛する金正恩同志が戦略潜水艦弾道弾水中試験発射成功に寄与した科学者、技術者、労働者、作業員らと記念写真を撮られた
5．29	敬愛する金正恩同志が人民軍隊で新たに作った養苗場を現地指導された ＊先端技術を使って 3000 平方メートルの面積で 1 年に数十万株の苗木を生産できるよう建設された苗木温室が気に入ったとおっしゃり、苗木生育に適した温度と湿度を短時間に測定し自動的に調整することができる温室環境調整体系もよくできていると評価された
6．6	敬愛する金正恩同志が朝鮮人民軍第 810 部隊傘下平壌生物技術研究院を現地指導された ＊平壌生物技術研究院の担当者、科学者、従業員らが高い民族的自尊心を持って、白頭山大国の尊厳と国力を世界の隅々まで広める新たな科学技術的成果を絶え間なく創造していくことへの期待と確信を表明された

6.15	朝鮮人民軍最高司令官、金正恩同志が朝鮮人民軍海軍部隊に実戦配備されている新型艦船ロケット発射訓練をご覧になった ＊最高司令官同志は朝鮮人民軍海軍をより強化し、国防、科学技術を世界的水準に引き上げるための強力な課題を提示された
6.30	敬愛する金正恩同志が社会主義農村文化建設の模範・規準として開発された平壌市寺洞区域、野菜専門協同農場を現地指導された ＊敬愛する金正恩同志は、平壌市が、党が望む規準で社会主義農村文化を建設し、世間を驚かせるような奇跡を創造したとおっしゃり、10日の大祝祭に堂々と入場できることになったと高く評価された
7.3	敬愛する金正恩同志が新たに建設した金策工業総合大学自動化研究所を現地指導された ＊敬愛する金正恩同志は党の建築美学思想の要求のまま、金策工業総合大学自動化研究所を、本当によく建設したとおっしゃり、研究士らが新たに生まれ変わる研究所で科学研究に全身全霊を捧げられるようになったと評価された
7.7	敬愛する金正日同志が平壌野菜科学研究所を現地指導された ＊敬愛する金正恩同志は、研究所の任務が大変に重要だとおっしゃり、研究所が克服すべき課題について、貴重な教示をされた ＊敬愛する金正恩同志は温室豊年を重要とされ、温室野菜問題は偉大な首領様たちの遺訓と党の政策を貫徹するための重要な事業であると強調された
7.20	敬愛する金正恩同志が?종대電気機関車連合企業所を現地指導され、鉄道近代化への明かりをお示しくださった。 ＊金正恩同志は客車職場、科学技術補給室、電線工場などをご覧になりながら、企業所の将来に立ちふさがる課題を提示された
8.6	敬愛する金正恩同志が農機械展示場を見て回られた
8.13	敬愛する金正恩同志が朝鮮人民軍第810部隊傘下1116号農場を現地指導された。 ＊金正恩同志は1116号農場で栄養価と収穫高が素晴らしく高い飼料用の草の試験栽培が成功的になされたことは自慢できる成果であるとおっしゃり、飼料草を「愛国草」と命名された ＊1116号農場で先進農業科学技術を積極的に受け入れ、我が国の特性に合い、不利な天候条件でも安定して生育し、そして病変に強く、成長期日が短い、多収穫品種の育種を行ってきた。我が党の種子革命の方針の正当性を実践で証明した。金正恩同志は、そうおっしゃり、すべての単位に、この経験を学ぶようにと強調された
9.4	敬愛する金正恩同志が新義州測定器工場を現地指導された ＊金正恩同志は工場で今回達成された成果を元に主体化、現代化、国産化が高い水準で実現され、発展した測定機器を、より多く生産するための闘争を力強く進めなければならないと話された
10.21	偉大な党の科学重視、人材重視の思想と社会主義朝鮮の威力を力強く見せつけ、勇壮華麗にほとばしる先軍時代の記念碑的創造物。金正恩同志が社会主義文明の体面にあわせ、立派に完成させた未来科学者通りを見て回られた
10.28	偉大な党の全民科学技術人材化方針が完全に反映された国宝的な建築物。敬愛する金正恩同志が科学技術強国、人材強国に飛躍し、先軍朝鮮の気性を見せつけ、立派に完工された科学技術の殿堂を現地指導された ＊金正恩同志は科学技術殿堂を長時間にわたってご覧になり、見るだけでも時間がかかる膨大な建設を短い期間に完工させるために、建設作業員らと支援者らがどれほど苦労したかを考えると心が震えるのを抑えられないとおっしゃった。

12. 3	敬愛する金正恩同志が朝鮮人民軍 122 号養苗場を現地指導され、知識経済時代の要求に合わせ養苗場を現代化することについて、課題を指示された
12.12	敬愛する金正恩同志が養魚の科学化、集約化、工業化が高い水準で実現された 5 月 9 日ナマズ工場を現地指導された
12.16	敬愛する金正恩同志が삼천〈サムチョン〉ナマズ工場を現地指導され、世界水準のナマズ向上に返信するための課題を提示された
12.20	敬愛する金正恩同志が我が国の機械製作工業部門の手本、標本として立派に転身した 1 月 18 日機械総合工場を現地指導された
親和性	
1.24	最高司令官、金正恩同志が朝鮮人民軍航空及び反航空軍の軍位第 1 航空及び反航空師団傘下追撃機、爆撃機連隊の飛行戦闘訓練を指導された ＊女子追撃機操縦士の訓練をご覧になった〈2 面に女性飛行士との握手写真掲載〉
3.12	朝鮮人民軍最高司令官、金正恩同志が東海岸の前方哨戒所を守る산〈サン〉島防護中隊を視察された ＊最高指導者同志は島を覆う樹林と兵営を包み込む果樹園を見て、本当に良い、と話された（金与正を同行）
4.14	敬愛する金正恩同志が万景台賞体育競技大会の男子サッカー先鋒チームと홰불（フェブル）チームの競技を観覧された
6.22	先軍朝鮮の初女性超音速戦闘機飛行士誕生。英雄朝鮮の孝女、先軍挑戦の天の花の 2 人の操縦士。朝鮮人民軍最高司令官、金正恩同志が女性超音速戦闘機飛行士の飛行訓練をご覧になった
8.11	2015 年東アジアサッカー連盟女子東アジアカップ競技大会で栄誉の第 1 位を得た先軍朝鮮のパルチザン女戦士たちが、懐かしの祖国の胸に帰って来た。我が党・国家・軍隊の最高領導者であられる金正恩同志が先軍朝鮮の気性を万邦に輝かせ、響かせた女子サッカー選手らを温かく迎えられた ＊金正恩同志は不屈の精神力と我が党が提示したパルチザン攻撃戦法で闘い、今回の競技大会で主体強国の尊厳と威容を万邦に響かせ、祖国解放 70 周年に誇らしい贈り物を準備した祖国と人民の誇るべき娘たちを我が党と共和国政府、全体軍隊と人民の名で再び熱烈に祝賀するとおっしゃり、彼女たちに熱い感謝を述べられた
8.28	朝鮮労働党第 1 書紀であられ、朝鮮労働党中央軍事委員会委員長であられる敬愛する金正恩同志の指導の下、朝鮮労働党中央軍事委員会拡大会議が挙行 ＊会議では羅先市大洪水被害復旧対策問題を討議し、党中央軍事委員会一部委員らを解任及び任命する組織問題を取り扱った。 ＊敬愛する金正恩同志は最近発生した羅先市の大洪水の被害状況を具体的に通報され、人民軍隊が羅先市被害復旧事業を全的に任され、党創建記念日前に完全に終わらせるために朝鮮人民軍最高司令官命令を下達され、羅先市被害復旧戦闘及び指揮司令部を組織された

9.18	敬愛する金正恩同志が羅先市被害復旧戦闘[74]を現地で指導された ＊8月27日の朝鮮労働党中央軍事委員会で羅先市被害復旧作業を重要課題として取り上げられた。人民軍隊が羅先市被害復旧を全面的に任され、闘争権記念日を前に（復旧作業が）終わらせるために、朝鮮人民軍最高司令官命令を下達された ＊敬愛する金正恩同志は指揮成員らの手をいちいち取り、人民軍隊が最高司令官の命令を貫徹するために昼夜を分かたず百日戦を行うことで、党が要求した水準で羅先市被害復旧を終わらせることができるという確固とした展望を開かねば成らないと述べた。また、建設現場で示された軌跡と偉勲が、今後、国民にどれほどの信念と勇気を与えるだろうとお話しになった
10.8	偉大な光の賢明な領導の下に祖国の北辺・羅先の土地に創造された「転災為福」の奇跡－敬愛する金正恩同志が社会主義仙境村に立派に建ち並んだ羅先市先峰地区畓学峒〈パカクドン〉を見て回られた ＊金正恩同志は新たに建設した住宅が本来の家より良いか、火はちゃんと入るか、水はよく出るかを細かくおたずねになり、すべての住宅を人民が幸福で文明的な生活を心行くまで楽しめる、立派な住処として建設されたことに満足を表された。 ＊金正恩同志は新居に入る人々に党からテレビをはじめ生活必需品を贈られ、人民が喜んだのを我が事として喜ばれた。 ＊金正恩同志は軍人建設作業員が大洪水被害からの復旧戦闘を本当によくやり、人民のために服務する我が人民軍隊の思想・精神力・道徳的風貌をより力強く見せる過程となったとおっしゃり、残る人民の引っ越しも十分支援してから帰隊しなければならないと話された
9.28	敬愛する金正恩同志が新たに建設された総合奉仕船「ムジゲ（虹）」号を見て回られた
11.9	金正恩同志が故李乙雪同志の棺を訪ねられ深い哀悼を表された
11.12	故李乙雪同志の葬儀が厳粛に挙行。我が党・国家・軍隊の最高領導者である金正恩同志が参列された
12.30	故金養建同志の霊棺を訪ね、深い哀悼の意を表された
公開性・透明性	
2.8	敬愛する金正恩同志が朝鮮人民軍海軍第597部隊傘下「10月3日」工場を現地指導され、現代化のための課題を与えられた ＊工場に課せられた艦艇修理の課題を円満に遂行し、艦船の現代化を実現するために積極的に向かっているか。知識経済時代の要求に合わせて生産工場をより現代的にしなければならない
5.19	敬愛する金正恩同志が大同江スッポン工場を現地指導された ＊敬愛する金正恩同志は工場のあちらこちらをご覧になり、生産や管理運営状況を具体的に了解したが、工場の実態については厳しく指摘された ＊党から淡水エビを育てるように種を送り、必要な対策も立てたのに工場では2年が過ぎても養殖場を完工させることが出来なかった。これは工場労働者らの無能と古い考え方、無責任な仕事によって発露したものと厳しく指摘された

■ 2015年分析

図表4-3　2015年労働新聞報道の目的別分類

金正日時代	2015
宣伝・扇動	58
実用性	45
専門性	27
親和性	12
公開性・透明性	2
総合計	144

2015年労働新聞の金正恩動静報道を目的別に5分野に分類した。金正恩の動静報道の中で、重要度は①宣伝・扇動、②実用性、③専門性、④親和性、⑤公開性・透明性の順に高いと考えられる。

①宣伝・扇動（計58回）

忠孝

　正月、初代（金日成）、2代（金正日）の誕生日の「祝日」には、必ず、2人の遺体を安置した錦繍山太陽宮殿を軍幹部とともに訪問し、体を90度に曲げる最大級の礼をすることで、祖父・父への尊敬を示し、唯一独裁体制の正しさを印象付けるためのパフォーマンスを欠かさず実施した。

首領制＝唯一指導体制の強化

　6月18日、朝鮮人民軍第1回偵察担当者大会との記念撮影は、表面上はこれまでの行事と同じスタイルを取りつつ敬愛する最高司令官同志は、「戦闘員たちは常に最も困難で危険な偵察情報戦線を守り戦い、そこに生きる意味を見つけている」と、他の戦闘部隊訪問では使われない最高級の賛辞で「偵察戦闘員」を激励している。

　「生きる意味を見つける」というのは、人民大衆は賢明な首領のもとでのみ革命と建設の指導者になれるという北朝鮮独特の「唯一指導体制」を守ることを要求する言葉である。首領（金正恩）以外に、党内はいうまでもなく、軍部内でもなんらかの権力と権威を持った政治指導者の存在は許されないということを、すべての人民に宣言していることになる。

対中外交

　当時冷却化していたといわれる中朝関係だが、中国代表団の訪朝は労働新聞1面で報じ、習近平と金正恩の関係が平穏であることを強調している。具体例として、10月10日、朝鮮労働党創建70周年に合わせた中国共産党代表団（劉雲山代表）との接見で「劉雲山同志は朝鮮労働党第1書紀で、朝鮮民主主義人民共和国国防委員会第1委員長である敬愛する金正恩同志に送る、中国共産党中央委員会総書記であり、中華人民共和国主席である習近平同志の温かな挨拶と親書を荘重に伝達した」と報じたことが挙げられる。

画像多用

　2015年から目立ち始めるのは、労働新聞紙上での写真多用である。それまでの労働新聞では最高指導者の動静報道時に使用する1面写真は1枚で、特に金正日時代には金正日中心の集合写真が多用された。しかし、2015年以降は、金正恩を中心に複数幹部と談笑している場面が1面大型写真に多用されるようになった。さらに1面下段には金正恩と幹部らの写真のほか、現地指導や軍事訓練の場合は訪問先や訓練の全景などを撮影した情景を、小型写真8枚を並べて紹介するスタイルがとられるようになった。さらに2面、3面でも同様に大型写真1枚、小型写真8枚の組み合わせで写真を使った報道が、金正恩動静報道の基本スタイルとなった。

　写真多用の代表例は以下の通りだ。

　10月11日、朝鮮労働党創建70周年慶祝閲兵式及び平壌市群衆集会で行われた、「我が党と国家・軍隊の最高領導者、金正恩同志」の演説の様子を1面大型写真1枚で報道。その他、2面上段に金正恩参席の大型写真1枚、下段に中型写真2枚▽3面上段に中国共産党代表団中国の劉雲山代表と並ぶ大型写真1枚、中段に小型写真3枚、下段に閲兵式全景の大型写真1枚▽4面上段に中型写真4枚、下段に中型写真1枚▽5面全面に中型写真3枚、小型写真8枚▽6面全面に中型写真8枚▽7面上段に金正恩と劉雲山が並んだ大型写真1枚、下段に記念花火大会の大型写真1枚▽8面に

平壌の夜景を大型写真 2 枚──をそれぞれ掲載して異例の「グラフ特集」
を制作した。

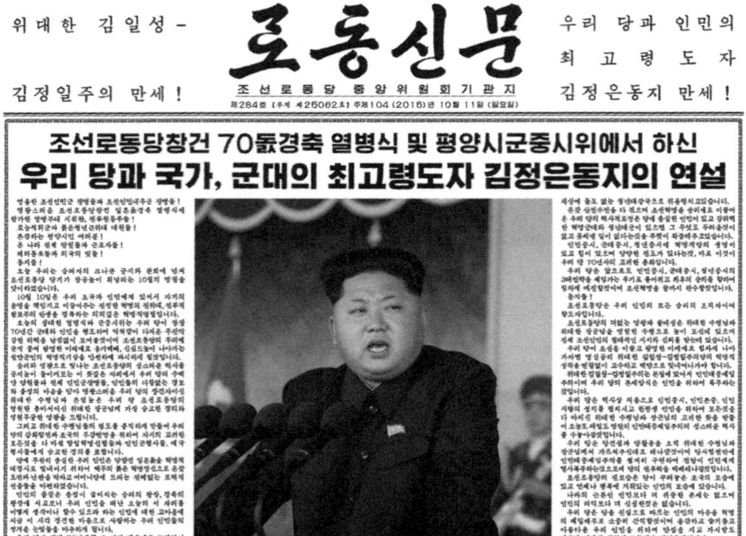
위대한 김일성-
김정일주의 만세!

로동신문

조선로동당 중앙위원회기관지

제284호 [루계 제25062호] 주체104(2015)년 10월 11일 (일요일)

우리 당과 인민의
최고령도자
김정은동지 만세!

조선로동당창건 70돐경축 열병식 및 평양시군중시위에서 하신

우리 당과 국가, 군대의 최고령도자 김정은동지의 연설

写真4－32 【1面】

写真 4 − 33 【2面】

조선로동당창건 70돐경축 열병식 및 평양시군중시위 성대히 거행

우리 당과 국가, 군대의 최고령도자이신
경애하는 김정은동지께서 참석하시였다

写真 4 － 34 　【3面】

写真 4 − 35 【4 面】

169

조선로동당창건 70돐경축 열병식 및 평양시군중시위 성대히 거행
우리 당과 국가, 군대의 최고령도자이신
경애하는 김정은동지께서 참석하시였다

写真 4 − 36 【5面】

写真 4 － 37 　【6 面】

写真 4 - 38 【7面】

写真 4 － 39 　【8 面】

他にも以下の例がある

　10月19日、朝鮮労働党創建70周年慶祝「功勲国家合唱団」と「牡丹峰楽団」の合同演奏の写真を1面上下2枚、2面に中型写真4枚と大型写真1枚、3面、4面にも大・中型写真を計7枚掲載して「グラフ特集」紙面を制作した。

写真4－40　【1面】

경애하는 김정은동지께서
조선로동당창건 70돐경축 공훈국가합창단과
모란봉악단의 합동공연을 관람하시였다

写真 4 - 41 【2面】

写真 4 － 42 【3 面】

경애하는 김정은동지께서
조선로동당창건 70돐경축
청봉악단의 공연을 관람하시였다

조선로동당 제1비서이시며 조선민주주의인민공화국 국방위원회 제1위원장이시며 조선인민군 최고사령관이신 경애하는 김정은동지께서 조선로동당창건 70돐경축 청봉악단의 공연을 관람하시였다.

인민국장손 경애하는 김정은동지를 한사쿠리 모시고 예술공연을 보게 된 광반사들의 무한한 행복이 기쁨으로 하늘에 넘쳐나는 대회당을 이루쳤다.

우리의 인민의 최고의 령도자이신 경애하는 김정은동지께서 간심의동지와 함께 관람석에 나오시였다.

주체로 빛나는 불세의 혁명업적, 인민을 위한 멸추하여 번만군인적인 사진과 신의를 받는 위대한 수령 탁자 정전, 건당사, 별군신사산의 위대한 수령님을 정치하는 인사의 자세로 여러 분명적인 인수의 대수적 여러 제가 차례로지고 있는 크기본 혁명에 넘치였다.

위 대한 김정실, 김정일동지께서 많이 힘으시고 혁명한편 청봉향에서의 인사의 별코자 인사의 우리 적영의 강은동지 리하 중세적이어나다 힘을 청봉소에 의나 대학적인 조선 호영향에서, 배우대의 국민적 건관료로 눈이 음력 공연을 중단 《조선호영향단》, 《여러자도 일쳐치로 도 함께있다.

공연이 끝나자 경애하는 김철론동지는 우리의 준과 출연자들과 광반지를 돌다시 《만세!》의 환호성에 되답을하셨다.

경애하는 김정은동지께서는 혁명업적 나뿔은, 시심세기수가지 점에 당중앙이 의도업이에 막대산의 정신이 비어 있어있는 청봉악단의 창작가, 예술인들 빛나게의 주체문예술의상으로 빛나라고 주체문예술을장일하게 의도저기는 청봉악단의 창작가, 예술인들의 광전성적을 축하하시였다.

경애하는 김정은동지께서는 청봉악단의 창가자, 예술인들이 앞으로도 혁명의 준향당에서 드높은 혁명적, 투행적소 공화에 참되어나가까지에 거대한 화보를 표명하시였다.

분사보도된

写真 4 - 43 【4面】

　以上の労働新聞としては異例のカラー写真特集報道が、この時期に相次いだのは、党大会開催発表を前に、金正恩体制の安定を国内に強調しておく必要があったためと判断できる。

②実用性（45回）

　2015年の金正恩動静報道の中で最も多かったのは、住民生活向上に役立つことを強調した工場等の生産部門訪問だった。これを「実用性」強調訪問と分類すると、その総回数は51回に及び、最高指導者の動静報道の主目的である「宣伝・扇動」の次に位置している。こうした実用性は、労働新聞報道からみても金正恩統治スタイルの大きな特徴の１つとして位置づけられる。

　４月１日報道「敬愛する金正恩同志が、전동렬〈チョンドンリョル〉同務が事業する機械工場を現地報道された」際の報道では、実用性を重視する金正恩体制の特徴が表出する。「工場労働階級が最先端設備を開発する課題に取り組み、世界と堂々と競争できる驚異的な科学技術的成果を上げた」と賞賛した。さらに「この工場では軍用機だけでなく様々な機種の民用飛行機も製造可能であることに（金正恩は）大きな満足を評された」と報じ、金正恩がおそらく予定になかった、同工場制の小型飛行機の離着陸訓練に同乗した事実まで明らかにしている。

　金正恩の訪問先で目立つのは、養魚関係施設だ。５月15日「敬愛する金正恩同志が朝鮮人民軍第810部隊傘下の산창〈サンチャン〉養魚場を訪問」した事実が報じられている。さらに５月23日、第810部隊傘下の「サケ種子場」と「サケ養魚場」を訪問し「国の養魚（事業）発展で先駆者的役割を遂行することへの期待と確信を表明された」とも報じ、住民生活改善に直結する養魚関連事業の優秀性を強調、指導体制への住民の支持確保にも腐心した様子が見て取れる。

　その他の実用性のある生産現場訪問で、特に大きく取り上げられた例は以下の通りだ。

　６月１日報道「第810部隊傘下農場を現地指導」▽７月14日報道「楽浪衛生用品工場を現地指導」▽10月１日報道「チョンソン製薬総合工場を現地指導」▽10月４日報道「白頭山英雄青年発電所完工式に出席し、歴史的な演

説」▽10月31日報道「平壌ナマズ工場現地指導」

③専門性（27回）

　4月8日報道「平壌弱電機械工場」で、金正恩が「工場の労働階級が既存の記述文献にもなく、他の者の念頭にも出てこない最先端の弱電機械製品を作り出そうという野心を持って、新しい製品開発事業を力強く実現していることについて、大変な満足を表示された」と報じた。

　6月6日報道「第810部隊傘下平壌生物技術研究所を現地指導」で「研究所の担当者、科学者たちが現代科学技術発展において核心基礎技術になっている生物技術研究及び応用分野で最先端を突破したことに対して、大きな満足を表された」

　7月20日報道「김종태〈キムジョンテ〉電気機関車連合企業所を現地指導」で「社会主義強盛国家建設をより力強く推し進めていくうえで、鉄道を現代化しなければならない」と言いながら「わが人民に一日も早く幸福な生活を準備できるよう心を遣われ、夜も昼も列車に乗る偉大な首領たちをご案内するつもりで、世紀の要求に合う現代化を実現していくために応援していくとおっしゃった」

　10月28日報道「偉大な党の全民科学技術人材化方針が完全に反映された国宝のような建築物。敬愛する金正恩同士が科学技術強国、人材強国に向けて飛躍していく先軍朝鮮の気概を示し、立派に完工した科学技術の殿堂を現地指導された」

　2015年の「視察訪問」「現地指導」で金正恩第1書記がたびたび強調する言葉がある。「新世紀」「最先端」である。

　1月31日の労働新聞は「敬愛する金正恩同志が、新世紀の要求に合わせて素晴らしく再建された元山靴工場で現地指導された」と報じた。

　2月8日には朝鮮人民軍海軍第597部隊傘下の「10月3日工場」の現地指導で、金正恩第1書記が「工場が任された艦船修理の課題を円満に遂行し、艦船の現代化を実現するために積極的に努力しなければならず、知識経済時代の要求に合わせ生産工場を現代化しなければならない」という厳しい指示を下したことが報じられた。

　2月15日の「敬愛する金正恩同志が専用機に搭乗されて、未来科学者通り建設現場を俯瞰され、次に現場に行って建設作業を指導された」という報道では、平壌市内での現地指導なのに、わざわざ専用機で上空から見る、新しいスタイルをとったことが強調されている。

　4月1日の「敬愛する金正恩同志が전동렬同務が事業をする機械工場を現地指導された」という記事でも「工場労働者階級が最先端設備を開発する課題解決で、世界と堂々と競争できる驚異的な科学技術的成果を挙げることで、目的を達成したとおっしゃった」と報道した。さらに記事では、長年、軍用飛行機を製造してきた、この工場が「様々な機種の民間用飛行機を作ることが出来るようになったことに、（金正恩第1書記は）大きな満足を表示された」と報じた。さらに、この工場で生産された軽飛行機に金正恩第1書記が実際に乗り込み、離着陸訓練を繰り返したと伝えた。

　4月8日報道の「平壌弱電機械工場」の現地指導でも「敬愛する金正恩同志は、工場の労働者階級が既存技術や文献もなく、他の人が思いも付かないような最先端の弱電機械製品を作り出そうという野心を持ち、新製品開発事業を力強く行っていることに対し、大きな満足を表示された」と報じている。

　技術レベルが劣る工場に対しては、それが軍関連の施設であっても「知識経済時代の要求に合わせ、現代化しなければならない」と叱責し、民間工場であっても独自の先端技術を持っていれば礼賛するというのが、金正恩時代の統治スタイルであると判断される。

④親和性（12回）

　金正恩の動静報道の特徴に多くの女性の登場と、国家指導に必要な核心人物が死亡した際の過剰とも思える感情表出がある。

　もう1つの「親和性」は幹部葬儀に登場する金正恩の様子を伝える報道内容に表れる。

　11月に死亡した李乙雪元帥の葬儀では、棺の横で悲痛な表情をみせる金正恩の様子を伝えたかと思うと、対南担当と国際担当を兼務する要職にあり、12月に「交通事故による突然の死」と伝えられた金養建党書記の葬儀では、

写真4-44　1月24日の朝鮮人民軍航空及び反航空軍の軍位第1航空及び反航空師団傘下追撃機、爆撃機連隊の飛行戦闘訓練指導では、わざわざ女性操縦士の訓練を視察したことが2面ではあるが詳細に報道された。記事で「最高司令官、金正恩同志は追撃機飛行士になって、余り時間がたっていないという不利な条件下で単独飛行や狭い飛行場への着陸を男性にも負けず見事に行ったと、いつまでも感心されながら、朝鮮女性の気概を見せた英雄朝鮮の孝女だと称えられた」と紹介すると同時に、以下のような写真も掲載する破格の扱いで報道した。

棺の中の死者の顔を触り、号泣する様子が1面トップの写真で報道された。本研究執筆時点では筆者は実物を確認できていないが、北朝鮮を訪問した韓国系米国人のビジネスマンが筆者に対し、金正恩が金養建の孫を抱いて悲しみを慰める姿を映した記録映画が北朝鮮国内で公開されたとの情報を明らかにしている。

　最高指導者が女性兵士の訓練を賞賛したことが報道されたのは、これまで北朝鮮社会では比較的下位に扱われてきた女性の活躍をクローズアップするのが目的だった。また、北朝鮮では最高指導者が、幹部といえども棺を訪ねることは異例であるのに、弔問の様子を詳しく報道し、涙を流す姿まで公開した。これは情け深く、人民の父母でもあるとされる北朝鮮の首領の「優しさ」を住民に浸透させようとの意図が明確に表れている。従って、これも体制強化の一環と考えられる。

위대한 김일성동지와
김정일동지의 혁명사상
으로 철저히 무장하자!

로동신문

조선로동당 중앙위원회기관지
제173호 [루계 제24851호] 주체104 (2015) 년 6월 22일 [월요일]

위대한 김정은동지
따라 최후의 승리를
향하여 앞으로!

선군조선의 첫 녀성초음속전투기비행사 탄생
영웅조선의 효녀, 선군조선 하늘의 꽃 조금향, 림설동무들
조선인민군 최고사령관 김정은동지께서
녀성초음속전투기비행사 조금향, 림설동무들의 비행훈련을 보시였다

写真4-45　6月22日には「先軍朝鮮の初女性超音速戦闘機飛行士誕生。英雄朝鮮の孝女、先軍挑戦の天の花の２人の操縦士。朝鮮人民軍最高司令官、金正恩同志が女性超音速戦闘機飛行士の飛行訓練をご覧になった」と１面で、これも下級兵士に関する報道としては異例の扱いの大きさで報道した。

위대한 김일성동지와
김정일동지의 혁명사상
으로 철저히 무장하자!

로동신문

조선로동당중앙위원회기관지

제313호 [루계 제25091호] 주체104 (2015)년 11월 9일 [월요일]

위대한 김정은동지
따라 최후의 승리를
향하여 앞으로!

경애하는 김정은동지께서
고 리을설동지의 령구를 찾으시여
깊은 애도의 뜻을 표시하시였다

조선인민군 최고사령관 명령

제00105호   주체104(2015)년 11월 8일 평양

조선인민군 원수 리을설동지의 서거에
즈음하여 전군에 조기를 띄울데 대하여

조선인민군 최고사령관
김 정 은

경애하는 김정은동지께서
고 리을설동지의 령전에 화환을 보내시였다

조선로동당 중앙위원회 정치국 결정서를
여 러 나 라 에 서 보 도

写真 4 − 46 2015年11月9日付 李乙雪の霊棺を訪ねる

写真4－47　2015年12月31日付　金養建の霊棺を訪ねる

11月9日の李乙雪元帥と12月30日の金養建党書記に対する弔問は、金日成、金正日時代には見られなかった光景を報道した。

⑤公開性・透明性（2回）

　2月8日と5月19日の工場現地指導で第1に示されたのは、金正日時代には「先軍政治」の象徴として賞賛の対象であった軍関係の工場でも「生産工場をより現代的にしなければならない」叱責の対象になり得る点を強調したことである。

　さらに重要なのは、5月19日の「大同江スッポン工場」の現地指導で「党から淡水エビを育てるように種を送り、必要な対策も立てたのに工場では2年が過ぎても養殖場を完工させることが出来なかった。これは工場労働者らの無能と古い考え方、無責任な仕事によって発露したものと厳しく指摘された」という部分である。

　党は工場運営の基礎的条件を与えるが、そこでどのように生産性を上げるかは、各自の創意に任されることが明らかになっている。金正恩体制では、経済特区による経済再建が積極的に試みられる。第7章及び第8章で詳しく述べるが、そこで重視されているのは「市場経済」の導入・実践である。ここでは「信賞必罰」を明らかにするという姿勢を明示すると同時に、市場経済によって経済を立て直すという、金正恩指導部の指導方針も明確に表れていると判断できる。

8．まとめ　2015年動静報道から判断できる金正恩の統治スタイル

　2015年の労働新聞に掲載された金正恩の動静報道から導き出される統治の特徴は以下のようにまとめられる。
①最高指導者への権力集中
　宣伝・扇動による唯一指導体制の正統性強調
　「安定性」（内政・外交の成功を写真で強調）
②現実的な経済運営（改革・開放の芽生え）
　「実用性」重視の工場運営
　軍資源の民用転換で「党・政府機関中心」明示
③核・ミサイル開発加速化
　「専門性・科学性」による軍事力・外交力向上の野望

④「親和性」（やさしさ）と公開性・透明性（厳しさ）の硬軟
　両用で体制の求心力を高める
　その内容を項目ごとに詳述すると以下の通りとなる。

①最高指導者への権力集中
　金日成、金正日の遺体が安置された錦繍山太陽宮殿への度重なる「参拝」に加え、2015年10月、金正恩は、翌2016年5月に36年ぶりの朝鮮労働党第7回党大会を開催することを発表した。第6回党大会は、建国者・金日成の指導の下、1980年に開催されている。金正日体制下では一度も開催されなかった党大会を開催すること自体が、自分が金日成の正統な後継者であることを表現する意味合いを持っている。さらに金日成の「革命事跡」（抗日パルチザン闘争が成果を上げたとされる場所）への訪問が繰り返される。7月23日の「新川博物館」訪問で「反帝反米教養、階級教養を強化することは我が革命の伝道、祖国の運命と関連する重大な問題である」という金正恩の発言を詳細に伝えているのは、金日成＝金正恩というイメージを固め、体制の神格化・安定化を図る狙いが強く込められている。

②〜③現実的な経済運営、軍部の力抑制
　金正恩の動静報道は食糧と日用品生産・保育福祉施設整備に多くの時間を割いている。金正日の経済政策が軍中心の生産活動に偏重していたため「軍需優先」「民用軽視」の風潮が生まれた。金正恩は軍に集中していた資源・エネルギーを一般住民が必要とする食糧・日用品にまわした点で、他の国家指導者と類似している。しかし、その背景には「民用重視」によって軍の特権を剥奪し、軍部の力を抑制しようとの考えが強く打ち出されている点がより重要と判断される
　軍部の力抑制がより強く現れたのは、実は核・ミサイル開発の加速化である。軍事力の科学化により、より少ない費用と労力で国家武力の質向上を実現すれば、民用経済分野にまわす資金やエネルギーが多くなる。さらに一般部隊（陸海空）の重要性を低下させることになり、伝統的な軍人の影響力を低下させることで唯一指導体制の強化にもつながる。

④「やさしさ」と「厳しさ」の使い分け

　金正恩が「親和性」を示すのは、前線訪問と女性飛行士訓練視察で象徴される「一般軍人」と「女性軍人」、さらに2012～2014年の動静報道で複数訪問が確認された育児院・愛育院の子供たちだ。一方、「公開・透明性」で示されるのは2月8日の「海軍第597部隊傘下」の艦艇修理工場、5月19日の「大同江スッポン工場」のように党や国家から優遇されてきた拠点事業所に対する厳しい叱責である。

　これらの点から、一般に金正恩の「恐怖政治」と言われるが、体制内では「上に厳しく、下に優しい」姿勢を示しているのが、金正恩体制の特徴と判断できる。

　①～④までの金正恩体制の統治スタイル分析から表れるのは、金正恩への権威・権力集中と、その権威・権力を巧みに利用した人民掌握だと結論付けることができる。

第5章

統治スタイルの変化は国家組織・運営に具現化したか

1．第7回党大会

朝鮮労働党の最高指導機関・党大会は党規約で5年ごとの開催が決まっていた。しかし実際にこの原則が守られたのは1956年の第3回と1961年の第4回大会の2回だけだった。第4回から第5回（1970年）の間は9年、第5回から第6回（1980年）開催までに10年かかった。そして、2016年の第7回大会は36年ぶりの開催だった。

朝鮮労働党規約によると、党大会が開かれない間、党の路線・基本政策、党中央委員・候補委員の除名、欠員補選などを行うために党中央委員会が必要に応じて召集され、党大会の「代役」を果たす。2010年に改訂された党規約第14条にも相変わらず「党の最高指導機関は党大会であり、党大会と党大会の間は、党大会で選出された党中央委員会がその役割を果たす」と規定されている。党大会の開催間隔が長い北朝鮮では、約100人で構成される党中央委員会が事実上の「最高指導機関」の役割を果たし、そのメンバーである中央委員の役割を補完するために、約100人の党中央委員会候補委員が選出されている。

この中央委員会も常に開催されているのではなく、通常6カ月に1回程度の間隔で召集される。その間隔を埋めるのが、いわば「専従」である党中央委員会政治局であり、党中央委員会政治局の上部機関である政治局常務委員

会は、すべての党事業を決定・指導する権限が与えられているのが実態だ。こうした組織実態は、朝鮮民主主義人民共和国（北朝鮮）成立時に、後ろ盾のソ連の組織スタイルをそっくり取り入れたものだった。

　しかし、党中央委員会政治局による国家指導体制は北朝鮮では長続きしなかった。1974年、後継者に確定した金正日総書記は、北朝鮮の権力の中核を政治局から、政策の実行機関に過ぎなかった書記局（北朝鮮での公式名称は秘書局）に移し始めた。すべての政策と人事の決定権が党中央委員会書記局と、その傘下の専門部署に移管された。政治局は既に決定された政策や人事の追認機関に転落した。最高指導者が事実上、最高決定権を握るとはいえ、形式上「集団指導体制」を取る党中央委員会政治局における政策・人事決定のプロセスは、首領の唯一体制にとっては不都合だったのかもしれない。

　金日成主席が生存していた1980年の第6回党大会当時、政治局常務委員は5人いたが、金日成死去直前の1994年には金日成、金正日、呉振宇（人民武力相）の3人になり、金日成、呉振宇の死去後は金正日1人だけになり、有名無実の組織となった。北朝鮮は、名実共に金正日の唯一独裁体制と、それを支える朝鮮人民軍というスタイルで「先軍政治」を推し進めてきた。

2．組織変化

　第7回党大会で注目されるべき変化は、金正日体制の下で弱体化した、政治局をはじめとする党組織全体の刷新と将来に向けた強化策の実行だった。その顕著な例は政治局と軍事委員会に現れた。

党中央委員会政治局
①政治局常務委員に崔竜海党書記、朴奉珠総理という党育ちで実務派の幹部を入れたことは、政治局を重視し、党中央委員会の権限・権威を引き上げようという金正恩委員長の意図を明確に示している。（図表5−1参照）
②軍部エリート勢力の李勇武、呉克烈の両国防委員会副委員長が政治局構成員から外れたのは、軍部の力を一層抑制する効果を狙ったものと考えら

れる。（図表5−1参照）

③金寿吉・平壌市党責任書記（平壌市長）、金ヌンオ・平安北道党責任書
　記、朴泰成・平安南道党責任書記ら地方党幹部が、政治局候補委員に選
　ばれたのも異例だ。従って地方での経済特区建設による経済再建とそれ
　による体制維持を重視している証拠と判断できる。（図表5−1参照）

④党中央委員会序列では85位に過ぎない李洙墉外相を政治局委員に、同じ
　く98位の李容浩外務省副相を政治局候補委員にそれぞれ選出し、外交エ
　リートを重用する姿勢を強く示した。（図表5−1参照）

党中央軍事委員会

①ユン・ジョンリン保衛司令官、チェ・ヨンホ空軍・対空軍司令官、金洛
　兼・戦略軍司令官ら実戦部隊の司令官がすべて軍事委員会メンバーから
　外れた。（図表5−2参照）

②内閣のトップである朴奉珠総理が党中央軍事委員会委員に選出された。
　（軍出身エリートの権力低下を象徴）（図表5−1参照）

　この2つの組織の変化を見ると、金正恩委員長は、金正日時代に党まで支
配するほどにはびこった、軍部エリートによる党組織の職責独占状態を解消
し、その代わりに党や政府で政策実務を担当してきたエリート集団を党中核
に引き上げようとする意図がよく見える。
　第7回党大会は、「先軍政治」の金正日体制を、「党中心政治」の金正恩
体制に完全変化させる大きな契機と位置づけられる。

参考資料(75)

図表5－1 金正恩体制発足以降の党中央委員会政治局構成員の変動

	第4回党代表者会 （2012年4月11日）			党中央委員会全員会議 （2013年3月31日）		
常務委員 兼委員	金正恩	金己男	崔永林	金正恩	金永南	崔竜海
	崔竜海	李容浩				
委員	金敬姫	金正覚	張成沢	朴奉珠	張成沢	金敬姫
	朴道春	金英春	金国泰	金己男	崔泰福	朴道春
	金己男	崔泰福	楊亨燮	金国泰	金英春	楊亨燮
	李勇武	姜錫柱	玄哲海	李勇武	姜錫柱	玄哲海
	金元弘	李明秀		金元弘		
候補委員	呉克烈	金養建	金永日	呉克烈	金養建	金永日
	テジョンス	金平海	文京徳	金平海	朱奎昌	郭範基
	朱奎昌	金洛姫	郭範基	キムチャンソプ	文京徳	リビョンサム
	キムチャンソプ	盧斗哲	リビョンサム	盧斗哲	趙延俊	玄永哲
	趙延俊			金格植	崔富一	
構成人数	32人			30人		

	党中央委員会政治局拡大会議 （2015年2月18日）			第7回党大会 （2016年5月9日）		
常務委員 兼委員	金正恩	金永南	黄炳瑞	金正恩	金永南	黄炳瑞
				朴奉珠	崔竜海	
委員	朴奉珠	金己男	崔竜海	金己男	崔泰福	李洙墉
	崔泰福	楊亨燮	姜錫柱	金平海	呉秀容	郭範基
	李勇武	呉克烈	金元弘	金英哲	李万建	楊亨燮
	金養建	郭範基	呉秀容	盧斗哲	朴永植	李明秀
				金元弘	崔富一	
候補委員	金平海	崔富一	盧斗哲	金寿吉	金ヌンオ	朴泰成
	趙延俊	玄永哲	李永吉	李容浩	任哲雄	趙延俊
				李炳鉄	努光鉄	李永吉
構成人数	21人(?)			28人		

図表5－2　金正恩体制発足以降の党中央軍事委員会構成員の変動

	第4回 党代表者会 （2012年 4月11日）	党中央 軍事委 拡大会議 （2013年 8月25日）	党中央 軍事委 拡大会議 （2014年 3月16日）	党中央 軍事委 拡大会議 （2014年 4月26日）	党中央 軍事委 拡大会議 （2015年 5月2日）	第7回 党大会 （2016年 5月）
委員長	金正恩	金正恩	金正恩	金正恩	金正恩	金正恩
副委員長	崔竜海 李容浩	崔竜海	崔竜海			
委員	金正覚 金英春 金明国 キムギョンオク 金元弘 チョンミョンド 李炳鉄 崔富一 金英哲 ユンジョンリン 朱奎昌 チェギョンソン 張成沢 玄哲海 李明秀 金洛兼	張成沢 李英吉 張正男 金永春 辺仁善 金元弘 朱奎昌 キムギョンオク キムミョンシク 李炳鉄 崔富一 金英哲 ユンジョンリン チェギョンソン 金洛兼 （金秀吉） （ソホンチャン）	李永吉 張正男 金英春 辺仁善 金元弘 （朱奎昌） キムギョンオク キムミョンシク 李炳鉄 崔富一 金英哲 ユンジョンリン チェギョンソン 金洛兼 金秀吉 ソホンチャン （黄炳瑞）	黄炳瑞 李英吉 張正男 辺仁善 金元弘 キムギョンオク キムミョンシク 李炳鉄 崔富一金英哲 ユンジョンリン チェギョンソン 金洛兼 ソホンチャン 朴永植	黄炳瑞 玄永哲 李英吉 金元弘 ソホンチャン キムチュンサム 朴永植 李炳鉄 キムミョンシク 崔富一 金英哲 ユンジョンリン チェギョンソン チェヨンホ 金洛兼	黄炳瑞 朴奉珠 朴永植 李明秀 金英哲 李万建 金元弘 崔富一 キムギョンオク 李英吉 ソホンチャン
構成人数	19人	19人(?)	19人(?)	16人(?)	16人(?)	12人

注：図表5－1、5－2の（？）は構成員がすべて明らかになっていない可能性があり人数の確定が出来ない部分（推計）

図表 5 － 3　金正恩体制発足以降の党中央委員会書記局／政務局の構成員変動

	第4回 党代表者会議 （2012年4月11日）		党中央委員会 政治局会議 （2014年4月8日）		党中央委政治局 拡大会議 （2015年2月18日）		第7回 党大会 （2016年5月9日）	
第1書記 朝鮮労働党 委員長	金正恩		金正恩		金正恩		金正恩	
書記 朝鮮労働党 副委員長	金敬姫	朴道春	朴道春	金己男	金己男	崔竜海	崔竜海	金己男 （宣伝）
	金己男	崔泰福	崔泰福	金養建	崔泰福	姜錫柱	崔泰福 （科学・ 教育）	李洙墉 （国際）
	金養建	金永日	姜錫柱	金平海	金養建	郭範基	金平海 （幹部）	呉秀容 （経済）
	金平海	文京徳	郭範基	呉秀容	呉秀容	金平海	郭範基 （計画 制定）	金英哲 （対南 政策）
	郭範基						李万建 （軍需 工業）	
構成人数	10人		9人		9人（？）		10人	

注：2016 年 5 月の党代表者会議で「朝鮮労働党第 1 書記」→「朝鮮労働党委員長」、
「党中央委員会書記」→「党中央委員会副委員長」に名称変更

3．まとめ　反対勢力出現の可能性最小化

　5月6日から9日まで開催された朝鮮労働党第7回党大会を巡り、国内の朝鮮半島専門家は様々な分析をした。しかし、メディアや専門家の分析の中で「過小評価」されていたのは、党中央委員会政治局の「権限・機能」復活である。北朝鮮労働党の本来の組織体制をよく理解しない朝鮮半島専門家は「新旧世代交代の幅が小さかった」と発言し、「世代交代を一気に進めると軍部元老らによる反発の危険性があった。だから少しずつしか世代交代は進まない」という根拠のない説明がまかり通った。

　だが、第7回党大会で明らかになった党中央委員会政治局、党中央軍事委員会、党中央委員会書記局・政務局の組織改編・人事によって、金正恩・朝鮮労働党委員長（この職責も政治局の機能・権限強化と無関係ではない）は、建国者・金日成主席が目指した、党中心の国家運営の完成を目指していることが、明確に表れたと判断できる。さらに、党中央委員会政治局常務委員に国家機関最長老である金永南を除けば、黄炳瑞（軍事担当）、朴奉珠（経済担当）、崔竜海（外交担当）の3人の最側近を配置したことによって、金正恩体制に挑戦できる勢力が北朝鮮内部で生まれる可能性は、極めて小さくなったと評価することができる。

第6章

金正恩体制の安定度

1980年代末から1990年代初めに起きた社会主義国家の動揺の際に使用された指標に金正恩体制を当てはめた分析の正当性を評価する。また、先行研究が用いた北朝鮮体制安定度評価方法に、動静報道等によって確認した金正恩体制の実情を当てはめることによって、金正恩体制の安定度をさらに検証する。

1．ブレジンスキー指標と李鍾奭の安定度評価

社会主義体制の安定度を測る方法には1980年代末に米国のブレジンスキー[76] が確立した10個の指標を使ったやり方がある。

①社会主義の大衆的訴求力

②未来に対する悲観主義

③生活水準の低下

④共産党の士気低下

⑤宗教活動の増大

⑥民主主義と共産主義の理念衝突

⑦経済的私有化の増大

⑧政治的反対の活性化

⑨公開的な政治的多様化要求

図表6-1　北朝鮮体制の安定度評価

上の韓国語資料は、2016年1月1日付韓国・朝鮮日報が報じた、ブレジンスキー指標を使った専門家15人による北朝鮮体制安定度評価である。

　⑩人権問題に対する守勢的な対応

　この10個の規準にそれぞれ1～3点を付け、合計点数が9点以下なら「危機はない」、10～19点は「危機」、20点以上を「深刻な危機」と評価する方法である。

　朝鮮日報による15人の評価点数の平均値は、

①1.7　②1.4　③1.1　④1.2　⑤0.3　⑥0.4　⑦2.1　⑧0.4　⑨0.1　⑩1.3　総合点数は「10.1」で「危機はない」と「危機」の中間にあたる評価となった。

「ソ連・東欧圏」崩壊の動きが本格化した1989年に、ブレジンスキーが実施した当時の社会主義体制各国の評価結果は以下の通りだった。

　ソビエト社会主義共和国連邦　15点

　中華人民共和国　8点

　ドイツ民主共和国（東独）　7点

　ポーランド人民共和国　27点

　チェコスロバキア共和国　16点

　ハンガリー共和国　23点

　ルーマニア社会主義共和国　18点

　ブルガリア人民共和国　6点

　ユーゴスラビア社会主義連邦共和国　22点

　ベトナム社会主義共和国　12点

　キューバ共和国　15点

朝鮮民主義人民共和国　8点

アンゴラ共和国　19点

モザンビーク共和国　21点

エチオピア人民民主共和国　20点

〈大澤注：国名は1989年当時〉

　朝鮮日報は1989年と2016年の調査結果を以下のように比較している。

　「単純比較は困難だが、27年前のブレジンスキー指標の評価（8点、『危機はない』」）より、約2点上昇した。『危機』（10〜19点）が無いということではないが、『深刻な危機』（20点以上）に陥る段階ではないという解析が可能だ」。

■ 李鍾奭の安定度評価方法による金正恩体制の評価

　一方、ブレジンスキー指標について、前出の李鍾奭は「西欧式市民社会を経験した国家に対するものであり、周辺国関係も含まれていない」[77]と批判している。

　その代案として、危機指数を「急変事態発生可能指標」と「漸進的変化指標」に分け、軍部、政治、経済、社会、対南情報遮断程度などで細かく評価するシステムを提案し、金正日体制を分析している。その結果を●で表に示した後、大澤による労働新聞動静報道分析内容から判断した金正恩体制の安定度評価を○で表に挿入すると、次ページの通りの結果となる。

図表6−2　北朝鮮体制の現況：危機水準分析

●：李鍾奭〈金正日体制分析〉　　○：大澤〈金正恩体制分析〉

	危機指数		相対的安定	危機の水準				備考
				1段階	2段階	3段階	4段階	
急変事態可能性指標	軍部状況	軍部の動揺（分裂）	● ○					
	政治状況	党内権力闘争	● ○					
	経済事情	食糧難			○	●		
	社会状況	住民暴動	● ○					
		大量脱北	○	●				
	対南情報遮断程度	対南劣等意識	● ○					
漸進的変化指標	政治状況	官僚機構	○	●				
		権力集団の動揺	○	●				
	経済状況	工場稼働率			○	●		
		住民生活			○	●		
	社会状況	社会流動性の増加			●	○		
		個人崇拝体制の動揺	○		●			
		政治的反対の表出		● ○				
		脱北者の増加		○	●			
	体制正統性	住民らの指導者に対する信頼度		● ○				
		住民らの体制信頼度			● ○			
		住民らの主体思想信頼度		● ○				
	対外分野	外交的孤立			●	○		

注：危険の水準
1段階：低い水準の危機（危機形成中）
2段階：危機の可視化水準（危機進行中）
3段階：危機の深化
4段階：限界危機（急変事態領域では特定の要因による急激な体制変動誘発の可能性が高まる段階）
＊各指標別の危険水準は李鍾奭博士が脱北者への設問・面談及び各種の北朝鮮情報資料を統合して
　判断したものである。
「現代北韓の理解」（2000年、李鍾奭）から引用

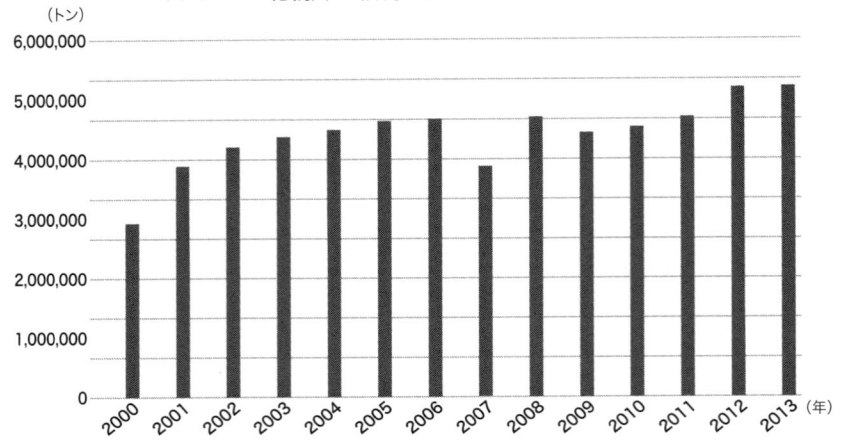

図表6－3　北朝鮮の穀物生産量（FAOのデータを基に作成）

参考資料(78)：李鍾奭が最も深刻に評価した食糧事情は、国際連合食糧農業機関（FAO）による2015年4月公表の穀物生産量データによると図表6－4のように改善・安定化の傾向にある

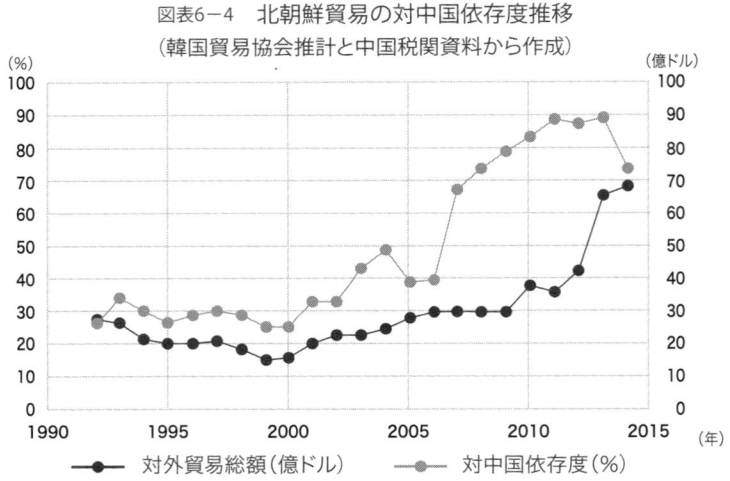

図表6－4　北朝鮮貿易の対中国依存度推移
（韓国貿易協会推計と中国税関資料から作成）

参考資料(79)：経済的には中国への依存度を高めることで、工場稼働率や輸出入総額は急激な減少局面にはならないと推定される。前述の金正恩体制の統治スタイル変化や、それに伴う組織変化によって、北朝鮮を取り巻く情勢には、以下のように良くなった面と悪くなった面があったことがわかる。そして、良くなった面の数が、悪くなった面の数を上回っていることから、金正日体制に比べ、金正恩体制が比較的安定していると見ることが可能となる

〈良くなった面〉

　①食糧難の改善　　②大量脱北の相対的減少　③官僚機構の機能強化

　④権力集団の動揺減少　　⑤工場稼働率の上昇　　⑥住民生活の向上

　⑦個人崇拝体制の動揺減少　⑧脱北者の減少

〈悪くなった面〉

　⑨社会流動性の増加　　⑩外交的孤立

　現在の北朝鮮体制は漸進的危機進行に関する指標が示すように、全般的に「危機の水準」にあることは間違いない。しかし急変事態発生可能指標を見れば、最も危険な状態にあった『食糧問題』が改善し、相対的安定状態を示している。

　懸念されるのは核・ミサイル発射の連続による外交的孤立だが、歴史的な同盟国である中国や、米国と対立するロシアが後ろ盾となり、完全孤立には至っていない。

　従って、金正恩体制の現在の状況は、経済を中心に一部要素で危機水準にあるが、体制崩壊または崩壊直前の段階にあると判断するのは困難であると言えよう。

２．脱北者調査

　本研究は、これまで全容は非公開だった韓国政府委託研究による、金正日体制最末期から金正恩体制発足以降（2011年５月〜2015年６月、一部それ以前の脱北者を含む）の脱北者インタビューの調査結果の利用と内容分析の許可を得た。このアンケート調査に関する韓国の北朝鮮研究専門機関と本研究の分析を比較することによって、さらに客観的に金正恩体制の安定度が検証できると考えた。

　脱北者アンケートの内容について詳述しよう。

　調査を実施しているのは、韓国の康仁徳・元統一相[80]が設立した民間研究機関・極東問題研究所（ソウル市）。調査結果のとりまとめと分析は、20年以上の北朝鮮情勢分析の実績を持つ同研究所の尹洪錫・東北亜研究室長。

本研究は、通常は未公開の資料の一部を公開し、論文に使用する特別許可を得た。調査報告書本編では脱北者の出身地、名前が記載されているが、本研究では、脱北者の身辺安全を保障するうえから、前記2点については削除または仮名にして、利用することとなった。

　調査は下記の方法で実施されている。
①毎年、韓国に入国する脱北者を対象とし、北朝鮮の政治、軍事、経済、社会及び外部情報流入動向、日本の拉致問題など、最近の北朝鮮の実情を具体的に把握するために実施する
②調査は個別訪問調査または個別招聘調査による面談形式をとる
③事実を過大に話したり、虚偽を話したりすることを防ぐため、調査は十分な経験を積んだ北朝鮮専門家が1対1で行い、回答の真偽を確認する
④回答をテーマ別に分類し、分析と評価を行う

　以下に2012〜15年に実施された、主な脱北者インタビュー内容を紹介する。

　ただし、各年のインタビュー調査の質問項目に対する回答をすべて分析するのではなく、本研究の対象である金正恩体制の安定性に関する質問について、各年のインタビュー対象者全員の回答を紹介し、極東問題研究所の見解と本研究の見解を加えて、金正恩体制の調査当時の安定度と展望について分析を試みた。なお、回答の番号は対象者名簿の番号と一致する。

■ 2012年調査の紹介と回答の分析・評価

図表6−5　調査対象者（年齢は調査当時）

	性別	年齢	脱北時期	韓国入国時期
1	男	26	2012 年 1 月	2012 年 4 月
2	男	39	2011 年 11 月	2011 年 12 月
3	女	27	2011 年 5 月	2012 年 2 月
4	女	42	2011 年 11 月	2012 年 2 月
5	女	38	2012 年 1 月	2012 年 3 月

6	男	19	2012 年 7 月	2012 年 10 月
7	女	72	2012 年 2 月	2012 年 3 月
8	男	50	2011 年 5 月	2011 年 8 月
9	女	45	2012 年 2 月	2012 年 7 月
10	女	57	2012 年 2 月	2012 年 4 月
11	男	17	2012 年 2 月	2012 年 3 月
12	女	41	2012 年 2 月	2012 年 5 月
13	女	45	2012 年 1 月	2012 年 4 月
14	男	33	2012 年 5 月	2012 年 8 月
15	女	27	2012 年 3 月	2012 年 6 月
16	男	38	2012 年 9 月	2012 年 11 月
17	女	31	2012 年 3 月	2012 年 9 月
18	男	46	2012 年 4 月	2012 年 6 月
19	女	49	2012 年 4 月	2012 年 6 月
20	女	50	2012 年 2 月	2012 年 5 月
21	男	51	1997 年 4 月	1999 年 2 月

〈金正日死亡について〉

1．金正日死亡はニュースを聞いて知った。悲しいとか愛惜とかいう考えは
まったく持たなかった。近くにある金正日の銅像に1週間、花束を持っ
て行き追慕する行事が行われたが、人民班で組織して全住民が集まり、
人数を確認して集団で行事に参加した。

2．2008年朝鮮労働党創建日（10月10日）の閲兵式のとき、金正日が欠席し
た。その時、金正日が脳卒中でドイツの病院に入院したという噂が流れ
た。その当時、多くの住民が金正日の健康悪化について心を痛めた。し
かし2011年12月、金正日の死亡をニュースで聞いたとき、すでに彼の健
康悪化について大部分の住民は知っていたので、ひどく驚いたり、悲し
むということはなかった。

3．金正日死亡について悲しく残念だという住民はいなかった。

4．金正日死亡直後、各工場・企業所、人民班、学校別に参加者を組織して

追慕式に参加するようになった。追慕式が終わり家に戻る時にも組織単位で動いた。追慕式に参加しなければ処罰を受けるため大部分の住民が参加した。兄弟が追慕式に行き、足に凍傷を負った。

5. 金正日が死亡したニュースを聞いてひどく驚いた。しかし悲しいとか心配だとかいうことはなかった。金正日時代に住民が苦しい生活を送り、私もひどく生活が厳しかったから「金正日が政治をちゃんとしていれば、住民も良い暮らしができ、脱北者も生じなかったのに」と思った。むしろ（金正日が）死んでくれて良かったと考えた。

6. 金正日が死亡した時、悲痛な心情はなかった。金正日体制発足以降、住民の生活がひどく困難になったからだ。大部分の住民は彼について良い評価をしていない。公開的に「悪いやつめ」などと言えば、政治犯としてつかまってしまうから、口に出さなかっただけだ。

7. 最近はテレビに金正日に関するニュースが出れば電源を切ってしまうほどだった。金正日が住民のために列車に乗って現地指導をし、おにぎりを食べたなどというのは、すべてうそだということを知らない住民はいない。

8. 住民が厳しい暮らしをしている理由は金正日や金正恩のせいだというより、米国のせいだと考えている住民がより多い。相当以前から「我々がこのように厳しく暮らすのは米国の軍事封鎖のため」という教育を受けたからだ。

9. 金日成が死んだ時には、この世が終わってしまうのではという悲痛な気持ちになった。すべての住民が泣き崩れ、悲しがったが、金正日の死亡については、少し驚いたが、悲痛な感情は起きなかった。「年をとり、死ぬ時がきたから死んだのさ」と思った。それ以上の感情や考えはまったく浮かばなかった。

10. テレビのニュースで金正日死亡を聞いた時、ひどく驚いた。金正日の死亡が悲しく、残念で驚いたのではなく、あまりにも突然、早く死んだので驚いた。金日成は82歳で死んだので金正日もそのくらいまで生きるだろうと思っていた。正直に言えば、金正日時代に人民の生活水準が大きく落ち込んだ。住民生活をひどく統制したため、金正日に対して良い認

識を持つ住民は多くない。それにもかかわらず、金正日が成果はないものの、人民が良く食べ、良く暮らすように、それなりに苦労したと考える住民も少なくはない。なぜなら北朝鮮以外の他国の事情や、そこに暮らす人がどのように生活しているかをまったく知らないからだ。

11.　外部世界の情報を多く聞いていた私としては、金正日死亡を聞いて、それほど驚かなかった。しかし農村地域の年寄りたちはひどく驚き、泣いてもいた。

12.　金正日死亡の知らせを聞き、ひどく驚いた。学校に出勤するなり、全体教職員と学生を講堂に集め、中央放送を聴取すると言われた。全員が集まった中、朝鮮中央放送で金正日の死亡が伝えられた。年寄りの教員は声を上げて泣いていた。

13.　金正日の政治が始まってから、多くの人々が餓死したと言っても、大部分の農村住民は金正日について、人民生活向上のため努力した指導者と考えていた。金正日死亡を聞いて、非常に残念だった。しかし、後継者もいるので、未来については心配や不安はなかった。

14.　金正日の健康悪化については少し知っていたので、それほど大きく驚かなかったが、思ったより早く死亡したのは少し残念だ。しかし統治を良くしたか悪くしたかに関係なく、北朝鮮の首領だったのだから少しの愛惜の情はある。

15.　金正日死亡を聞いて大変、驚いた。人民生活のため、多くの苦労をして死んだという思いがあり、涙が出た。北朝鮮にいたときには、北朝鮮当局が宣伝するとおりに信じていた。一方では後継者はどのような政治をするのかという心配はある。

16.　金正日時代から苦難の行軍が始まり、住民生活が悪化し、餓死者も多く出た。脱北者も増えた。このような胸を痛める現実が続くので、金正日について良く考える住民はどのくらいいるのだろうか。金正日に対する忠誠心があるように見せているだけだ。

17.　金正日は人民生活のために正しい政治をしようとしたが、その下で働く幹部と実務者が指示をその通りに執行せず、ウソの報告をしていたため、住民生活が困難になったと考える。金正日の死亡を聞いて、少し驚

いた。金正日の健康が良くないという噂は、随分前から聞いていたが、突然死亡するとは思わなかった。しかし後継者（金正恩）がすでに推戴された状態であるため、北朝鮮の将来に大きな心配はない。

18. 金正日の健康が非常に良くないという噂は聞いていたため、彼の死亡情報を聞いて、別に驚かなかった。金正恩後継者推戴が知らされた時にも、金正日の健康悪化のために後継者推戴を早めたのだと思った。予想より早く死んだと思う。金正日時代に、いかに多くの人々が餓死していったのか。金正日時代について良く思う住民はほとんどいなかったと思う。

19. 親戚の中に脱北者がいるという理由で、田舎の村に追放された私としては、金正日死亡について、どのような感情もなかった。むしろ、よく死んだ、と思う。しかし、周辺の農民の場合、金日成死亡のときよりは少ないが、残念だと思っている住民も多かった。

20. 金正日死亡を聞いてかわいそうだと思った。金正日がなるべく、政治をよくやろうと努力したが、可視的な成果はほとんどなかった。「無駄な努力だけをして死んだな」と思っている。

21. （関連発言はなし）

極東問題研究所の分析・評価

　金正日の死亡を心から哀悼するのは、党・軍。政府で特権を持つ「既得権」勢力であり、一般住民の中では50代以上、地方や農村地域の居住者が多い。これらの人々は、党・軍・政府で配慮を受け、安定した生活を送っていたり、小さい時から外部の情報を知る機会がないまま党と首領に対し、忠誠を尽くさねばならないと洗脳教育を受けている人々だ。住民は金正日死亡に対し、金日成死亡時とは異なる態度を示した。1994年金日成死亡時には数百万人が自殺するほどで、大部分の住民が衝撃と失意に陥ったが、金正日死亡時には大きく驚いたり、悲しむ住民は多くなかった。むしろ住民は「苦痛だけを与えた指導者」という批判意識が高かった。

　このような住民の態度変化には金正日時代以後、困難になる住民の経済生

活が反映していると判断される。金日成時代には、食糧問題で苦痛を受けた
住民がなかったが、金正日時代に「苦難の行軍」が始まり、配給がなくな
り、多くの餓死者出るほどで、人民の生活水準が下落した。住民生活に対す
る統制が強化された。特に2009年末に実施された貨幣改革によって、住民生
活がより困難になり、金正日に対する不満が極大化していた。

　しかし、金正日死亡にもかかわらず、社会不安や未来に対する心配や不安
感を感じる住民はほとんどなかった。後継者が決まっていたという理由から
だった。これは金一家による世襲体制の堅固さを示すものであり、北朝鮮体
制が簡単に崩れない理由の１つになっている。

本研究の分析・評価

　金正日死亡に関する、回答の中で特に興味深いのは、50代以上に表れる金
一家への忠誠心の高さである。つまり、北朝鮮社会における体制に対する世
代の認識変化が存在するという点に注目すべきである。

　北朝鮮は、従来、完全な社会主義経済体制の完成を基礎にした支配体制の
安定と継続を根本とする国家づくりを目指してきた。本研究は北朝鮮の指導
理論である「主体思想」の解明を目的としていないため、ここでの言及は最
小限にとどめるが、北朝鮮の最高指導者である首領は社会主義体制の組織や
機関を創設し、その機能や役割を決め、活動の方針を提示する。党・軍・政
府は、首領の指導思想を実現するために存在し、首領の領導の下に一糸乱れ
ぬ組織作りと活動を展開しなければならない。人民大衆も首領の領導を離れ
ては自己の役割を果たすことができない。つまり人民大衆が社会と歴史の主
人公になろうとすれば、首領の領導が不可欠となるのである。この体制の下
では人民大衆は首領の定めた単位（工場、農場、学校、家庭）の中で生活
し、雇用、福祉、結婚、教育、死亡に至るまで、単位の中で充足される。単
位の中にいる限りは、人生に必要なすべてのものは配給というシステムで、
首領から与えられることになっている。

　金日成時代は、少なくとも、単位内で、生きるための最低限の配給は常に
維持されてきた。しかし、金正日時代になって生じた経済・食糧難を克服す

るための「先軍政治」では人民大衆は軍を見習って「苦難の行軍」に耐えることを求められ、配給は停止した。首領を中心にした主体思想の理想と現実に大きな乖離が生じたことになる。

　従って、主体思想教育を受けた住民のうち、金日成時代に暮らした記憶のある50代以上は、首領の領導による生活再建に期待をかけた。しかし金日成時代を知らない若い世代と、既得権層にだけ偏重して配給が実施された実態を目の当たりにした都市住民の多くが首領制に対する忌避感を募らせたと考える。それが、前記の脱北者のインタビュー回答に明確に表れている。ただ都市部での物資供給は闇市場などを通じて最低限維持されていたため、体制に対する不満が表出することはなかったと判断される。

■ 2013年調査の紹介と回答の分析・評価

図表6-6　調査対象者（年齢は調査当時）

	性別	年齢	脱北時期	韓国入国時期
1	女	42	2013 年 7 月	2013 年 9 月
2	男	34	2013 年 6 月	2013 年 7 月
3	女	24	2013 年 5 月	2013 年 7 月
4	女	23	2012 年 9 月	2012 年 11 月
5	男	49	2013 年 6 月	2013 年 7 月
6	女	62	2012 年 11 月	2013 年 4 月
7	男	35	2013 年 6 月	2013 年 7 月
8	男	44	2013 年 6 月	2013 年 8 月
9	女	46	2013 年 7 月	2013 年 8 月
10	男	58	2013 年 3 月	2013 年 7 月
11	女	44	2012 年 9 月	2012 年 11 月
12	女	34	2013 年 6 月	2013 年 7 月
13	男	38	2012 年 9 月	2012 年 11 月
14	女	31	2013 年 2 月	2013 年 4 月
15	男	31	2013 年 2 月	2013 年 4 月

16	男	39	2013 年 4 月	2013 年 7 月
17	女	37	2012 年 9 月	2012 年 11 月
18	女	37	2013 年 6 月	2013 年 8 月
19	男	47	2012 年 8 月	2012 年 10 月
20	女	47	2013 年 3 月	2013 年 4 月
21	男	43	2006 年 12 月	2007 年 12 月

〈金正恩体制に対する認識と忠誠度〉

1．金正恩が登場して以降、若く覇気があるため、様々な方面で新たな政策を果敢に推進し、人民生活も向上させるだろうという期待感が高かった。実際に2010年の金正恩が公式席上に登場した時に、住民の間には肯定的な見方をする人が多かった。

2．2010年9月、第3回党代表者会で金正恩が党中央軍事委員会副委員長に推戴された時、収容所などで生活をしていた住民に対する「大赦免」を断行した。生計のために仕方なく不法行為をして処罰を受けた人が多かったので、大赦免は大歓迎された。特に2013年4〜7月、大部分の住民世帯に毎月10日分ずつのコメ、とうもろこし、麺等の食糧を配給した。4年たった軍需用の食糧だったため質がよくなかったが、食べ物が不足していた住民たちは大変喜んだ。当時北朝鮮当局は金正恩の指示で食糧配給が行われたと言って、金正恩時代には人民生活向上に大きな成果があると宣伝した。

3．2010年9月、金正恩が公式席上に登場して以降は、金正日の特別指示文を通して「私はすべての政治を金正恩大将に引き渡す。首領様（金日成）は私を見て天才であるとおっしゃったが、金大将は天才中の天才である」と教育を受けた。金正恩が公式席上に登場した姿を最初に見た時、金日成と似ていることに非常に驚いた。また金正恩は現地指導を通して幼稚園の子供たちを抱いたり、戦士たちと握手したり抱きしめたりして、親しげな様子を見せていた。建設現場を訪問したときにも、金正日は4階までしか見なかったが、金正恩は最後まで直接、見て回った。

このような姿が知られるようになり、金正日とは違い、金正恩は人民のために政治をするだろうという期待感が高まった。

4．最高指導者の一家に対して言及することさえ処罰対象になるため、金正恩についても話をする人は多くない。ただし2010年、テレビに金正恩の姿が初めて見えた時、金日成に似た姿に大変驚いた。その時は金正恩が若いから、金正日とは違い果敢に開発を推進し、人民生活も向上するだろうと期待感が高まった。

5．しかし、金正恩体制以後も住民生活が改善されるより、むしろ悪くなっていった。時間が過ぎるに従って、金正恩に対する否定的な見方が増加していくと思う。しかし、幼い時から死ぬまで多くの洗脳教育、教養と学習、監視体制下で生きてきた住民としては、どのような不満があっても口にすることは出来ないまま、生きていくことだろう。それが北朝鮮という国だ。

6．金正恩については講演、学習などを通して偶像化され、忠誠心を誘導している。金正恩が「４歳の時、父母を乗せて初めて車を運転し、銃も上手に撃ち、馬にも上手に乗り、コンピューターも上手に操作し、非凡な才能を持つ指導者だ」という教育をしている。

7．金日成、金正日時代とは違い、金正恩偶像化を信じる住民はほとんどいないと思う。人民生活、特に食糧事情が良くならなければ金正恩偶像化の効果はそう大きくならないだろう。金正日死亡前、平壌で花火大会が２回あり、私も招待状を受け取って参加した。その時、金正恩について「年が若いのは本当だったなあ。（花火大会に使った）費用を人民生活改善のために使えば良いのに」と思った。

8．金正恩については、金日成と似たイメージがあり、若くて才能もあるので、改革・開放など大胆な政治をするだろうという期待感を持つ住民が多かった。だが時間が過ぎるに従って否定的な認識が拡大している。国境地帯では外部世界について情報を知る住民が多く、いくら金正恩を偶像化しようとしても、北朝鮮当局の教養と宣伝をそのまま信じる人は多くない。金正恩について忠誠心を持つ人々は党と軍。国家機関で便宜を受けている幹部だけだと思う。大部分の住民は金正日の息子が後継者に

なるのは当然と考えていたため、3代世襲を自然に受け止めた。金正恩が現地指導を通じて住民と兵士を抱きしめる姿は政治的ショーに過ぎないと思う。北朝鮮の指導者として認定を受けるためには、実質的な人民生活向上が必要であろう。

9．金正恩が初めて登場したとき、金日成と似た姿を見て驚いた。外国で整形手術を6回もしたという噂を聞いた時には、もっと驚いた。金正恩については、金正日の息子だから人民生活にも別に変化はないだろうと考えていた。しかし周辺では「若い指導者だから、何か変化があるのではないか」と期待する人もいた。

10．2013年4〜5月には軍用米を使って、コメを15日分ずつ、月2回配給した。当時、「金正恩元帥が人民生活向上のために金日成時代のようにするだろう」という言葉が聞かれ、住民の反応も良かった。しかし6月以降、食糧配給が中断し、もしかしてと期待していた金正恩に対する期待感が崩れ、住民には自身の生計を自ら責任を取るしかないという雰囲気が拡散した。

11．金正日の息子が後継者になることは当然と考えていた。しかし農村住民は3代世襲や党と国家に対する考えを持つ余裕がない。家族の生計を解決することに集中しなければならないからだ。金正恩については金日成に似ており、若く才能もあるので、人民生活が良くなるのではないかという期待感があった。

12．金正日時代には餓死者を簡単に見つけることが出来るほど生活が苦しかったので、金正恩時代には変化があるだろうと期待する住民が多かった。しかし、現実的には住民生活に変化はなかった。金正恩については時間が過ぎるほど「あの父親の息子だ」という言葉が流行することになろう。

13．2010年9月、第3回党代表者会に青年突撃隊の旅団長が出席した。旅団長は金正恩が若くて、器の大きい指導者だから人民生活が良くなるだろうと話した。金正日死亡以降、住民の間には開放に対する期待感が高まった。しかし時間が過ぎても住民生活が良くならず、金正恩に対する期待感も徐々に小さくなっている。

14. 金正日時代にひどくつらい生活をしたので、住民の間には金正恩時代には「何かが変わるのではないか」という漠然とした期待感が高い。またテレビを通して金正恩が一般住民や下級兵士とスキンシップをする場面を見て、父親の金正日とは違うと考える住民が多い。また2012年からは金正恩の誕生日（1月8日）に子供たちにアメ、服などをプレゼントすることが始まった。今後、住民に少しずつでも食糧を配給するだろうという願いが出ていた。

15. 2012年テレビで金正恩の公開演説を見た住民は「金日成が戻ってきたようだった」と話していた。また彼が父の金正日とは違い、人民生活向上のため神経を遣うだろうと期待感を持った。その後、金正恩に対する期待感は多少、小さくなったが、今でも金正恩に対する不満よりは期待感がより多いと考える。

16. 大部分の住民は最高指導者は金一家から出てくると考えていたので「3代世襲」は当然のことと受け取っている。2010年、金正恩登場以降、各機関・企業所と人民班では、たびたび各種の集まりが開催され「金正恩は非凡な人物だ。彼の領導に従わねばならない」という内容の宣伝と教育を強化した。金正日時代にひどい生活苦に陥ったため、若い指導者の登場に対し期待感を持つ住民も少なくなかった。

17. 「人工衛星」と第3回核実験成功以降、北朝鮮当局は「新しい太陽が昇った」と宣伝した。続いて3月には軍用米を開いて配給し「金正恩時代には人民生活向上が実現するだろう」と宣伝した。実際に金正恩が祖父の金日成の風貌と似ているため人民生活向上に関心を払うだろうと考える住民が多かった。しかし核実験直後、食糧をはじめとする物価が急騰し「あの父親の息子だ」という認識が拡大した。

18. 金正恩については工場・企業所や機関で勤務する人に時折配給をしていたため、金正日時代より良くなるだろうという期待感を持つ住民が多かった。しかし貨幣改革による混乱、強盛大国進入失敗など北朝鮮当局に対する住民の信頼感が低下したため、家族の生計は自分で責任を持たねばならないと思う住民が多くなった。実際に各種建設支援と農村支援を要求するなど、金正恩に対する不満が高まっている。

19. 　3代世襲は当然のことと受け取ったが、金日成死亡以降、金正日時代に
　　入り、住民生活が一層、困難になった。そのため、金正日の息子、金正
　　恩時代にも大きく良くなるだろうと考える住民は多くない。大部分の住
　　民は金正恩について「父も息子も、あいつらはあいつらだ（父も息子も
　　同じだ）」と考えている。金正恩は父、金正日の統治方式に従うしかな
　　いと思う。しかし食べ物の問題だけでも解決してくれれば良いと思って
　　いる。

20. 　金正恩については肯定と否定の視角が混在している。非凡で器の大きい
　　指導者だから未来の変化が期待されるという住民もいるが、それより未
　　だに若く経験もなく、知識も少ないため、不安に思っている住民はより
　　多い。

21. 　個人的には、金正恩は年が若いとはいえ、海外生活の経験があるため、
　　人民生活も少しずつ良くなっていくと思う。厳しい住民生活が改善され
　　なければ、いつかは体制に対する不満が深刻な水準にまで高まることが
　　あり得ると金正恩も知っているだろう。

極東問題研究所の分析・評価

　2010年9月公式席上に登場した直後、金正恩に対する住民認識は肯定的な
視角でみる住民が多かった。金正日時代に極端な生活苦を体験したから、金
正恩時代には人民生活も向上するだろうと、総体的な期待感があった。

　政権初期の金正恩に対する肯定的な認識は、北朝鮮当局の神格化作業強
化、現地視察を通じた一般住民と兵士に対する親密感を示し、長距離ロケッ
ト発射と核実験成功、一般住民に対する食糧配給の開始などで維持された。
また、新たな経済管理改善措置、人民便宜（娯楽・保養・福祉）施設建設な
どを通じた金正恩の業績と偉大性強調は効果を保っていた。

　しかし北朝鮮当局の「金正恩偉大性」宣伝強化にもかかわらず、住民生活
は良くなっていない。むしろ全体社会に対する監視と統制が強化され、各単
位ごとに各種の課題と指示が多くなるなど、住民生活は不便になったが、金
正恩体制についての不満が高くなっていない。しかし党・軍・政の中間幹部

以上は、金正恩体制に対する不満を持っていたとしても、高位への昇進のため体制に順応し、忠誠心も示している。

　張成沢処刑によって金正恩体制が安定したと見るべきか、不安定につながると見るべきかには論争もあったが、数年間の脱北者調査と今回の調査を総合してみると、張成沢処刑は予定の手順だったと分析される。張成沢は2008年8月金正日が脳卒中で倒れて以降、彼の側近を党と国家機関の要職に配置して影響力を強化してきた。これに対し党幹部の間では反感が広がっていたようである。このような動きが金正恩唯一支配体制確立の障害要因になっていたといえる。張成沢処刑を契機に党・軍・政府機関の幹部の間に「唯一の領導者は金正恩だ」という認識が明確化され、体制安定には役立ったと見るべきである。

本研究の分析・評価

　大部分の住民は、北朝鮮の体制が正しいという教育を受けてきたため、3代世襲について「当然」と受け取っていた。金正恩に対する反感や疑問は体制発足当初は大きくなく、むしろ、若い指導者に対する期待感が小さくなかったことが明らかになった。

　しかし回答の中で多くの脱北者は「時間が過ぎるに従って、住民生活が改善されないために期待感が小さくなっていく」と口にした。

　政権初期の金正恩に対する肯定的な認識は、北朝鮮当局の神格化作業強化、現地視察を通じた一般住民と兵士に対する親密感を演出、長距離ロケット発射と核実験成功、一般住民に対する食糧配給の開始、新たな経済管理改善措置、人民便利施設建設などを通じた金正恩の業績と偉大性を強調する作業が一定の効果を上げたためと考えられるが、この時点では、むしろ全体社会に対する監視と統制の強化が体制安定の最大要因になった。党・軍・政の中間幹部以上は、金正恩体制にたいする不満を持っていたとしても、昇進や特別待遇を受けることの出来る地位を確保するために、強い忠誠心を示さざるを得なかった。

　張成沢処刑に関しては、鐸木昌之が興味ある見解を示している。

　「国家安全保衛部による特別軍事法廷の発表文は、経済発展ができなかっ

た責任を張成沢に帰している。しかし張成沢なき今、経済発展ができる、す
なわち、人民を満足させられるかどうかの責任は反対に金正恩に帰せられ
る。金正恩は人民に何らかの成果をすぐに、少なくとも2014年中には示さね
ばならない」[81]。

　鐸木の指摘のうち「2014年中には示されねばならない」という部分は、金
正恩体制が2017年現在も存続していることから見て現実に合致しないが、早
期の経済改善が不可欠であるという指摘には同意できる。

■ 2014年調査の紹介と回答の分析・評価

図表6−7　調査対象者（年齢は調査当時）

	性別	年齢	脱北時期	韓国入国時期
1	男	25	2014 年 7 月	2014 年 7 月
2	女	39	2014 年 6 月	2014 年 8 月
3	男	50	2011 年 9 月	2011 年 11 月
4	女	45	2013 年 5 月	2013 年 9 月
5	男	54	2013 年 12 月	2014 年 2 月
6	男	24	2013 年 12 月	2014 年 2 月
7	女	50	2014 年 2 月	2014 年 4 月
8	女	24	2014 年 6 月	2014 年 8 月
9	男	49	2014 年 1 月	2014 年 3 月
10	女	42	2014 年 6 月	2014 年 8 月
11	女	54	2014 年 1 月	2014 年 2 月
12	女	45	2014 年 7 月	2014 年 8 月
13	女	27	2013 年 10 月	2013 年 12 月
14	男	57	2014 年 8 月	2014 年 8 月
15	女	22	2014 年 6 月	2014 年 8 月
16	女	65	2013 年 11 月	2014 年 2 月
17	男	26	2013 年 11 月	2014 年 2 月
18	男	44	2006 年 12 月	2007 年 12 月

<金正恩の権力基盤の安定性>

1. 北朝鮮が崩壊する可能性は非常に低いと考える。政権発足4年がたち金正恩の権力基盤は安定化しているためだ。各単位別に定期的に偶像化教育を通じて金正恩を「思想理論の英才、傑出した領導者として賞賛し、金正恩のお言葉と党の路線を絶対的な真理として受け止めねばならない」と強調していた。

2. 金正恩は若いにもかかわらず、張成沢処刑、党・軍・内閣幹部の人事、老幹部の軍事訓練参加、育児園と人民住宅訪問、一般住民や兵士とのスキンシップなど「父なる金正日とは違う大胆な統治をしている」と考える住民は少なくない。

   金正恩が人民住宅や育児園を訪問し、人民と握手し、幼い子供を抱っこし、多くの建設現場と工場、軍部隊を現地視察しながら、年を取った幹部に直接指示するなど大胆な行動を見せているからだ。

3. 金正恩は党と官僚、幹部に対し粛清や階級の降格、復帰、昇進を繰り返している。特に軍幹部の人事処置は自主的で大きな意味はないと思う。なぜなら北朝鮮では軍事称号より職務を優先させるからだ。実際に党中央委員会委員と検閲委員会委員長は大将級がその任務にあたり、道党責任書記は上将級があたるようになっている。従って中央委員会委員長が道党責任書記に移ったら、階級が上将に下がることがある。このような意味から軍幹部の階級調整は、それ自体としての意味よりは、金正恩の権力基盤強化のため職務移動に従った措置であると理解しなければならない。

4. 金正日時代には先軍政治を強調したため、重要な政策決定は金正日を取り巻く軍部が主導したが、金正恩後継作業が進行する中で党中心の統治体制に回帰し始めた。

5. 28年間保安員として勤務した保安員は土台（出身成分[82]）が良い人から選抜されるため、金正恩と党に対する忠誠度が高い。個人的にも3代世襲は非常に当然のことと考えていた。金正恩にも忠誠を尽くさねばならないと考えていた。だが口に出したことはなかったが「年若い金正恩が

統治をうまくできるのだろうか」という疑いも持っていた。

6. 政治問題に関心がある人はほぼいない。食べて生きることに神経をつかう人が大部分だからだ。金正日死亡時にも心から悲しむ人は多くなかった。大部分の住民は「金正日が我々にしてくれたことは何だっただろう。我々とは関係のない人だった」と考えた。

金正恩体制の崩壊可能性はほとんどないと考える。党・軍・内閣をはじめ法機関と軍隊の忠誠心が高く、住民に対する統制と監視が徹底して行われているからだ。従って金正恩の国内的権力基盤は確固としたものだと考える。金正恩政権を崩壊させようとするなら誰かが彼を暗殺するしかないだろう。しかしそれは現実的にほぼ不可能だと考える。

7. （関連発言はなし）

8. 金正恩については国際情勢を知る若い指導者であり、父の金正日とは違い人民生活向上のためスケールの大きい政治をするだろうと期待する住民が多い。住民が期待感を持つ理由は北朝鮮当局の宣伝をそのまま信じる傾向が強いからだと思う。

9. 金正恩が公式席上に登場して以降、彼が外国生活の経験があるため若者らしく、人民生活向上のため果敢に新しい政策を実施するだろうと考える住民が多かった。しかし期待とは異なり、人民生活改善が実現しないまま、住民たちはむしろ個人的な努力によって生計を維持している。これにより金正恩に対するイメージも否定的に変わっている。個人的には金正恩時代にも3代にわたり続いてきた北朝鮮の体制の基本的な枠組みとシステムに変化を与えるのは難しいと考える。従って、金正恩の統治方式は前の世代と同じように監視と統制を基盤とする恐怖政治に依存することになろう。

10. 金正恩は体制発足から2～3年のうちに党・軍部・内閣を完全に掌握したと思う。特に軍部に対しては張成沢系列の粛清、将軍・佐官級幹部の昇進、降格、復帰、また要職の人事を繰り返す過程で金正恩の権力基盤は安定化された。

11. 金正日死亡と前後して、平壌では張成沢が政権をとれば人民生活が大きく良くなるだろうという噂が聞こえた。だから金正恩は政権の初めから

張成沢除去を念頭においていたと考える。張成沢処刑の1年半前から李英浩総参謀長をはじめ、4・25戦車部隊政治委員など、非友好勢力を粛清したことは、張成沢除去のための事前作業だったと考える。張成沢処刑は党・軍・内閣の幹部をはじめ核心階層（党員）に首領唯一指導体制を確認させることであり、それによって金正恩の権力基盤を確固としたものにする契機になったと思う。

12. 金正恩体制発足以降、党中心の支配体制を強化しながら一般住民にも忠実な党生活を要求している。2013年下半期以降、党員証を新たに交付し、公民証交換のための準備作業も始まった。全国的に党員と住民の実態を確認し、彼等に対する支配と統制を強化することによって、金正恩体制を強化する契機にしようとしている。

13. 出世のためには（労働党に）入党しなければならず、その後は党生活に忠実であり、幹部に良い評価を受けねばならない。そのために下級官僚は体制に不満があったとしても口にすることはない。むしろ党生活に忠実で、金正恩体制に忠誠を果たすということができる。高級幹部と下級幹部、貿易機関従事者、新興富裕層など北朝鮮では権力とお金を持った人は金正恩体制の維持を喜ぶことだろうと考える。

14. 金正恩体制発足以降、北朝鮮当局は人民生活向上を強調し、住民に対し金正恩偶像化を大幅に強化している。しかし張成沢処刑を契機に「人民の命（の重さ）はハエほどとも思っていない」というように、恐怖感を感じる住民が多くなった。そのような点から、金正恩の権力基盤が大きく強化されたと言える。しかし、金正恩の権力は社会全体に恐怖感を生み出し、外部世界との接触と情報流通を遮断するなどの監視と統制が基盤になっているという点に限界があると思う。

15. 金正恩が若い指導者らしく果敢に人民のための政治をするだろうと期待する住民が多かった。しかし時間がたつにつれて金正恩に対する否定的な見方が多くなってきた。例を挙げれば、馬息嶺スキー場建設を何回も訪れる金正恩の姿を見て「スキー場建設と人民生活と何の関係があるのか。どうせなら、その金で食糧を支給してくれた方がよかったのではないか」と話す人が多い。金正恩に対する否定的認識拡大は彼の権力基盤

安定にも否定的な影響を与えると思う。

16. 2013年1月、党細胞書記大会に参加した金正恩は党の唯一領導体系を固め、党事業を貫徹するための党細胞の役割を強調した。広幅政治[83]を受けようとするなら、群集が党と血縁でつながるようにしなければならないと注文した。金正日が「99％の欠陥があったとしても、1％の良心がある人民であれば生かされねばならない」と強調した広幅政治を金正恩も強調するだろう。

17. 韓国では北朝鮮体制の崩壊可能性が高いと見ているようだ。しかし北朝鮮体制は外部から見るのとは違い安定していると思う。特に平壌住民の場合、地方住民に比べ、体制に対する忠誠度が高い。例を挙げれば、金正日死亡に対し、除隊軍人をはじめとする平壌住民の50％以上は本当に悲しんだと思う。これが首領の唯一領導体制下の北朝鮮体制を持続させている1つの要因だと考える。

18. （関連発言はなし）

極東問題研究所の分析・評価

調査結果によれば、北朝鮮の政治・経済・社会的状況は1～2年前に比べ、全体的に安定していると分析できる。対外的には国際的孤立が長期化しているが、国内的には金正恩体制が安定化段階に入っており、経済的にも市場が活発化されることで住民生活改善が進んでいる。

オバマ大統領をはじめ、一部北朝鮮専門家が金正恩体制崩壊に言及したが、今回の調査結果からは、それが現実化する可能性は極めて低いと分析される。まず政治的には、体制発足後、金正恩は党中心の支配体制を強化した。

問題は金正恩の権力基盤が不安定になった場合、体制の結束のために核実験、ミサイル発射などの武力挑発をする可能性が存在するという点だ。その意味から、北朝鮮核問題が解決するまで、対北朝鮮政策の基本は制裁と協力が同伴しなければならない。安保の脅威から一時的にであっても自由でいられる国は存在しないからだ。そのためにも韓米日協調体制の強化は中国の協

力を誘引し、対北朝鮮協議力（対話力）を強化させる要因になるということを見失ってはならない。

本研究の分析・評価

　北朝鮮は2016年５月の党大会で「国家経済発展５カ年戦略」（「５カ年戦略」）を発表し、金正恩は「戦略の目標は、2016年から2020年までは人民経済全般を活性化させ、経済部門間のバランスを保障し、国の経済を持続的に発展させるための土台づくり」とし、そのためには「党の新たな併進路線（経済建設と核武力建設の併進）を堅持し、エネルギー問題を解決しながら、人民経済の先行部門（電力、石炭、金属、鉄道運輸部門）、基礎工業部門（主に機械工業）を正常軌道に乗せ、農業と軽工業生産を増やし、人民生活を決定的に向上させるべきだ」と述べている。金正恩体制の存続のカギは、体制が市場経済をどの程度まで許容し、それでいて、金正恩中心の統治体制を維持できるかどうかにある。

　後の章で詳述するが、金正恩は「朝鮮労働党中央委員会2013年３月全員会議でされた報告」で、経済政策について以下のような教示をした。

　「主体思想を具現するウリ式の経済管理方法は、生産手段に関する社会主義的所有を確実なものにしながら、国家の統一的指導の下に、すべての企業体が経営活動を独自的、創発的にしていくことによって、生産者大衆が生産と管理において主人としての責任と役割を果たすようにする社会主義企業管理方法によってなされねばならないのです。

　対外貿易を多角化、多様化して、敵対勢力の制裁と封鎖策動を打ち破り、経済強国建設に有利な局面を開いていかねばならないでしょう。元山地区と七宝山地区をはじめ国のあちこちに管理地区をよく作り、観光を活発に行い、各道それぞれの実情に合わせた経済開発区を置いて特色ある発展をさせねばなりません。

　我々は帝国主義者らの核の脅威が続く限り、経済建設とともに核武力建設を絶対普遍の路線として掲げ、核抑止力をより強固にしていかねばなりません」

写真 6 − 1　朝鮮労働党中央委員会 2013 年 3 月全員会議で報告する金正恩＝ 2013 年 4 月 2 日付の労働新聞

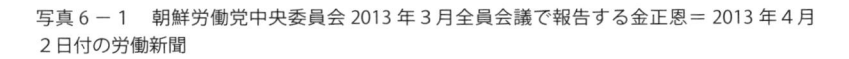

一般には核開発を放棄しない政策の発表と受け取られる内容だが、ここで金正恩は「経済強国実現」を核武装建設より前に述べている。従って、核実験による経済制裁で海外からの資金調達が困難な中で、国防の主力を費用のかかる「通常兵器」から維持費の安い「核兵器」に切り替えることで、経済開発資金を捻出するというのが、金正恩の主張の中心と考えるべきである。

　2013年の金正恩の教示を基にした中朝国境地帯での「経済特区」、国内での「観光特区」建設の効果が出るまでには、まだ時間がかかる。従って、人事や粛清など様々な手を尽くした体制安定策が効果を維持している間に、経済政策の効果を引き出せるかどうかが、金正恩体制の中・長期的安定のカギとなると判断される

■ 2015年調査の紹介と回答の分析・評価

図表6−8　調査対象者（年齢は調査当時）

	性別	年齢	脱北時期	韓国入国時期
1	男	36	2014 年 11 月	2015 年 1 月
2	男	43	2015 年 3 月	2015 年 5 月
3	男	36	2014 年 11 月	2015 年 2 月
4	男	45	2015 年 2 月	2015 年 3 月
5	女	35	2015 年 4 月	2015 年 6 月
6	男	33	2014 年 12 月	2015 年 1 月
7	女	23	2014 年 12 月	2015 年 2 月
8	男	35	2014 年 11 月	2015 年 1 月
9	女	26	2014 年 6 月	2015 年 1 月
10	女	23	2015 年 2 月	2015 年 3 月
11	男	22	2014 年 11 月	2015 年 1 月
12	女	47	2014 年 12 月	2015 年 1 月
13	女	28	2015 年 3 月	2015 年 7 月
14	男	36	2015 年 6 月	2015 年 7 月
15	男	45	2006 年 12 月	2007 年 12 月

〈金正恩体制の安定性〉

1．金正恩政権の崩壊可能性は高くないと考える。国内的権力基盤が安定しているためだ。何より張成沢処刑以降、党・軍・政の幹部の金正恩に対する忠誠度が高まった。金正恩の権力基盤のためにはどんな人物でも処刑されるという認識が拡大したことが重要な要因だと考える。これに反して一般住民は生計維持のため、金を稼ぐことにだけ関心が高く、政治に対する関心はほとんどない。食べることの問題をなくしてくれれば良いと考えている程度だ。

2．金正恩の国内的権力基盤は安定している。張成沢をはじめ高位幹部を除去し、党・軍・内閣の高位人事を繰り返す過程で体制維持の核心になる幹部の忠誠度が高まった。一般住民は生計維持に優先的に関心を持ち、政治問題について関心はない。しかし高位幹部と一般住民は皆、心から忠誠を誓う人はいないという限界があると思う。

3．2〜3年前から金正恩と道党責任書記の間の会議は画像（テレビ映像）会議でも行われている。会議の途中で各種の方針と指示が出される。午前に会議が終われば、午後には道党責任書記が軍党責任書記と画像会議を通じて、金正恩と中央党の指示を地方に伝達する。金正恩の指示がわずか数時間の間に全国的に履行できるシステムが出来ている。これは金正恩の統治体制の安定性を示す1つの事例だと考える。

4．体制発足以降、金正恩は数多くの高位幹部を処刑し、自分の側近を全面配置した。金正恩の「恐怖政治」が継続したことで彼の権力基盤は早く安定したと思う。特に張成沢処刑を契機に、どのような高位幹部であっても、反党、反革命分子は誰でも処刑されるという認識が拡散し、幹部の忠誠度が高まった。しかし心から忠誠を誓うものはほとんどいないだろう。従って現在は金正恩体制が安定していると言っても、長期的には不安定になるしかないだろう。恐怖政治が恐ろしくて忠誠を示すという状況が続けば、金正恩体制の維持は限界があると言うしかない。

5．金正恩が公式席上に登場したとき、金正日とは違い、素晴らしい統治をして人民生活も変わっていくだろうと期待する住民が多かった。しかし

時間がたっても人民生活は向上しなかった。むしろ探索と統制が強化され金正恩に対する否定的な認識が拡大した。

6．金正恩の権力基盤は短期間に安定したと思う。北朝鮮体制の核心勢力である中間級以上の幹部と軍隊を中心に金正恩に対する忠誠度が高いからだ。また党を中心とする首領唯一支配体制について、問題意識を持つ住民はほとんどいない。しかし下級幹部や教員の忠誠度は高くない。これらの人々の党生活がだんだん怠惰になっている。時間が過ぎるにつれて金正恩体制は不安定になることだろう。

7．体制発足以降、金正恩は党・軍・内閣の高位幹部を相次いで粛清し、忠誠度が高い人物を国家の要職に任命して権力基盤を安定化したと思う。特に張成沢処刑以降、幹部たちの間で忠誠度が低い人物はいつでも処刑されるという認識が拡散した。「恐怖政治」を通じて幹部の忠誠を強要し体制を維持している。しかし本当に忠誠心を持っている幹部はほとんどいないと思う。そんな点から金正恩体制は長くは続かないだろう。

8．金正恩体制が崩壊する可能性は非常に少ないだろう。党・軍・内閣の幹部と軍人の忠誠度が高い中、すべての住民を地域と組織単位に縛って、徹底した監視と統制をしているからだ。特に平壌の場合、地方に比べ党員が多く、住民の生活水準も相対的に安定している。ひと言で言えば平壌には金正恩体制に順応する人が多いということだ。

9．体制発足以降、金正恩は多くの高位幹部を処刑・粛清するなど「恐怖政治」を展開している。それにより高位幹部の間には忠誠の雰囲気が高まっている。実際に高位幹部たちは各種の公式行事を通じて自分の忠誠度の高さを示している。例えば、党中央報告大会で崔竜海は金正恩の唯一領導体制を強化し、金正恩体制を命をかけて「決死擁護」しなければならないと強調した。幹部とトンジュ（金主）[84] の中には忠誠の資金、党資金、各種建設資金を上納する人もいる。しかし恐怖政治が継続すれば、幹部の忠誠度が低下し、金正恩体制に否定的な影響を与えるしかないと思う。

10．金正恩体制は安定していると思う。労働党幹部を中心に国家機関、軍部、外貨を稼ぐ機関などは高級アパートに住み、百貨店と高級食堂をは

じめプール、乗馬クラブ、ゴルフ場、馬息嶺スキー場を利用するなど経済的余裕を持っている。経済だけでなく、政治・社会的な特恵を受け、安定的な生活を維持しているため、北朝鮮体制に順応して生きている。したがって金正恩体制が崩壊する可能性は非常に低いと思う。

11. 2011年の金正日死亡時には政変が起きて新たな世界になればいいなと思った。金正恩体制発足以降、市場が活性化し過去に比べ生活水準が高くなったが、経済的余裕を持って暮らす住民は多くない。生活が困難な人たちは戦争でも起きて世界が変わればいいと話すこともある。しかし金正恩が生きている限り北朝鮮の体制の変化は不可能だろう。体制発足から5年が過ぎ、金正恩の権力基盤が安定しているためだ。

12. （この問題に関する言及なし）

13. 金正恩体制発足以降、平壌と地方で大規模建設事業が推進されている。しかしすべての建設事業は国家支援なしに、幹部たちが自主的に進めなければならない。自力建設で事業を推進する過程で住民たちに建設資材調達と労力動員を強要するため、不満が非常に高い。国家的事業を推進する財政的余力がない状態で大規模建設事業を推進すること自体が無理だと思う。実際に下級幹部と一般住民の間には金正恩に対する不満が高まっている。このような状況が改善されなければ、金正恩の権力基盤も弱体化するしかない。

14. 体制発足以降、金正恩はたびたび人民生活向上を強調し、一般住民や下級軍人とスキンシップをして見せるなど、「愛民指導者」という認識を植え付けようと努力している。2013年、金正恩は脱北者が再入北すれば罪を問わないで受け入れるよう指示した。経済的に困難な社会状況について不満を表明した朝鮮人民軍出版社編集局長に対しては、生活が苦しくて無意識に出た発言なので問題視しないよう指示を下した。また軍部隊を視察して兵士に対し、後方事業を良くしなければならず、兵士を飢えさせる指揮官はその職責を離れねばならないと強調した。これと同様の「幅広政治」によって一部住民は今も金正恩に対する期待感を持っていると思う。

15. （この問題に関する言及なし）

極東問題研究所の分析・評価

　国内的権力基盤は全体的に安定している。

理由１：党中心の統治システムを強化し、組織整備と権力エリートの世代交代を断行して権力核心層の世代交代を図った。これにより党機能の正常化が実現した。

理由２：党・軍・内閣の高位幹部の大幅な交代を通じて、自身の側近を権力機構内に全面的に配置した。最高指導者に就任後、核心幹部といわれる218人のうち60％以上を交代させた。特に軍部は40％を超える大幅な交代が実行された。軍部の力を弱め、統制を強めるための措置だったとみられる。このことで力を弱め統制を強化した。

理由３：社会全体に対し恐怖政治を強化している。金正恩体制成立後、張成沢をはじめとする高位幹部100人以上を処刑・粛正し、一般住民も数百人を公開処刑した。恐怖政治を通して体制に対する不満を遮断し、金正恩に対する〝盲従〟と〝忠誠〟を強要している。脱北者の証言によれば、金正恩に対する不満を口にした者は誰でも処刑されるという雰囲気が拡散している。

理由４：党・軍・内閣を始めとする外貨稼ぎ機関の幹部らの忠誠度が比較的高い。金正恩体制下で経済だけでなく、政治・社会的にも恵沢を受けていれば、安定した生活が維持できる。大部分の幹部らは「忠誠資金」を上納するなど体制に順応して生きている。

理由５：一般住民は再び政治に関する関心がほとんどない。金正恩に対する否定的認識が拡散しているが、首領唯一支配体制に対する問題意識を持つ住民もほとんどない。大部分の住民は生計維持のための金稼ぎに優先的な関心を持っている。

本研究の分析・評価

　短期的（恐らく数年内）の体制崩壊の可能性が低いという見解には同意す

る。張成沢処刑に関して、多くの幹部が北朝鮮を脱出したり、各地で張成沢派の反発が起きるような事態はなかった。従って、北朝鮮内における張成沢の影響力が外部から見るより小さかったことの証拠と判断できよう。

　ただ、本研究は「体制安定」に関する項目だけを分析対象にしてきたが、質問項目に「市場活性化の影響」に関する項目がある。その中に以下のような言及が複数の脱北者からあった点が注目される。

1．市場が活性化され、市場に依存して生計を維持する人が大きく増加した。●●市場には2012年以降、最近まで売り場の数が大きく増えた。●●市内に居住する住民の60〜70％は商売で生計を立てている。残りの20〜30％は国家機関の従事者で、権力を使って生計を維持しているとも言える。月給だけでは生計が不可能なためだ。市場活性化により流通する商品の種類と市場の流動人口も持続的に増加しているが、最近になり増加の勢いが鈍っている。商品の供給量に比べ需要が不足しているためだ。北朝鮮の内外情勢が安定すれば中国製品の輸入と流通が増加し、市場や商店も活性化する。しかし、情勢が不安定になったり、党や保衛部の検閲が出てくれば市場も急速に萎縮するだろう。そのため便利に商売をするためには開放政策を取らねばならないと考える住民は多い。

　　注：●●は都市名で、非公開の調査報告には実際の地名が入っているが、脱北者の人的情報（ここでは出身地）が判明する可能性があるため、明示しなかった。

6．長い間、市場に対する統制（規制）はほぼ行われず、商品の輸入、流通、販売が貿易業者、流通業者、卸売商、小売商を経て体系的に行われている。少なくとも売り場での商売は徹底した資本主義システムで動いている。最近、商人の収入が少なくなり、開放（政策）をしなければならないと考える住民が増えているようだ。羅先・先鋒地域は過去一般住民の出入りを徹底して統制してきた。だが、最近では、出入り口で賄賂を渡せば、誰でも自由に出入りが可能だ。羅先地域を行き来する貨物車の運転手に1万ウォンを渡し中国商品を卸売価格で買ってきた人もいた。

7．市場が活性化し北朝鮮の市場は完全に資本主義化された。人気のある商品は供給が増えているが、そうではない商品は供給が減っている。例を

挙げれば販売禁止品目である韓国産品の場合、（当局の）探索と処罰対象であるにもかかわらず買ってくる人が多い。市場が活性化されトンジュ（金主）の中には国家機関に投資して小規模工場を運営する場合もある。知り合いの中に工場を設立して労働者を雇用し、衣料を生産している人もいる。

9．韓国産品が中国産品より優秀だということは全住民が知っている。もちろん販売禁止品目に指定されているが、韓国産品を使おうとする住民は多い。市場は既に資本主義化されている。住民の意識と生活もそれに慣れている。北朝鮮当局が市場について探索と統制を強化することは現実的に不可能だろう。

15．2015年までをみても、市場活性化と共に全国的にお金の流れが良くなり、北朝鮮経済が良くなっている。食糧事情も大体、良好な状態を維持していた。平壌では中国で生産されたベンツ、アウディなどの高級外車が大きく増えた。信号にかかる車両が100メートルほど待っている光景を見ることができる。しかし国際社会と中国の対北制裁のニュースが知らされ、市場の物価と外貨交換率が上がるなど、混乱が発生する可能性も見えている。平壌の消息通によれば、核実験以降、国際社会の制裁と共に、中国まで圧迫を長期化すれば「第2の苦難の行軍」の事態が来るのではないかという住民の不安感が拡散している。

　1の回答者は「開放政策を取らねばならない」との要求であり、6の回答者は「羅先・先鋒地域は過去一般住民の出入りを徹底して統制してきた。だが、最近では、出入り口で賄賂を渡せば、誰でも自由に出入りが可能」と述べ住民と市場経済の関与を黙認する状況になっていることを示している。さらに7番では、当局がトンジュ（金主）という「資本家」に近い経済活動をしている人たちの存在も認めている実態を証言している。

　北朝鮮の経済政策は本研究の主要テーマではないが、住民が「政治」より「生計維持」に強い関心を示す状況下では、金正恩の経済政策の動向は体制安定の大きな変数となる。

　核実験（2016年1月6日）に対する「国連安保理決議2270号」による制裁実施で、北朝鮮の経済政策が変化するのかどうかは不透明だが、経済開放によって、金主や既得権層だけでなく、不満の噴出が心配される地方人民の経済状況改善も図ろうとの狙いが感じられる。前記の脱北者回答にある「国際社会の制裁と共に、中国まで圧迫を長期化すれば『第2の苦難の行軍』の事態が来るのではないか」という住民の不安感に対して金正恩体制は「人民生活の改善」をたびたび訴え、前述の「核・経済」併進路線を主張してきた。

　併進路線の主要目的は、これまで述べてきたように、核による安価な安全保障の確立と、それによって生じる経済的余裕を経済開発に回すことにあると考えられる。市場経済への転換の第1目的が体制維持にあったとしても、市場経済への依存度が高まれば中国偏重の対外経済協力だけでは、北朝鮮住民が望む生活と経済再建は実現できない。日本や韓国の協力は不可欠である。ここに日本を含む周辺諸国が「制裁」一辺倒から「対話政策」混用へと対北政策を変化させれば、経済協力・交流によって「核・ミサイル」問題解決だけでなく、北朝鮮体制の改革開放への誘導の手がかりがあると考える。その具体的方法は最終章（まとめ）で詳述する。

3．脱北者アンケートから判明した金正恩体制の特徴

　2012〜15年の脱北者インタビューから、以下の点が明らかにできると考える。

①唯一領導体制強化

　金正日死亡直後の2012年の調査に表れたのは、金正恩体制への高い期待度だった。主に一般住民レベルで、金正日時代の「苦難の行軍」と呼ばれた耐乏生活を終わらせ、少なくとも食べることには困らない状況を達成することに強い希望が寄せられた。外部世界では、北朝鮮の統制社会に対する住民の不満は極めて大きいと予想しているが、実は生まれた時から唯一領導体制の下で暮らし続けてきた北朝鮮住民には、新たな体制より、少なくとも食糧不足はなかった金日成時代への回帰願望が強い。そうした住民感情をうまくつ

かみ、金日成によく似た風貌を生かして公の席に登場し、指導を開始した金正恩の統治戦略は極めて順調に進んだと判断できる。外部情報に接する機会が多く、不満が高まりやすい都市住民層には、比較的、十分な配給をすることで、不満の噴出を避けた点からは、金正恩体制が金日成時代に確立した国家体制と指導方式をうまく再現する様子が見て取れる。

②労働党や政府機関幹部・人民軍政治幹部の権威上昇〈党・政府機関重視〉

2013年調査では張成沢処刑により、党・軍・政府のどのような高位幹部でも処刑され得ることを示したため、金正恩に対する忠誠度が向上し、体制安定に役立ったことを多くの脱北者が口にしていた。

金正恩は、前述の巨大な権力と権威により、党・軍・政府の要職に自分の側近を配置した。特に金正日時代には「先軍政治」を取ることによって国家運営全体に軍人の影響力が強まっていた。だが、金正恩時代になって、軍の要職が党機関出身の金正恩側近によって奪われていくことを軍人たちは阻むことが出来なかった。それだけ金正恩の求心力が強かったことになる。従って「軍中心」から「党中心」へという金正恩の統治方針を混乱なく推し進めたのは、①の唯一領導体制があったからと考えられる。

③核・ミサイル開発〈軍幹部の権力抑制、専門性重視〉

2014年調査の中で核・ミサイル開発に対する国際社会の厳しい制裁にもかかわらず、体制安定に影響が出ていない点に注目する。①の唯一領導体制強化と②の党・政府の権威上昇で軍幹部の権力抑制を可能にし、核兵器体系による安全保障確立への自信を深めた。

これによって、金正恩体制は国内体制及び国際社会の圧力の両面に対する対抗策を得たことになる。さらに体制崩壊の危険性と国際社会からの圧力によって金日成、金正日時代にも達成できなかった、経済の開放政策にまで足を踏み入れることができたと考えられる。

④改革・開放的な経済政策推進による経済成長〈実用主義〉

2015年調査で明らかになるのは、経済状況改善に関する住民の不信感である。市場経済の許容（黙認）により、一時的に住民の生活水準は上昇する。食の不安が解消されたことを喜ぶが、やがて市場経済に慣れた住民の中から「思うように稼げない」という不満が噴出する。住民の感情が、金正日時代

の「餓死」への恐怖から、金正恩時代は「商売不振」への不満に転換した。従って、北朝鮮国内状況は大きく安定したということが出来よう。

　金正日時代末期のような最悪の状況の中で、本格的な経済改革に手を着ければ、経済状況改善に対する住民の期待感が爆発的に広がり、少しでも経済発展の速度が鈍れば、指導部への不満ばかりか、唯一領導、党中心の北朝鮮の体制そのものに対する反発が膨張しかねない。そのような危険な経済開放政策ではなく、まずは、金正恩体制安定のための人事や新制度を作り上げる一方、指導者や政府が直接手を下さない「黙認」の形で住民に市場経済を体験させる方法がとられた。金正恩は、住民に市場経済の制度や仕組み、経済発展の限界点を分からせた上で、指導者主導の本格的な経済開放政策を導入しようとしていると判断される。

４．まとめ　　金正恩体制安定への課題

　金正恩体制の安定性をめぐる脱北者インタビューを基に北朝鮮情勢を分析する作業の中で、本研究は金正恩体制の目指す経済開放の行く末を、中国の経済改革・開放の歴史と重ね合わせてみた。金正恩の経済開放の意志の固さが検証できると考えたからである。

　中国では1978年12月、中国共産党第11期中央委員会第３回総会（三中全会）で鄧小平が「党と国家の重点工作を近代化建設に移行する」と宣言した。1981年には鄧小平が実権を握り、「人民公社の解体」「社会主義市場経済の導入」という改革開放路線に踏み切った。

　1982年９月、党第12回全国大会において、胡耀邦が「政治報告」で、今世紀末までに1980年の工業・農業生産総額の４倍増実現などの目標を掲げた。そして鄧小平は「経済現代化」実現のためには、「４つの基本原則」の堅持が必要と述べた。それは、

　　１．社会主義の道
　　２．プロレタリア独裁
　　３．共産党の指導
　　４．マルクス・レーニン主義、毛沢東思想

の４つだった。

　共産党一党支配に対する批判は許さないことを柱とする「４つの基本原則」によって、民主化運動家らを厳しく取り締まった。

　一方、中国共産党内では改革開放路線を危険と見る保守派の勢力が強く、鄧小平は改革派とのバランスをとり、政局安定に努めた。結局、胡耀邦を改革路線の行き過ぎを理由に解任したことをきっかけに、市民は一層の民主化を求め緊張感が高まった。1989年、胡耀邦死去の追悼集会への弾圧を「引き金」に「天安門事件」が起きた。

　金正恩は、金日成が確立した首領による唯一独裁体制を堅守する一方、改革・開放路線を志向する党組織出身のエリート官僚に経済政策運営を任せている。金正恩が鄧小平スタイルの指導方針をまねて経済開放を実施しようとしているならば、経済開放の成果が上がれば「首領」の体制強化に利用し、失敗すれば側近といえども追放や粛清の対象にするという態度で今後の国家指導にあたると考えられる。こうした方法で経済政策が北朝鮮経済全体の向上と住民生活の一定の安定をもたらすことになれば、金正恩は建国者・金日成に匹敵（または凌ぐ）強固な権力を掌握することになると判断される。

　一方、北朝鮮の核・ミサイル問題に関する国際社会の視線は厳しさを増している。金正恩体制の不安定要素として、第１に考えねばならないのは、北朝鮮の核・ミサイル開発を批判しつつも、国連制裁時には「民生への影響」を理由に、支援・交流を続ける中国が、同様の姿勢を続けることができるのかどうかという点であろう。

　第２は現在、北朝鮮が進める中国との経済交流だけでは、中国の経済事情、技術力、対外政策（特に米国との関係）の動向によっては、北朝鮮指導部が望む自立経済の確立が出来るかどうか不透明な点だ。韓国や日本との交流が本格化し、経済交流が多角化・多様化されない限り、北朝鮮はいつまでも、この「中国リスク」を抱え続けることになる。

　第３は国内における、暴力による「恐怖支配」の有効性がいつまで続くかという問題である。軍指導部を党出身の側近に代えて軍幹部による「クーデター」や「権力の一部収奪」は相当程度、防ぐことは可能だ。しかし、前線の下級兵士たちに配慮を示し、「首領の領導」によって彼等の軍生活の快適

度が向上しても、彼等はやがて軍を除隊し、一般住民としての生活に戻ることになる。その時、彼等が目にする住民生活が悲惨な状態なままだとすれば、金正恩体制への忠誠心は一気に失われることになるだろう。

　金正恩体制は現在、きわめて強力な指導力を持ち、経済開放、核・ミサイル開発の両面で積極的な政策を展開している。しかし、ここで述べた不安定要素からみて、積極政策が目に見える形で住民に還元され、中長期にわたり金正恩体制の安定性が担保されるかどうかはまだ不透明であると考えられる。それを確実にするため、金正恩体制に残された時間は多くない。そのことはこの章で紹介した脱北者の証言からも十分、明らかになったと判断できる。

第7章

東アジア安全保障への影響と
危機管理

１．北朝鮮はなぜ「核・ミサイル開発」を続けるのか

　「軍中心」から「党・政府機関中心」へと統治スタイルが変わった一方、「金正恩は金正日より好戦的傾向が強い」というのが金正恩体制に対する一般的な見方であり、本研究でも金正恩体制発足以降の核・ミサイル開発の速度と完成度の高まりをみてきた。

①国際社会の反対にもかかわらず、2012年4月と12月、長距離ミサイル発射実験と2013年2月の第3回核実験強行

②2016年1月国際社会の強い懸念と反対の中、第4回核実験を強行し、2月には長距離ミサイル発射実験

　2016年1月の核実験を「水素爆弾を使った実験」と発表した。鄭成長の報告によればこの実験によって発生した地震の規模はM4・8〜5・2規模であり、「増幅核分裂弾（または増幅核兵器）」と呼ばれるべき内容であった。爆発規模が20キロトンを超えないようにわざと威力が低くなるよう設計されていたともみられている。

③2016年9月、5回目の核実験。韓国政府は「過去最高の10キロトン規模」と分析

　こうした動きから見て、北朝鮮は2006年、2009年、2013年に各1回、2016年には2回と3〜4年間隔で核実験をしており、核開発・実用化（実戦配

備）の速度を上げていると判断される。

　ここで重要なのは、国際社会の強い非難と国連制裁にもかかわらず、金正恩が核・ミサイル開発を続ける理由は、軍事力増強に加え、核兵器の「経済性・効率性」にもあるという視点である。つまり、核・ミサイル開発においても、金正恩体制が志向するのは「経済再建」による「体制維持」にあると考えるのが適当であると判断される。

　韓国の金大中政権（1998～2002年）による「対話と交流」を軸にした、対北朝鮮「関与政策」に対する批判が強まった2006年の韓国紙の報道[85]では、北朝鮮の核開発費用について次のような推計が報じられた。

　「北朝鮮が1979年、核開発を本格的に推進してから1発の核弾頭を実験するまで2億9000万～7億6400万ドルの費用がかかっていると国防部は推定している」

　「統一部国政監査資料によると金大中政府発足以後、韓国政府と民間が北朝鮮に支援したコメ、肥料と生活用品などを合わせると11億7604万ドル相当にあたる。政府は『対北支援が核兵器開発に転用されたという証拠はない』という理由で経済協力などを通じてドル提供と支援を続けた」

　「核開発を推進してから1発の核弾頭を核実験するまでにかかった費用は2億9000万～7億6400万ドルだ。ここに追加で生産したプルトニウムまで含めればこれによって北朝鮮のすべての核開発経費は5億600万～14億2100万ドルだと推定される。また北朝鮮が投資した核開発経費のうち対北包容政策が推進された98年以後にかかった費用は4億2900万～11億9100万ドルと推算することができる」

　韓国のメディア報道の推計は数億～十数億ドルという範囲で一致している。

　ちなみに、韓国はどの程度の国防予算を使っているのか。

　2015年12月28日の韓国紙・中央日報電子版が、ニューヨークタイムズの報道を引用して報じたところによると、韓国は2014年、78億ドルの武器購入契約を締結し、世界最大の武器輸入国となった。報道の根拠は米議会図書館傘下の議会調査局発表の「年次武器取引報告書」で、同報告書によると、韓国が購入した武器のうち約70億ドルは米国から輸入したもので、米国産偵察用

無人航空機、輸送ヘリと関連技術支援契約が多くを占める。2位はイラクで73億ドル、3位はブラジルで65億ドルの武器を購入している。

　韓国内で、北朝鮮との軍事力バランスを安く維持するために、韓国独自の核武装が必要という論議が提起される背景にも、こうした財政問題があると考えられる。

　北朝鮮の核・ミサイル開発の加速化に対し、韓国は2015年、対北朝鮮政策を「崩壊期待」から「関与政策」へと舵を切ろうとした。韓国の朴槿恵大統領は2015年1月12日、青瓦台（大統領府）で新年の記者会見を行い、朝鮮戦争で南北に分かれたまま高齢化している「離散家族」問題の共同解決、北朝鮮住民の生活レベル向上を通じて「統一の門」を開くことを望んだ。また、朝鮮半島の民間交流に対する援助を強化し、南北関係の発展、平和統一の促進に向けた基礎作りを進めるとも語った。だが北朝鮮は、朴槿恵政権の提案に「吸収統一の策謀」と反発し、2016年の核実験・ミサイル発射強行に走った。朴槿恵政権の対北朝鮮政策は、この時点で岐路を迎えたと言えるだろう。

2．THAAD配備と米中関係

　北朝鮮の核・ミサイル問題をめぐり、東アジア全体に、より複雑な影響を与えているのが、終末高高度地域防衛（サード、THAAD＝Terminal High Altitude Area Defense）をめぐる米中の確執だ。元は戦略高高度防空（Theater High-Altitude Area Defense）システムと呼ばれ、クリントン米政権が、戦術ミサイル防衛（TMD）システムの1つとして開発に着手した。

　移動式の陸上配備型迎撃ミサイルで100キロ以上の高高度で弾道ミサイルかその弾頭を迎撃できる能力を持つことが同システム開発の目標だった。

　ブッシュ政権のミサイル防衛計画によって、目標近くで、落下してくるミサイル、またはその弾頭の迎撃を行う「終末段階防衛用」となった。

　迎撃ミサイルのほか、移動式の地上設置型レーダーを装備し、1000キロ先のミサイルや弾頭の探知ができるとされている。

　米韓両国は2016年7月、北朝鮮の核実験とミサイル発射に対応するため、

　韓国国内へのサードミサイル配備を決定した。日本メディアは以下のように報道した。[86]

　米韓両国は（2016年7月）8日、最新鋭の地上配備型ミサイル防衛（MD）システム「終末高高度防衛（THAAD（サード））ミサイル」の配備を決定した。2017年末までの運用開始を目指す。自国がレーダーの探知範囲に入るなどとして反対していた中国とロシアは発表を受けて強く反発。中国外務省は米韓の駐中国大使を呼んで厳重に申し入れをした。米韓両国と中露の関係は当面冷却化すると考えられた。　米韓が配備決定を急いだのは、北朝鮮の安全保障上の脅威が増したためである。北朝鮮が6月に発射実験した中距離弾道ミサイル「ムスダン」とみられるミサイルは、高度1000キロ超の大気圏外に達した後、発射地点の北東約400キロの日本海に落下した。韓国外務省幹部は「ムスダンの衝撃が大きかった」と明かす。

　高高度からの攻撃は、ミサイルの落下速度が増し、迎撃が難しい。韓国では、現有の迎撃システムでは対応困難だとの議論が起きていた。THAADミサイルは、高度約150キロで迎撃が可能なうえ、韓国全域の3分の2近くをカバーできるという。配備先は中部の京畿道平沢などが有力視されている（大澤注：実際は韓国中部の慶尚北道星州郡に配備された）。

　韓国青瓦台（大統領府）は8日、「北朝鮮の核・ミサイルの脅威から国民の生命を守るため、自衛的な防衛措置としてTHAAD配置を決定した」と表明。韓国国防省の柳済昇・国防政策室長は、THAAD配備が「中国の戦略的抑止力を損なうことはない」と説明した。中露には7日に配備決定を通告しており、引き続き理解を求めていく。韓国の朴槿恵政権は、北朝鮮に大きな影響力を持つ中国との良好な関係を構築してきた。だが、2月にTHAAD配備の是非の検討に入ったことで関係が悪化。その後、改善基調にあったが、今回の決定で再び冷え込むことになりそうだ。

　北朝鮮の核・ミサイル問題をめぐり、国連制裁決議をめぐって米中が対立したことはあるが、東アジアの安全保障情勢をめぐり、米中がそれぞれの国益・防衛政策を持ち出して正面から対立するTHAAD問題のようなケースは、北朝鮮の核問題が国際社会で表面化した1993年以降初めてだった。

　その背景にあるのは、南シナ海の領有権問題である。

中国と東南アジア各国による南シナ海の領有権をめぐり中国の主張を退けた国際仲裁裁判所の判決に関して、中米関係の対立が高潮していた。従って、中国は南シナ海判決とTHAAD配置を米国による「対中国包囲戦略」の一環と判断したとみられる。

　米国はTHAAD配置について、米韓同盟強化と北朝鮮の核・ミサイルの脅威に対する防護のための措置だと主張した。さらに米国は、THAAD配置は対北朝鮮抑止だけでなく、米国のミサイル防護体制（MD）の効果を高めるものと主張した。さらに日米韓３カ国の安保協力を積極的に推進する姿勢を見せ、中国は戦略的均衡を保つことを目的にロシア、北朝鮮との関係強化を通じて、米国主導のミサイル防衛体制を無力化することを狙っているとみられた。

　このようにTHAAD配置問題は、６カ国協議に参加する各国の関係を「日米韓」対「中露北」に分ける結果を招いた。核・ミサイル問題がすでに北朝鮮と他国の１対１の関係ではなく、アジアの国際情勢全体に影響を及ぼす大きな変動要因となっていることを改めて明らかにした。

　こうした関係国分断の図式を完成させることが金正恩体制の短期的な目的であることを十分に理解したうえで、日本政府は適切な対北朝鮮政策を段階的に取っていく必要がある。

３．まとめ　金正恩体制＋核・ミサイル開発がもたらす脅威

　金正恩の「金日成回帰」のための体制作りは一定の進展を見せ、体制の安定性は相当程度保たれていることが、これまでの検証で明らかになった。さらに北朝鮮の核・ミサイル開発の意志の固さと、実験の繰り返しによる技術的高度化の意図も明らかにした。

　北朝鮮の核・ミサイル政策は、2006年、2009年、2013年、2016年（２回）に核実験を断行し、2017年７月には大陸間弾道ミサイル（ICBM）発射にも成功。核・ミサイル政策はさらに加速する可能性が高い。「多数の米国の核専門家が予想するように、４年後の2020年に北朝鮮は最低20個、多ければ100個程度の核兵器を保有することになると予想される」[87]という切迫し

た状況にあり、次の模式図のように、東アジア全体の安全保障を脅かす事態
になっているといわざるを得ない。

図表7-1　東アジアの安全保障を脅かす構造

金正恩体制「安定化」「権力強化」 ＋ 核・ミサイル技術高度化・実戦配備可能性 ⇩ 東アジア危機管理体制への脅威拡大

　我々が、金正恩体制と当面、共存することを余儀なくされるとすれば、
核・ミサイル問題のこれ以上の深刻化を防ぐ対策が早急に具体化されねばな
らない。現在のような「対立」「対話」が繰り返されるだけでは、恒久的平
和と安定のための具体的道筋を考える余裕さえなくなり、中・長期的には食
糧・経済危機の再現による北朝鮮住民の反乱、食糧や装備などの不足に不満
を持つ北朝鮮軍部の抵抗発生の可能性さえ出てくる。

　そうした混乱は南北当事者だけでなく、我々日本も含めた周辺関連国の国
家的利益にも反することは明白である。そうした地域安全保障のリスクや危
機の発生を抑えるためには、どうしたらよいのか。

　結論から言えば、東北アジア関連諸国が、朝鮮半島統一によって起きる可
能性のある混乱が引き起こす「リスク・危機」を事前に検討し、具体的な対
策を設置しておく必要があると結論付けられる。つまり「制裁」や「無関
与」一辺倒の政策から、北朝鮮・金正恩体制に関する正確な判断に基づく、
リスク・危機管理の考え方を基盤にした「関与政策」への転換の必要性が高
まっていると判断される。

　それでは、どのような「関与政策」の展開をすれば、北朝鮮情勢をめぐる
リスク・危機管理が可能なのか。そのために日本はどのような課題を克服
し、どのような役割を果たすべきなのか。それを次の章で考察する。

第8章

全体まとめ
日本の役割と危機管理のあり方

　日本が金正恩体制の「日米韓」「中露北」分断策に対応するためには、朝鮮半島の現状と展望について、各国の戦略を十分に把握していなければならない。

　米国は朝鮮半島統一を、主に安保的観点から見ている。朝鮮半島統一と関連する米国の懸念の核心は統一政府が米国との同盟関係を維持するかどうかという点にある。

　米国の懸念は2013年の朴槿恵政権発足以後の中韓関係の速い速度での緊密化でさらに深まった。米国は統一国家が伝統的な米韓同盟を放棄し、親中または中立的な体制に動く可能性を憂慮しているといえよう。また朝鮮半島の統一によって、北朝鮮の侵攻抑制を目的に駐屯してきた駐韓米軍の地位・役割の変動や撤退の起爆剤になり得るという点でも憂慮していると考えられる。このような憂慮がある米国は、朝鮮半島統一より分断という「現状維持」を望んでいると判断できる。

　中国の利害関係は複雑だ。朝鮮半島統一が中国の根源的な利益である東北アジア情勢安定に有利であり、経済的にも相当の利益を生み出すだろうとみている。中国の政治、経済、軍事の拠点が集中している東部地域に近接する朝鮮半島が平和的統一によって安定すれば、中国は大きな利益を得られると考えていることは明らかである。また朝鮮半島統一は、中国で重化学工業の発展を最初に達成したが、それ以上の発展ができなかった、遼寧省、吉林

省、黒龍江省の東北3省が経済的に跳躍する起爆剤になると考えている可能性も高い。

　だが、中国にとって、より核心的利益分野である政治・安全保障面では、朝鮮半島統一への憂慮も抱いている。朝鮮半島統一が漸進的、平和的に実現したとしても、その過程では韓国が主導的な役割を果たし、統一国家は米国の同盟国家になる可能性が高いと見ている。そうなれば、中国は、米国の同盟国家と鴨緑江を国境として対面し、場合によっては米軍の直接の脅威と向き合う可能性がある。従って、中国は、朝鮮半島統一は支持できるが、米国の影響力が拡大する形での統一は望まないと判断できる。

　一方、日本の利害は比較的明白である。朝鮮半島が統一されれば北朝鮮の核兵器の脅威が終息するという点が最重要の国家利益だからである。一方で、日本は、統一国家が中国と協調して強力な反日民族国家の性向を持つのではないかとの憂慮も持っている。これを防ぐには米国との同盟強化、日本を含む3カ国の協力強化を志向する統一国家ができる必要があると考えている。

　以上のような基本認識を踏まえて、北朝鮮情勢に対して日本が果たすべき役割を検討する。

1．提言　対北朝鮮「関与政策」への転換

　本研究の筆者は、日本政府が取るべき対北朝鮮政策について「週刊エコノミスト　2016年5月3・10日合併号」（毎日新聞出版）で、次のような提言をしている。この提言の根拠となった考察と共に述べていく。

〈提言概要〉

　北朝鮮の本音は「対話」による以下の目標の達成

　・米朝平和協定

　・国連経済制裁解除

　・核・ミサイル保有のまま核拡散防止協定脱退（核保有公式化）

　日本は早期に独自の対北対話ルート拡大・強化し、韓国と協力して核凍結の説得と北朝鮮体制変革を誘導すべき

写真 8 - 1　週刊エコノミスト（毎日新聞出版、2016 年 5 月 3・10 日合併号）

提言内容

　北朝鮮は、第 7 回朝鮮労働党大会を 5 月初めに開催する。本来、5 年に 1 回の開催が規定されている党大会だが、1980 年の第 6 回大会以来開かれて来なかった。発表通り開催されれば、実に 36 年ぶりの開催となる。具体的な議題などは明らかにされていないが、北朝鮮は久々の党大会を開くことで、金正恩体制の確立を内外にアピールし、権力基盤を固める狙いがあるとみられる。党大会を契機とした朝鮮半島情勢の今後を考えてみたい。

　朝鮮労働党規約によれば、党大会の主要な開催目的は二つだ。一つ目は党中央の人事、二つ目は党の路線と政策の決定だ。人事の最大案件として元来、「朝鮮労働党総書記推戴」があったが、2012 年の朝鮮労働党第 4 回代表者会で党規約が改訂され、金正日総書記が「永遠の総書記」に祭り上げられた。さらに最高指導者として「朝鮮労働党第 1 書記」が新設され、代表者会で金正恩氏が推戴されている。従って、党大会の目的は人事ではなく、路線決定に集約されるだろう。

　北朝鮮は長らく、米国との平和協定の締結を巡り、米国との直接対話を模

索してきた。平和協定は「停戦」状態にある朝鮮戦争（1950〜53年）の終戦を意味し、米国から攻め込まれるリスクを排除して体制の安全を保障する、北朝鮮にとっての最優先課題だ。しかし、非核化を優先したい米国と、平和協定を優先したい北朝鮮との間で交渉はたびたびもつれてきた。今年に入っても、北朝鮮は核実験と長距離弾道ミサイル発射実験を強行し、米国をはじめとする関係諸国との緊張状態が続いている。

そうした中、中国の王毅外相は今年2月、米国に対し、非核化と平和協定の協議を並行して進める「新提案」を発表した。北朝鮮の核問題解決と朝鮮半島情勢安定のために中国が初めて示した具体的な解決策提案だ。筆者は、北朝鮮は今後、中国の「新提案」受け入れの意思を示し、「対立」から「対話」への急転換を狙っているとみている。そう考えれば、党大会前に核・ミサイル発射実験などを繰り返す北朝鮮の対外政策から米中両国の思惑を見据え、体制の生き残りを図ろうとする金正恩体制の巧妙な戦略がみえてくる。

〈中国「新提案」巡る思惑〉

米国との平和協定の締結を最優先課題と位置づける考えは、金正恩第1書記も変わらない。それを裏付けるのは、北朝鮮が2015年10月に党大会の開催を発表するのと並行して、米国との敵対関係の解消を目指して「平和協定締結のための対話」を秘密裏に米国に持ちかけていたことだ。米国との秘密接触は2月22日、米メディアに対する米政府当局者の発言などによって明らかにされた。

しかし、北朝鮮の提案に対し米国は「核放棄を巡る協議の1つのテーマとする」との立場を表明し、平和協定を優先する北朝鮮の提案を拒否、交渉は実現に至らなかった。

ただ、この秘密接触で注目されるのは、両者が「非核化と結びつければ、平和協定の論議は可能である」という立場を確認した点だ。これまでも米朝間で平和協定の締結に関する議論はあったが、94年に成立した北朝鮮の核問題解決に向けた米朝の「枠組み合意」が破綻して以降、両者が平和協定を正面から議論する機会はなかった。その意味で、北朝鮮にとって、米国が「平和協定論議」の可能性を示唆したことは「大収穫」だったと言える。

党大会を前に、北朝鮮が核実験やミサイル発射を強行した理由は明らかではない。だが、米国の対話解決の基本姿勢を確認した後に、核・ミサイル開発の急速な進捗を誇示することで国際社会の緊張感を高め、米国を直接対話のテーブルに引き出すという、伝統的な瀬戸際政策を再開したと考えられる。これに対し、国連安全保障理事会は2016年３月、北朝鮮産鉱物資源の輸入や北朝鮮向けの航空燃料輸出を原則禁止とするなど、過去に例のない厳しい制裁決議を採択した。だが、北朝鮮を巡る各国の思惑は一様ではない。前述の中国の「新提案」は、北朝鮮の意向をくんだとも取れる一方で、朝鮮半島情勢を巡る有効な「外交カード」を手に入れようとする中国の意図が見え隠れする。また、米朝協議の仲介役として主導権を握れれば、南シナ海への進出などで対立する米国に「貸し」を作ることもできる。

　北朝鮮も中国側の思惑を熟知していたようだ。米国との秘密接触時には米国の反応に反発したが、中国の「新提案」には沈黙を保っていることが、それを示している。北朝鮮国防委員会は４月３日、「（国際社会による）一方的制裁より安定維持が先決であり、軍事的圧迫より交渉の準備が根本的な解決策である」とのスポークスマン談話を発表。韓国の専門家からは、北朝鮮が「新提案に柔軟姿勢を示した」との見方が出ている。

　北朝鮮が中国の「新提案」を受け入れる形を取るメリットは大きい。北朝鮮は中国の体面を立てながら、米国との直接対話の機会を得ることになる。対話が実現すれば、金第１書紀は党大会開催の年に「対米勝利者」を宣言することができる。これらを踏まえれば、中国の「新提案」は北朝鮮の周到な戦略であった可能性さえある。米国に秘密接触を持ちかけて相手から「対話が基本」との姿勢を引き出すことで、中国が「新提案」を提示しやすい環境を作ったとも考えられるからだ。

〈本音は米朝とも「対話路線」〉
　そうなると、北朝鮮がいつ、「新提案」受け入れを表明するかがポイントとなる。この点については韓国の北朝鮮専門家の間でも、「党大会中」や「党大会直前」などと見解が分かれている。ただ、筆者は党大会中や党大会直前のタイミングで「新提案」受け入れを正式表明しても、米国が正式な反

応を示すには時間が足りないと考えている。ましてや、米国は大統領選に向けた動きが活発化している時期だ。そのため、金第1書記は党大会では「順調な経済発展」や「国連制裁にも屈しない姿勢」を誇示し、国内体制引き締めに専念することになるだろう。「新提案」受け入れの正式表明は、党大会終了後から2016年秋の間になるのではないか。

　米国は「新提案」にどう反応するだろう。ケリー米国務長官は2月23日、米中外相会談で「北朝鮮の行動に反応するだけでなく、協議のテーブルに戻すことが重要だ」[88]と発言。米国務省スポークスマンも「米国は非核化と平和協定の並行論議の可能性を排除したことはない。並行論議には非核化協議が前提となるべきであり、6カ国協議を通して並行協議が実施されるべきだ」と述べ、韓国メディアは「（米国は）非核化と平和協定に同じ程度の比重を置いているようにみえる」[89]との米消息筋の見方を報じることで懸念を示した。

　米国が「対話解決」の基本姿勢を維持するなら、米国は「新提案」を受け入れざるをえないだろう。米国を含む関係諸国に武力行使の選択肢はなく、これまで、北朝鮮を対話のテーブルに着かせるための圧力として制裁を加えてきた。現状では、国際社会に中国の「新提案」以外、北朝鮮との対話再開を実現する具体的な提案はない。

　また、任期末に、キューバとの国交回復に続く大きな外交成果を手にしたいオバマ大統領が、北朝鮮核問題解決への道筋を確立するという、大きな外交成果につながる可能性もある。中国の新提案の魅力に抗うことは難しいだろう。

　北朝鮮が「新提案」を受け入れたとき、米国もそれに応じることで、朝鮮半島情勢は対立による緊張から、対話による融和を模索する方向へと動いていくだろう。それに対し、「開城工業団地」の閉鎖で北朝鮮との対話・接触を固く拒否する姿勢を示した韓国はどう対応できるのか。米朝対話が主軸となる6カ国協議で、日本は「拉致問題」を重要議題と位置づけることはできるのか。日韓両国は「新提案」をきっかけにした朝鮮半島情勢急展開の可能性に対し、早急に対応策を検討すべきだ。

＊：本提言は2016年5月の朝鮮労働党第7回大会開催以前に公表したものであるが、党大会後の米

中関係、北朝鮮の動向は、提言当時と基本的に変わっていないため、そのまま紹介した。金正恩の肩書は党大会以前の呼称である。

2．提言の背景　不確実な対北朝鮮国連制裁の効果

　前述の提言で、日本は「制裁」から「対話」への政策転換の準備をすべきと主張した。その根拠は、米中両国が、先に述べた北朝鮮情勢の将来展望を見据え、まずは「核・ミサイル」の中東やテロ支援国への拡散を防ぐことに重点を置き、朝鮮半島情勢を「現状維持」しようと考える兆候があったからである。

　その中で、日本だけが従来通りの「制裁」政策を取り続ければ、米中間で孤立する可能性が高かった。さらに日本が固守する、従来の北朝鮮「核・ミサイル」の凍結・排除への対応策、つまり国連や関連国による経済制裁が、これまで十分な効果を挙げていなかったことが、提言を考える背景となったのである。

　2016年1月の北朝鮮の第4回核実験に対し、3月2日国連安全保障理事会は決議第2270号で制裁を表明した。日本政府は「制裁を大幅に追加・強化する強い内容の安保理決議第2270号が、全会一致で採択されたことを高く評価する。今般の安保理決議の採択は、我が国をはじめとする各国による独自の措置とあいまって、国際社会の北朝鮮に対する断固たる姿勢を示すものである」[90]との立場を示した。

　制裁決議第2270号が従来決議に比べ強化されたのは次の項目である。[91]

主文29：北朝鮮が、その領域からの、又はその国民による若しくはその旗を掲げる船舶若しくは航空機の使用による石炭、鉄及び鉄鉱石の直接又は間接の供給、販売又は移転を行わないこと、また、全ての国が、自国民による又は自国の旗を掲げる船舶若しくは航空機の使用による、北朝鮮からのこれらの物資（北朝鮮の領域を原産地とするものであるか否かを問わない）の調達を禁じることを決定するとと

もに、この規定は以下のものには適用されないことを決定する。

（ａ）調達国が、信頼できる情報に基づき、北朝鮮外を原産地とする石炭であって、羅津（羅先）港からの輸出のみを目的として北朝鮮を通じて輸送されたと確認するもの。ただし、当該国が、事前に委員会に通報し、かつ、そのような取引が北朝鮮の核若しくは弾道ミサイル計画又は決議第1718号（2006年）、第1874号（2009年）、第2087号（2013年）、第2094号（2013年）若しくはこの決議により禁止されているその他の活動のための収入を生み出すことに無関係である場合に限る。

（ｂ）専ら生計目的のためであり、北朝鮮の核若しくは弾道ミサイル計画又は決議第1718号（2006年）、第1874号（2009年）、第2087号（2013年）、第2094号（2013年）若しくはこの決議により禁止されているその他の活動のための収入を生み出すことに無関係であると決定された取引。

主文30：北朝鮮が、その領域からの、又はその国民による若しくはその旗を掲げる船舶若しくは航空機の使用による金、チタン鉱石、バナジウム鉱石及びレア・アースの直接又は間接の供給、販売又は移転を行わないこと、また、全ての国が、自国民による又は自国の旗を掲げる船舶若しくは航空機の使用による北朝鮮からのこれらの物資（北朝鮮の領域を原産地とするものであるか否かを問わない）の調達を禁じることを決定する。

主文31：全ての国が、自国民による若しくは自国の領域からの又は自国の旗を掲げる船舶若しくは航空機の使用による航空燃料（航空ガソリン、ナフサ型のジェット燃料、ケロシン型のジェット燃料及びケロシン型のロケット燃料を含む。自国の領域を原産地とするものであるか否かを問わない）の北朝鮮の領域への販売又は供給を防止することを決定するとともに（ただし、委員会が事前に個別の案件に応

じてそのような製品の北朝鮮への移転は検証された不可欠な人道上の必要性によるものであり、その運搬と使用を効果的に監視するための取り決めに基づくものであるとして承認した場合を除く）、また、この規定は、北朝鮮外における民間旅客機に対する、専ら北朝鮮への飛行及び帰りの飛行の間に消費される航空燃料の販売又は供給に関しては適用されないことを決定する。

　以上の主文29～31の項目は北朝鮮の財政的、技術的、商業上の資源活用が核・ミサイル開発に流用されることを強く防ぐことに重点が置かれている。また弾道ミサイル発射のために使用するロケット燃料を含む航空燃料について北朝鮮への輸出禁止が決められている。
　一方、主文29（ａ）（ｂ）は、羅津を経由する第３国原産の石炭輸出について事前に制裁委員会に通報されたもの、さらに北朝鮮住民の生計目的かつ核・ミサイル計画の財源と無関係と決定された場合については適用されないことが明記されている。例外の措置の要件を満たしているかどうかの判断は、北朝鮮と取引を行う加盟国によって決定されることになっている。
　北朝鮮の中国への貿易依存度は、本研究第６章の１で明記したように、2014年で90％に達し、品目別輸入は鉱物性燃料が40％以上を占めている。制裁の効果が上がるかどうかは中国の判断に大きく依存することが、最初から分かっていた。
　北朝鮮の金正恩は2016年５月６日、朝鮮労働党第７回大会の冒頭、核実験と事実上の長距離弾道ミサイル発射に言及して「主体朝鮮の尊厳と国力を最上の境地で輝かせた」と誇示し、制裁による核・ミサイル開発への影響はなく、今後も開発を継続していく姿勢を強調した。
　制裁の効果を早期に判断することは困難を伴う。脱北者インタビューにも散見されたように、今後の金正恩体制の求心力低下に影響を与える可能性は小さくないからである。しかし、北朝鮮の「核・ミサイル開発」の凍結という短期的な効果を求める意味では、制裁の効果は制限的なものであると結論付けるしかない。この制裁効果の制限性、不透明性によって、日本を含む朝鮮半島情勢関連諸国（日本、米国、中国、ロシアと韓国）は、核・ミサイル

開発という当面の脅威減少を図るためには、制裁以外の方法を検討しなけれ
ばならない段階に入っていると主張せざるを得ない。

3．なぜ「関与政策」なのか

　「関与政策」に関する学術的定義は、まだ存在しない。例えば米政府は、
朝鮮半島問題だけでなく、オバマ政権が歴史的な関係改善を演出した対
キューバ政策や、安全保障面では対立を抱えながら経済を中心に関係強化を
図ろうとする対中国政策においても「関与政策」という表現を使っている。
本研究では、まず対北朝鮮「関与政策」の定義付けを試みたい。

　北朝鮮に対する「関与政策」を政策として最初に具体化したのは韓国の金
大中大統領である。2000年1月3日、金大中大統領は年頭演説で「経済的な
交流は共存共栄の枠組みで行われねばならない」と主張した。北朝鮮に対し
「政治的目的を離れ、まず互いの利益になりうる（経済共同体実現という）
努力に肯定的に応じることを望む」と述べ、「南北経済共同体」構築のため
の国際研究機関同士の協議を呼びかけた。経済共同体の具体的内容は言及し
なかったが、韓国政府当局は①相互に必要な分野から始め、徐々に拡大する
②南北住民のほか、海外同胞も参加し、資本・技術・土地・労働力を結合す
る③南北間の協力と国際社会の連帯で構築する――という3項目の条件を満
たす共同体であると説明した。協議に参加する研究機関としては韓国の「開
発研究院」「統一研究院」、北朝鮮の「祖国統一研究院」「農業経済学研究
所」の名前が挙げられた。

　北朝鮮側は、金大中政権の提案に対し「南北間の経済協力問題に実権を持
たない研究機関同士で協議するのは、双方間の合意を遠ざける」と批判し
た。しかし、金大中は同年3月9日、訪問したベルリン自由大学で「ドイツ
再統一の教訓と朝鮮半島問題」をテーマに講演し、その中で「北朝鮮の要請
があれば、経済危機克服のための支援を行う用意がある」と発言。「北朝鮮
は人道的見地から、離散家族問題解決に積極的に応じなければならない」と
指摘した。また、懸案を解決するため、南北対話が不可欠であると強調し、
特使交換に応じるよう呼びかけた。北朝鮮が対話に応じることを前提に①南

北当局者間の直接対話と協力②朝鮮半島における平和定着③南北離散家族問題での積極的な対応④南北特使交換−の４点を強く呼びかけた。

　重要なのは、ここで金大中が「統一」問題に一切言及しなかった点である。1980年代に急速な経済発展を遂げた韓国と、極端な経済難からの脱出に苦しむ北朝鮮の間で「統一」を論議すれば、北朝鮮が、いかに政治・軍事・外交手段で韓国を揺さぶっても、結局は圧倒的に強い経済力を持つ韓国が北朝鮮を「吸収統一」する結果にならざるを得ない。2014年の朴槿恵政権の「統一はテバク（大きなチャンス）」という発言に北朝鮮が厳しく反応したのは、まさにこれが理由であった。

　当時「太陽政策」「包容政策」とも呼ばれた金大中「関与政策」は、核・ミサイル開発によって、既存の国際社会の秩序を変化させようとする、北朝鮮という「挑戦者」に対し、非強制的手段を使って、既存の秩序を維持することによって生じる利益を理解させようとした点にあった。つまり、核・ミサイル開発の凍結により、核拡散防止条約（NPT）の中にとどまらせることを最大の目的に、その代価として支援や経済交流という、一定の「利益」を与えることを容認する政策でもあった。軍事力から非軍事的手段まで動員し、冷静かつ、粘り強い交渉を必要とする政策であり、金大中政権の「関与政策」は、2000年６月の南北首脳会談に結びついた。

　さらに信頼関係を築き上げた上で、韓国主導による朝鮮半島非核化問題が議論されれば、現在のような核・ミサイル開発進展による国際危機管理体制への脅威は生じなかったであろう。しかし、南北首脳会談開催を急ぐ金大中政権が、何の条件もつけず北朝鮮に４億5000万ドルを提供していたことが明るみに出て国内・国外の反発を呼び、金大中政権の関与政策は頓挫した。北朝鮮の核・ミサイル開発問題は解決の糸口をつかむことさえ出来なかった。

　「関与政策」の進展に速度を求めてはならない。また、効果は薄いが、北朝鮮が対話に応じれば与える「利益」カードの１枚として「国連制裁」を継続する必要がある。北朝鮮が関与政策に応じる動きを見せれば、北朝鮮に与える「利益」の量と質を徐々に増やしていくことになる。それが関与政策の核心なのである。

　従って、関与政策の進め方として以下のような段階的手順をとることが妥

当だと考える。

〈第1段階〉

目標：非核化・（国際社会との間の）平和協定協議のための多者間協議開催

課題：北朝鮮の核開発凍結、（北朝鮮が科学目的と主張する）ロケット発射
　　　を国際社会で代行。実行されれば、対北朝鮮制裁の部分的解除

〈第2段階〉

目標：非核化・平和協定締結実現のためのロードマップ作成

課題：目標実行と同時並行を原則とする北朝鮮の核廃棄手続き進行、国際社
　　　会による対北朝鮮経済交流実施

〈第3段階〉

目標：非核化・平和協定締結の実現

課題：米朝、日朝の国交樹立、南北平和共存のための政体設立

　このような「関与政策」を国際社会が進める一方、日本の「リスク・危機管理」を確立するためには、日本が取りうる独自の対北朝鮮「関与政策」展開のシナリオを準備しなければならない。

4．3段階「関与政策」によるリスク・危機管理

　本研究では日本独自の「関与政策」について、短期、中期、長期の3段階に分けて検討すべきと考えた。

〈短期的政策〉

北朝鮮情報収集で「急変事態」対備

「短期的政策—情報収集の円滑化：日韓関係改善が必要」

　日米韓の連携は、国連安全保障理事会での制裁決議だけでなく、安全保障面でも極めて重要である。しかし、その基本となる日韓の安全保障協力は、不十分な状態にある。2016年11月23日、日韓両政府は協力の基礎となる軍

事情報包括保護協定（GSOMIA＝General Security of Military Information Agreement）に署名した。しかし、朴槿恵政権が後述する政治スキャンダルで政策執行能力を失い、野党が強く反対。2017年5月、GSOMIAに強く反対した文在寅政権の誕生で、同協定による情報交換がスムーズに実行されるかどうかは不透明な状況が続く。

　同協定は、同盟など親しい関係にある2国あるいは複数国間で秘密軍事情報を提供し合う際、第3国への漏洩を防ぐために結ぶ協定であり、日本は米国、北大西洋条約機構（NATO）、フランス、豪州、英国、インドと締結している。協定は軍事技術だけではなく戦術データ、暗号情報、高度のシステム統合技術など有事の際の共同作戦に必要な情報が網羅的に対象となり、秘密情報活動で得られた情報も含まれるのが一般的とされている。口頭、映像、電子、磁気、文書などあらゆる形態の情報が含まれる。

　日韓間の協定は2012年6月、締結寸前までいきながら、韓国側の国内事情によって署名の1時間前に急きょ延期された。元慰安婦問題などで悪化した韓国の国内世論の説得に韓国政府が失敗したためだった。協定が締結できないため、その代替措置として、日米韓3カ国は2014年12月29日、北朝鮮の核・ミサイルに関する情報を交換する際の漏洩防止手続き定めた取り決めに署名した。この取り決めにより、日韓双方は米国を介して間接的に情報伝達する方法を取っている。ただし交換する情報は「北朝鮮による核及びミサイルの脅威に関する秘密情報」に限定され、北朝鮮内部情勢などの幅広い情報交換は不可能なままであった。

　従って、協定署名と日韓関係改善による有効な北朝鮮の核・ミサイル情報交換は、対北朝鮮政策をめぐる日韓協力にとって本来は明るい材料となるべきである。

〈中期的政策〉
対北朝鮮交渉再開で地域安定への影響力発揮

「対北朝鮮接触による動向把握の強化」
北朝鮮との直接接触は、日本の国際的孤立を防ぎ、国際社会における発言力

や影響力を維持し、日本の安全保障を強化するために不可欠な要素であると考える。それは過去の北朝鮮情勢を検証すれば、次のように明らかとなる。

　2001年のブッシュ政権発足後、米国は北朝鮮に対し形式的な対話は行うが実質的関与はしない無関与政策を継続した。しかし、これによって日本も資金提供に関与した1994年の米朝枠組み合意は崩壊し、北朝鮮は核開発を再開して2006年の核実験につながった。これを受けて、ブッシュ政権が関与政策に急転換したとき、米国に従って北朝鮮との実質的な対話ルートを断絶した日本は、6カ国協議の場で孤立した。

　本研究の提案でも触れたように、2015年後半、米国と北朝鮮の間で中国の「新提案」に近い内容に関する秘密接触があったことが、米政府当局などによって明らかにされている。米中両国も北朝鮮との対話再開について意見交換を行った可能性が高い。中国の新提案を関係各国が受け入れ6カ国協議が再開すれば、「核・ミサイル問題」の改善に一定の進展があり、エネルギー支援などが決まる可能性もある。その場合、独自制裁を強化した日本はどのような過程を経て支援協力を実施できるのか。また支援開始を拉致問題とどのように関連付けることができるのか。また日朝国交正常化交渉の再開を検討するのか。不明確な部分が残されている。

　日本はこれまで北朝鮮問題では傍観者であり続けた（米国の「無視政策」に従ってきた）。それによって発生する外交・安全保障上のリスク・危機に対応するには、北朝鮮側の肯定的な動きに対応して日本が「関与政策」に転換する可能性があることを北朝鮮に伝える必要がある。そのためには北朝鮮との接触ルート確保、そして定期的な接触の再開は不可欠であり、国連制裁第2270号はそうした外交上の接触まで日本に禁止してはいない。

　米中両国に対し、経済交流を通じた北朝鮮の体制変革誘導など、日本独自の役割を主張する用意を整えるのが、日本が取るべき、最善のリスク・危機管理の方法である。

〈長期的政策〉
北朝鮮体制変化を促し平和的統一への移行誘導

日朝経済交流の可能性を次の項で検証する。

5．長期的政策 ――「日朝経済交流」を検討するために

　朝鮮半島情勢安定の基本は、北朝鮮体制の「軟着陸」にある。改革・開放政策への転換で周辺諸国との経済交流が生まれ、崩壊状態の北朝鮮経済が立ち直り、さらに体制の民主化が実現することにある。その先には朝鮮半島における統一国家実現のロードマップも見えてくる。

　その過程で日本が大きな役割を期待されるのは経済協力であろう。金正恩体制も、対立する韓国からの全面的な支援は受け入れにくく、中国の独占的な経済進出には警戒心を抱いているといわれる。金正恩体制にとって経済交流の多角化は重要であり、日本は不可欠の相手である。

　日朝経済交流は可能なのか。その条件をさぐるために現在進行する中朝経済交流の実態を分析する。

■ 中朝経済交流の実態

　中朝関係をみるとき、朝鮮戦争（1950〜53年）における中国人民義勇（志願）軍の参戦から「血で結ばれた友誼」という言葉がよく使われる。

　それと同様に、経済関係においても中国による北朝鮮支援の構図が現れる。朝鮮戦争から1990年代まで中国は北朝鮮に対し基本的な体制維持のための物資（食糧、エネルギー）を提供し、それによって米国との間の緩衝地帯を維持しようという基本的戦略を構築していたからである。しかし21世紀に入り、中国と北朝鮮の経済関係は根本的な変化を示す。

　20世紀中、中朝交易は年間4億〜5億ドル程度の額で推移していたが、21世紀に入ると、この数字が大きく変化を見せ始める。

　第6章で提供した中朝交易額のデータを再度、見てみよう。

　北朝鮮に対する経済制裁が強化される前の1990年代、中朝交易総額は一定額の水準を維持していた。その理由は、この交易が北朝鮮体制維持を目的とした「支援経済」であったからと考えられる。

図表8−1　中朝交易総額

1992 年から 2003 年まで中朝間の交易額は年間 10 億ドルを下回っていた。その後徐々に上昇を続けた。2006 年、北朝鮮の第 1 回核実験により、中国は国連の対北朝鮮制裁に参加し、一般的な中朝関係は冷却化する。しかし交易額は増加を続け、2006 年（17 億ドル）から 2007 年（19.74 億ドル）は 16．2 ％の増加、さらに 2008 年（27.87 億ドル）は 41．3 ％の対前年増加率を示した。2008 年から 2009 年（26．8 億ドル）の減少は、政治的な影響ではなく、国際金融危機の影響を受けたためと推測される。2011 年末の金正日体制から金正恩体制への権力継承以降、金正恩の訪中が実現しないなど、両国の政治関係は冷却していると言われるが、経済関係はさらに進展した。2011 年には交易額は 50 億ドルを突破し、さらに成長を続けている。

図表 8−2　中朝貿易の品目と交易額の変化

順位	対中輸出品目	2015年（1〜6月）		2016年（1〜6月）	
		金額	増加率(%)	金額	増加率(%)
1	石炭	5億7000万ドル	-0.5	4億8700万ドル	-14.6
2	男性ジャケット	6900万ドル	-17.4	9700万ドル	41.2
3	女性ジャケット	4200万ドル	-16.5	5300万ドル	26.6
4	女性コート	3900万ドル	-29.4	4600万ドル	19.0
5	Tシャツ	4600万ドル	98.3	3700万ドル	-18.6
対中輸出総額		9億5400万ドル	-10.6	11億1600万ドル	-4.7

韓国貿易協会のデータを参考に作成：注目すべきは、対北朝鮮制裁の除外対象となっている民生用製品の大幅な増加である。北朝鮮は 2004 〜 2016 年まで、韓国に近い開城で、北朝鮮が土地・労働力、韓国が資金・技術力を提供する形で開城工業団地 (92) を開設し、そこで繊維・機械・金属・電子部品など韓国企業百数十社が操業する南北経済協力事業を経験した。対中交易における民生用品の大幅増加は、開城工業団地の方式を中国との経済協力に取り入れ、南北交流が断絶した 2016 年から中国との間で、委託加工貿易を本格的に開始したからと考えられる。

経済制裁が強化された2006年以降の交易額が、やはり一定水準を維持していたとすれば、それも中国による体制維持のための政治的支援と見ることは可能だが、急激な増加は、単に北朝鮮の交易相手が中国しかなかったからという説明だけでは理解できない。

　韓国開発研究院（KDI）の「北韓（北朝鮮）経済レビュー」7月号の「2016年上半期の北朝鮮の対外貿易動向と対北制裁」は、北朝鮮の主要対中輸出品目の分析の中で、次のようなデータを使って、中朝交易の構造変化を主張している。

　2016年8月、中朝国境地域の経済交流状況を踏査した世宗研究所のグループは「国境一帯で中国企業による開城工業団地方式の出境加工業が増大」[93]と報告している。

　さらに同研究所のグループは、対北朝鮮政策を以下の観点から考えるよう訴えている。

①中朝経済交流の性格を直視する必要がある。中朝経済交流は北朝鮮に対する一方的な交流（大澤注：支援）ではなく、両者の利害関係が一致した中で拡大している。両者間の貿易構造が過去の北朝鮮の一方的な赤字から収支均衡に向かっている

②北朝鮮の低成長に対する漠然とした期待感（大澤注：早期崩壊論など）に依存せず、北朝鮮経済の成長という現実を基礎にした対応策を模索する必要がある

③中国経済の北朝鮮進出を否定的に見るのではなく、南北と中国の多角的な経済協力区を増やすことで、原則的に南北衝突が不可能な経済構造を構築し、さらに核問題解決のカギとなる相互信頼構築の契機を作って行く必要があると、現地踏査報告を締めくくっており、本研究もこの見解に同意する。

■ 北朝鮮経済特区の現状

　北朝鮮は2013年5月に「経済開発区法」を制定し、2015年までに19カ所の経済開発区と1カ所の国際経済地帯を指定した。

図表8-3　北朝鮮が発表した「経済特区」の一覧表と地図

	名称	クラス	場所	目的	投資規模 (100万ドル)
1	鴨緑江経済開発区	地方級	平安北道義州郡	観光・農業・休養地・貿易	240
2	渭原工業開発区	地方級	慈江道渭原郡	鉱物・木材・農業の加工・機械	150
3	満浦経済開発区	地方級	慈江道満浦市	観光・農業・休養地・貿易	120
4	恵山経済開発区	地方級	両江道恵山市	輸出加工・観光・農業・休養地・貿易	100
5	穏城島観光開発区	地方級	咸鏡北道穏城郡	休養・観光（ゴルフ・水泳・民俗村）	90
6	清津経済開発区	地方級	咸鏡北道清津市	鉱山機械・石炭化学	−
7	漁郎農業開発区	地方級	咸鏡北道漁郎郡	農業開発	70
8	北青農業開発区	地方級	咸鏡南道北青郡	果物加工・牧畜	100
9	興南工業開発区	地方級	咸鏡南道咸興市	機械装備・化学製品	100
10	南浦臥牛島輸出加工区	地方級	南浦市臥牛島区	輸出加工	100
11	松林輸出加工区	地方級	黄海北道松林市	輸出加工・倉庫	80
12	新坪観光開発区	地方級	黄海北道新坪郡	観光	140
13	岾洞工業開発区	地方級	江原道元山市	情報産業・軽工業・民芸品	100
14	恩情先端技術開発区	中央級	平壌市恩情区域	先端技術研究開発	−
15	進島輸出加工区	中央級	南浦市臥牛島区域	軽工業・化学製品	−
16	康翎国際緑色モデル区	中央級	黄海南道康翎郡	農業	−
17	粛川農業開発区	地方級	平安南道清南区	観光・農業・休養地・貿易	−
18	清南工業開発区	地方級	平安南道清南区	鉱山機械・石炭化学	−
19	青水観光開発区	地方級	平安北道朔州郡	観光	−
20	新義州国際経済地帯	中央級	平安北道新義州市	総合開発（先端技術・貿易・観光）	−

2014年7月31日付「朝鮮新報」と「国境から見た北中経済交流と北韓経済の実情」（李鍾奭・世宗研究所首席研究委員、2016年8月16日）の資料を基に大澤作成

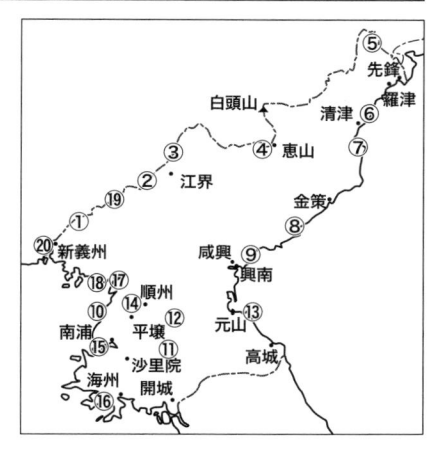

一覧表の他に中朝共同で以下のような経済特区が設立されている。

〈中国側経済開発区〉

　国家辺境経済合作区（完成）

　　①丹東　②琿春　③和龍

　国家辺境経済合作区（建設中）

　　④集安

　中朝経済協力地域

　　⑤図們市朝鮮工業院

〈北朝鮮側中朝共同経済特区〉

　①羅先自由経済貿易地帯

　②黄金坪、威化島特殊経済地帯

　③茂峰国際観光特区

　④慶源経済開発区

　北朝鮮の経済特区建設は1991年の「羅津先鋒自由経済貿易地帯」[94]設置から始まったが、これまで大きな成果を上げることが出来なかった。その理由として「核・ミサイル」開発をめぐる国際社会（特に米国）との緊張発生と、ソ連・東欧圏の崩壊、自然災害による北朝鮮の経済・食糧事情悪化、首領経済拡大による資金不足が挙げられる。

　さらに①資金不足によるインフラ（港湾・道路・電気・通信）整備の失敗②「自立更正」を国是としてきたための政府方針不統一（国際開発の仲介役となるはずの国連開発計画への非協力）③外国投資導入のための法律・制度未整備などが重なり「羅津先鋒開発」は失敗に終わった。

　2010年以降、北朝鮮が再び外資導入と経済特区建設に注力し始めたのは、次ページの概念図で示したように、中朝相互の経済的メリットが一致したからだ。

図表8-4　経済特区の建設要因

〈北朝鮮側要因〉
指導者の経済開発意志表明「国際経済の多角化・多様化必要」
政府の経済開発計画「国際経済発展5カ年戦略」確立
経済開発のための人材育成（経済専門家の海外研修許容）開始

⇩

中朝国境地帯への新たな経済特区続々

⇧

〈中国側要因〉
中央政府の辺境地域発展計画
地方政府や企業の対北朝鮮経済協力の必要性増大（東北3省）
「一帯一路」戦略[95]の影響（中朝露国境地帯開発への刺激）

　金正日時代までの経済特区は国境地帯に集中配置された。住民等の接近を制限し、国内への市場経済の影響伝播を最小限に抑えるためだった。だが2013年以降、平壌など国内主要部でも経済特区設置を積極的に推進している。

　その代表として、国家レベルで管理する「中央級」の
①恩情先端技術開発区（平壌市恩情区域）
②進島輸出加工区（南浦市臥牛島区域）
③康翎国際緑色モデル区（黄海南道康翎郡）

　3カ所が挙げられる。政府の直接管理下で「市場経済」に従事する知識を持った人材を育成して地方に派遣し、市場経済のノウハウを地方に拡散することを目的にしている。

　先端技術開発区がわざわざ平壌に作られたのは、北朝鮮の教育・研究機関が集中しているからだ。最先端の技術と市場経済運営に必要な知識を平壌所在の教育・研究施設で優秀な労働者に学ばせ、地方への拡散を図っている。先端技術開発区で経験を積んだ住民が、他の地域での工場建設や運営の核心を担うことも期待していよう。

6. まとめ①　「日朝経済交流」実現の展望

　現在は国連安保理制裁や独自制裁により、日本籍企業による北朝鮮への経済進出は不可能だ。だが、第1段階の情報収集、第2段階の核・ミサイル開発の凍結に目途が立てば、北朝鮮との経済交流を検討する時が来る。中国が突破口を開き、北朝鮮が拡大を望む経済特区への進出が、日本にとって現実的な選択肢になり得ると判断される。

　北朝鮮経済特区開発の現状からみて、日本は具体的に、どのような分野に参入が可能かを検討した。

①物流
　〇1991年の「羅津先鋒自由経済貿易地帯」構想発表時、もっとも有力視された協力分野である。北朝鮮主要貿易港（特に羅先地域、元山地域）整備、空港整備（順安〈平壌〉、羅先、清津）整備は、植民統治時代に日本が主導した事業であり、その経験が生かせる分野であると考えられる。

②エネルギー
　〇発電所・送電設備補修。
　〇東シベリア天然ガスパイプラインと北朝鮮東北部の港湾施設との連結。
　〇天然ガス配給先に日本が含まれる可能性は高い。
　〇鴨緑江の水豊ダム・水豊水力発電所、東北部の港湾施設は植民統治時代に日本が建設したものであり、その経験や資料の蓄積による関与は比較的容易と考えられる。

③労働力活用
　〇中央級経済開発地区で働く先端技術者の教育。
　〇加工貿易による衣料品の生産。
　〇ITや先端技術分野の人材育成は日本の技術者不足にとってもメリット。

　　○開城工業団地の経験を生かせれば、加工貿易への参入は早急に実現可能
　　　と判断できる。
④交易
　　○経済特区拡大による生産機械の導入。
　　○特に先端技術産業における生産機械、生産財（中間製品）の導入先は、
　　　東アジアでは韓国以外には日本しかない。
　　○北朝鮮北部に偏在するマグネサイト、亜鉛、タングステンなどの地下資
　　　源の輸入には、道路・鉄道や積み出し港の整備が不可欠であり、北朝鮮
　　　側からインフラ整備の協力要請があると予想される。
⑤水質汚染防止技術
　　○中朝経済交流の活発化で、鴨緑江、図們江の水質汚染は既に深刻な状
　　　態。周辺国で有効な対策を取り得るのは技術力のある日本だけと考えら
　　　れる。
　　○今後、中国で深刻な状態に陥っている粒子状物質（PM10、PM2.5）に
　　　よる大気汚染の発生も危惧される。

　　以上、５つの分野については、歴史的条件、地理的条件、技術的条件、そ
して何より、双方が得られる経済的メリットからみて、日本が十分に進出可
能であると判断できる。

7．まとめ②　「日朝経済交流」実現の課題──拉致問題を含めて

　　だが、前述の３段階の対北朝鮮リスク・危機管理対策を進める上で、日本
は解決しなければならない多くの課題を抱えている。その現状と、解決展望
を検討した。

①課題：北朝鮮による核弾頭ミサイル攻撃の危険排除
　　解決方法：日米韓協力体制構築
　　現状：〈元従軍慰安婦問題の解決〉
　　　　　2015年末の日韓外相会談合意[96]「和解・癒やし財団（慰安婦財

団）」達したが合意履行は不透明。

〈日韓軍事情報包括保護協定（GSOMIA）締結〉

2016年11月23日のGSOMIA署名に続く、スムーズな北朝鮮核・ミサイル関連情報の交換と有効活用を期待。

〈THAAD設置〉

2016年7月に米韓合意、但し設置場所で難航。韓国内に強い反対論。

中国による強い反発。日本政府の対応次第では、日中関係はさらに悪化。

〈6カ国協議再開〉

米国は中国の新提案による6カ国協議再開を否定せず。

日韓への具体的協力要請はなく、蚊帳の外に置かれる可能性がある。

②課題：対北朝鮮直接対話

　解決方法：制裁から関与への転換

　状況：　〈制裁解除規準〉

　　　　　2006年に開始した日本の独自制裁は日本の安全保障（核・ミサイル問題）と人権侵害問題（主に拉致問題）解決が目的であり経済制裁を主眼とする国際社会の制裁とは異なる部分がある。例えば拉致問題に進展があったとき、日本独自に一部制裁解除などが可能なのかは不明確なままである。

　　　　　〈食糧・医薬品の提供方法〉

　　　　　閉鎖国家内での配給偏重の防止困難。

　　　　　鉄道・道路網の未整備による有効配給困難。

　　　　　〈経済支援・交流を引き換えにした弾道ミサイル実験・配備凍結と削減〉

　　　　　米朝交渉での「核・ミサイル問題」解決を主戦略とする北朝鮮に、どのように要求できるのか。経済支援との交換条件で実験・配備を中止させ、さらには削減を要求する以外の手段はなしか？

国際社会の反発はあるのか？　いずれも具体的検討さえされていない状況である。

③課題：北朝鮮体制変化誘導
　解決方法：日本の安全保障を確保（核・ミサイル問題解決）するための経済協力実施原則貫徹。
　現状：エネルギー・物資支援ではなく、人材育成、定期的メンテナンス、必要なインフラ整備など日本の長期関与が可能な分野での協力計画策定が必要だが手付かず。

④課題：関与政策転換に対する日本国民の理解と協力
　解決方法：拉致問題解決。
　現状：早期解決の展望なし。

　現状をみれば、2015年末の元従軍慰安婦問題をめぐる合意履行が不透明であり、「関与政策」への転換のために必要な、その他の諸条件整備は、ほとんど手付かずの状況である。

　特に大きな課題は④の拉致問題解決の展望であると考える。国際関係における「リスク・危機管理」で最も重要なのは当事国と関連諸国の信頼関係の構築だからである。だが、これまでの日朝関係は「不信の歴史」だったと言っても過言ではない。その象徴が「日本人拉致問題」の存在である。本研究も北朝鮮「関与政策」実現には拉致問題解決が大きな比重を占めると考える。なぜなら日本国民の同意を得る必要があるからである。

　2002年9月、平壌での日朝首脳会談で、北朝鮮側は長年否定してきた日本人の拉致を初めて認め、謝罪し、再発の防止を約束した。日本政府は17人の日本人を拉致被害者として認定しており、うち5人が同年10月15日、帰国した。その後、北朝鮮側は、2004年の第2回日朝首脳会談で徹底調査解明、2014年の日朝政府間協議で包括的かつ全面的な調査を約束したが果たされていない。これが、その後の日本による対北朝鮮強硬政策継続の背景となったのである。

しかし、今は、日本国民に金正恩体制の実情（唯一領導体制強化、ミサイル・核の実戦配備の可能性拡大）を正確に伝達する必要がある。北朝鮮情勢の急変による、リスク・危機（核・ミサイルによる日本の被害発生、朝鮮半島で戦争が起きた場合の戦後処理と復興の費用発生）に関する研究を発展させ、北朝鮮を改革・開放に導くことが出来れば東アジアの「リスク・危機」状況は改善し、日本にも安全保障上の大きな利益があることを日本国民に十分、説明する必要性があるだろう。

　本研究で論究してきたように、近年の北朝鮮の経済開放の意欲は強まっている。金正恩体制の強い指導力も、それに拍車をかけている。その意欲と指導力を利用すれば、日本の関与政策により、北朝鮮「核・ミサイル」開発による東アジアの「リスク・危機」回避と、北朝鮮の体制変化誘導の両方を実現する可能性はあると判断される。北朝鮮との信頼関係構築過程で、拉致問題解決への道筋も見えてくるだろう。

　従って、金正恩体制に関する正確な情報把握、適切な時期における接触・対話開始、正しい方法による経済交流と改革開放への誘導、日本国民への説明と協力要請、という「リスク・危機管理」の原則に従った、具体的な北朝鮮政策を取ることが強く望まれる。

8．日本の関与政策への期待

　序章で述べたように、本研究の第1の目的は、北朝鮮社会に存在する客観的資料（労働新聞、法律、制度）と、韓国に存在する脱北者という貴重な証人の証言によって、発足以来、中国・ロシアなどの友好国の一部の高位幹部を除き、ほとんど外部の人間との接触を絶ったまま北朝鮮を指導し続ける金正恩の統治スタイルを分析することにあった。

　その結果、第2章から第3章の考察で明らかにしたように、「軍中心」の金正日体制と「党・国家機関中心」の金正恩体制という、国家指導方針の相違が明らかになった。さらに、第4章と第5章では、その相違の存在を「労働新聞」に掲載された金正日と金正恩の動静報道に表れた指導スタイルの違いを比較分析するという時間のかかる作業で客観的に裏付けた。第6章で

は、脱北者インタビューの内容を分析・評価した韓国の専門研究機関の研究結果を再検証することによって、金正恩体制が経済開放政策を大幅に取り入れ、一般住民の生活状態が改善されている実態を検証した。さらに一般住民が、経済開放政策の効果に一定の期待を抱き、金正恩体制の早期崩壊はあり得ないと考えていることも明らかになった。また、韓国の先行研究によって開発された体制安定指標を応用して、金正恩体制の将来展望（安定性）を確認することが出来た。

　本研究の第2の目的は、

①金正恩体制形成の過程を客観的なデータ分析の積み重ねで明らかにすること。

②金正恩体制が成立の過程で獲得した統治スタイルが、日本を含む東アジア全体の「リスク・危機管理」に与える影響を明らかにすること。

③北朝鮮情勢をめぐる東アジアの「リスク・危機」を管理するために、日本がどのような役割を果たせるのか。その具体的な提案を行うこと。

にあった。

　以上の研究の結果によって、金正恩体制は安定し、強化される可能性をみせており、「核・ミサイル」開発は速度を上げ、東アジアの国際安全保障をめぐる「リスク・危機」が増大している現実が明らかになった。従来の研究はここで足を止めるが、それでは国際社会における「リスク・危機管理」確立を目指す本研究の当初の目的は果たせない。

　そこで現在、国際社会で検討されることが少なくなった「関与政策」の重要性をクローズアップし、核・ミサイル開発による「リスク・危機」を緩和し、将来の北朝鮮の改革・開放を導き出すことを提案した。

　幸いなことに、北朝鮮による経済開放政策の実態が、現地踏査や中国によるデータ公表で明らかになりつつある。それによって対話から経済交流、改革・開放への道筋を開く可能性が存在することも明らかになった。問題はそこに日本が果たすべき役割はあるかどうかである。さらにその役割を果たす能力を持っているかどうかも検討されねばならない。

　1990年代初めの日朝国交正常化交渉直後に、日本からの対北朝鮮投資の可

能性が論議されただけで、その後の研究進展はなかった。本研究では、第8章で「実現の展望と課題」を検討したが、最新のデータに基づく投資可能性と経済的利益に関する検証は、今後の研究に委ねる課題となった。

　日本には国際社会で「リスク・危機管理」の主役となる資格があるかどうかという点については、戦後、平和国家として世界の紛争を防止し、仲介する役目を果たしてきた実績があり、十分に資格と能力はあると考えられる。例えば、次に紹介するフィリピン・ミンダナオ紛争解決における日本の貢献は、国内より、東南アジア・南アジア地域で高く評価されている。

　本研究の筆者は、2004〜2008年まで毎日新聞マニラ支局長として駐在した経験がある。日本政府は、フィリピン政府とイスラム反政府勢力の間の40年以上にわたる紛争（ミンダナオ紛争）を解決するため、2006年、イスラム諸国で構成された「停戦監視団」に戦後復興の専門家を派遣した。この現場で日本は和平実現によって受け取ることが可能な経済的利益（復興支援・経済協力）を具体的に提示し、紛争当事者間の和平会議を主導する役割を果たした。[97]

　日本の貢献がフィリピン政府とイスラム武装勢力の両方に受け入れられた。それは、日米関係を外交の軸とする日本が、その一方で、戦後一貫して中東をはじめとするイスラム諸国との友好関係を維持し続けてきたため、東南アジア・南アジアのイスラム諸国が日本に対する信頼感を持っていたからだと考えられる。

　朝鮮半島情勢は、ミンダナオ紛争と比べれば、歴史、紛争の規模、関連諸国の多さにおいてはるかに複雑ではある。しかし、国際関係において最も重要なのは当事国と関連諸国の信頼関係の構築である。

　日本はこれまでの経験を生かし、本章で述べた、独自の「リスク・危機」管理対策を実施して、北朝鮮との信頼関係構築、体制変化誘導を試みるべきである。

　具体的には、朝鮮半島情勢に関する「リスク・危機」を管理し、日本及び東アジア全体の安定と安全をもたらすために日本は「関与政策」実施の具体的な検討に一日も早く入るべきである。その政策を実施する外交的資格と経済的実力は、本章で検討したように日本に十分に備わっていると判断され

る。さらに日本は北朝鮮を改革・開放へ誘導したり、東アジア地域の覇権を争う米中間の仲介役の役割を果たすことも今後、期待されるだろう。

補章

韓国・文在寅政権誕生と対北朝鮮政策の変化

　2017年5月10日、韓国に文在寅（ムン・ジェイン）政権が誕生した。朴槿恵大統領と40年来の親交を持つ女性実業家に国家機密文書が漏えいしていた「崔順実ゲート」[98] と呼ばれるスキャンダルが発覚し、朴大統領退任を求める国民的な運動が繰り広げられた。さらに国会による弾劾決議採択、憲法裁判所の判断によって朴大統領が罷免された。政治的大混乱の中、2017年5月9日、韓国大統領選が実施された[99]。その結果、大企業に批判的であり、北朝鮮に融和的であるとされる「進歩派」の文在寅氏が当選し、内政・外交のすべての面にわたって停滞した国政刷新の期待が新政権にかかった。その中でも李明博・朴槿恵両政権が何一つ成果を上げられなかった、というより、完全な断絶状態という大きな後退に陥った対北朝鮮政策の再稼働に、韓国国民ばかりか国際社会の関心も高まった。

　この章では文在寅政権誕生に伴う、韓国の対北朝鮮政策の変化と東アジアの危機管理体制への影響を展望し、同時に日韓関係改善を基礎とする戦略的な朝鮮半島政策の必要性を提言する。

1. 文在寅政権誕生と対北朝鮮政策変化の可能性

　文大統領は5月10日の就任式で「朝鮮半島平和のためなら、直ぐにでもワシントンに飛んで行き、北京、東京にも行き、条件が合えば平壌にも行くだ

ろう」と述べた。朝鮮半島周辺国に対し、韓国が主導して実現する南北接触の場で北朝鮮を説得し、核・ミサイル問題によって生じた東アジアの緊張感の緩和を試みようという強い意志を示した。しかし文在寅政権が直面したのは、どの政権よりも不利な条件下で北朝鮮の「核・ミサイル問題」を解決しなければならないという現実だった。

　不利な条件の第一は、南北接触・交流の場として金大中政権によってスタートした金剛山観光が李明博政権任期中に中断し、朴槿恵政権時には開城工業団地が閉鎖に追い込まれていた点だ。

　金剛山観光は、現在の北朝鮮地域にあたる江原道出身の現代財閥創始者、鄭周永氏が北朝鮮当局と交渉して実現した。1998年11月、江原道東海港を出港する船で韓国からの観光が始まり、2001年7月以降は、韓国側の江原道東草港から出航する雪峰号を使用、2003年9月以降は南北間の軍事境界線を直接越える陸路観光が本格的に開始され、2004年1月以降は陸路観光に一本化された。2006年7月の北朝鮮のミサイル発射問題の影響で、北朝鮮に観光料が支払われる金剛山観光に米国の批判が提起された。

　開城工業団地は2004年12月、北朝鮮の開城で操業が始まった南北交流事業で、韓国企業が出資して工場設備などを整備し、北朝鮮労働者がそこで働くシステムがとられた。韓国では創業当時「言葉が通じ、勤勉だが低廉」な労働力を求めて進出する韓国企業が相次ぎ、2012年には進出企業は123社に達した。製品は衣料品が中心で、韓国から欧州や東南アジアにも輸出された。2012年の年間生産総額は4億6950万ドル（約464億円）を記録した。

　この2つの事業は南北経済交流の一環として実施されたが、朝鮮半島情勢においては、韓国と北朝鮮間に常時開かれた対話窓口として機能し、偶発的な軍事衝突発生の危機を緩和する役割を果たしていた点が高く評価されている。

　李明博政権当時の2008年7月、韓国人女性旅行者が北朝鮮兵に射殺される事件が発生した。北朝鮮側はこの女性が誤って立ち入り禁止区域に入ったのが原因と主張し、その後の調査方法をめぐって南北政府が対立した。結局、この事件を契機に金剛山観光は中止され、北朝鮮側の往来制限措置で当時、実施されていた開城観光ツアーも中断した。こうして、2000年の南北首脳会

談以来の韓国の緩和政策が大きく変化し、南北関係は緊張状態に入った。文在寅政権誕生直後、板門店に設置された直通電話による韓国側の呼びかけに北朝鮮は答えなかった。対北朝鮮接触・交渉を始めるにしても、従来のルートが順調に稼働するかどうか、稼働したとしても信頼関係を築くことができるかどうかは不透明であり、「進歩派」の文在寅政権といえども対北朝鮮政策は一からのスタートにならざるを得なかった。

不利な条件の第2は、本論でもたびたび指摘した北朝鮮の「核・ミサイル」能力の高度化である。2015年2月、北朝鮮情勢を専門に扱う米国のウェブサイト「38ノース」を運営する、米ジョンズホプキンス大学米韓研究所（US-KOREA INSTITUTE）は北朝鮮核開発について2020年までに、最大約100個の核兵器を保有する可能性があると指摘した。また、米国のシンクタンク・ランド研究所も「2020年までに核兵器の保有数50〜100個に到達し、2020〜2025年には核弾頭ミサイルを実戦配備することが可能」「米国が射程距離に入る大陸間弾道ミサイルや潜水艦発射弾道ミサイル（SLBM）の実戦配備も予想されるという危険な事態に陥っている」と指摘した。これに対する韓国軍の防衛体制には、「韓国型ミサイル防衛体制（KAMD＝Korea Air and Missile Defense」と対北朝鮮先制攻撃能力を含む「KILL CHAIN」[100] 構築によって、北朝鮮のミサイル攻撃を防ぐという基本構想があるが、防衛体制完成には2023年までかかるというのが、韓国軍事専門家の展望であり、核・ミサイル開発の進展により、南北の軍事バランスは大きく北朝鮮側に傾いていた。

日本や米国の「圧力一辺倒」政策を支持する勢力からは、こうした軍事バランスの条件下で北朝鮮が韓国との接触・対話には応じてこないとの批判が強く出された。

2. 対北朝鮮政策実施のための文在寅政権の課題

文在寅政権が対北朝鮮政策で具体的成果を上げるには「核・ミサイル」能力の高度化阻止が何よりも優先される。世宗研究所の鄭成長・統一戦略研究室長は「核・ミサイル」能力高度化阻止のために文在寅政権が実行すべき8

つの政策課題を提案した。その提言内容と提言の背景を紹介すると共に、大澤が提言の実行可能性について検証した。

提案１. 在寅大統領は北朝鮮の核の脅威に効果的に対応できるよう大統領府の組織改編を実施しなければならない。

背　　景：朴槿恵前政権は北朝鮮対応を外交部、国防部、統一部の政府部署別に分けて実施したため、政府としての体系的な対応ができなかった。その弊害を除くため「統一外交安保政策室」を設置し、長官級の統一外交安保室長が各部署の政策調整機能を強化して朝鮮半島非核化、朝鮮半島平和体制構築、南北関係発展の戦略を立案し、大統領を直接補佐する必要があった。

検　　証：朴槿恵前政権当時、軍出身者が大統領府の統一外交安保政策を統括したため、北朝鮮崩壊時の軍事対応に焦点を当てた政策が樹立された。それが政権による早期統一論として集約され、公表された。それに対し北朝鮮側は「吸収統一により北朝鮮の人民・資源を獲得することを狙った政策」と強く反発した。その反省を踏まえて、文在寅政権では、関係諸国との交渉などに長けた外交官出身者、北朝鮮情勢に精通した学者中心に統一外交安保政策チームを構成した。しかし、文在寅大統領の外交政策ブレーンで、国家安保室第２次長に任命された金基正（キム・ギジョン）延世大学教授が、保守派の反対などで任命後わずか11日で辞任するなど、新政権の対北朝鮮政策は当初から大きな打撃を受けた。北朝鮮政策は国内の保守派勢力との間で、もっとも対立が激しい分野であり「関与政策」の早期推進に影響が出た。

提案２. 朴槿恵前政権の「統一準備委員会」[101] を「朝鮮半島平和発展委員会」に改編する。

理　　由：統一準備委員会は「北朝鮮急変事態」による早期北朝鮮崩壊を想定した組織であった。文政権では崩壊を前提にした政策立案ではなく、朝鮮半島平和安定を前提にした新設機関を設置すべきとの判断

だった。

検　証：朝鮮半島平和発展委員会は超党派で組織されるべきである。従来の韓国の対北朝鮮政策は、政権交代のたびに大きく揺れ動き、北朝鮮との信頼醸成は困難だった。その弊害を除くために文政権は野党保守派の説得にも成功しなければならず、政権任期中、対北朝鮮政策の主導権をめぐり保守派との厳しい駆け引きが続くことが予想される。

提案３．文在寅大統領は米韓、中韓、日韓の首脳会談を早期に開催し、周辺諸国指導者に新政権の対北朝鮮政策の基調を説明し、支持をとりつけねばならない。

理　由：文大統領の積極的な南北対話の意思が国際社会の対北朝鮮制裁強化の動きに反するとの憂慮がある。韓国の対北朝鮮政策が一方的な交流・支援の実施ではなく、核・ミサイル開発の中断宣言を引き出し、将来的な凍結、破棄に導く役割を果たすものであることを明確にする必要があるとの判断がある。

検　証：北朝鮮はこれまでも国際社会との協議で「核・ミサイル開発」の中断・凍結を約束し、その裏で密かに開発を継続してきた経緯がある。日米には北朝鮮の「核・ミサイル開発」の完全廃棄を条件にしなければ、対話・交流政策をとるべきではないとの強い意見が存在する。国内の保守派説得と同時に日米の説得にも成功しなければならず、文在寅政権にとって大きな困難が予想される。

提案４．2018年の平昌冬季五輪[102] 開催前の南北首脳会談開催

理　由：北朝鮮が冬季五輪の開催時期に核・ミサイル実験を重ねれば、五輪の安定した開催が阻害されるばかりか、北朝鮮との将来的な対話の可能性もほとんど失われる事態になる。その前に韓国政府は南北首脳会談を開催し、核・ミサイル開発の中断宣言を引き出す必要がある。

検　証：文在寅政権が用意する「核・ミサイル開発」対策は、現在進行中の

開発を一時的にでも止めることに主眼を置いている。問題解決を①中断（モラトリアム）→②凍結・不能化→③廃棄——の３段階で進め、その段階ごとに北朝鮮に対する支援復活、国際社会での孤立解消策へ協力などを伝えていけば、国際社会との取引や投資誘致で「経済開放」を進めたい北朝鮮側が、南北首脳会談を受け入れる可能性は残されていると考える。

提案５.　米朝・日朝関係改善の仲介役を果たす。

理　由：北朝鮮が第１に求めているのは米朝平和協定の締結であり、第２に日朝交渉による賠償金獲得と、それに伴う日本からの経済支援導入である。

検　証：米国のトランプ政権、日本の安倍晋三政権は、「現在は対北圧迫政策を強化する時期である」と主張している。その強硬政策を緩和させるための具体的な北朝鮮の態度変化は可能なのだろうか。北朝鮮は2017年４月25日の朝鮮人民軍創設記念日に予測された核実験を実施しなかった。これは米中が協調して核実験に強い反対の意志を示したからである。対話意思を持つ韓国が、北朝鮮の「核・ミサイル」放棄に対する米中の強い意志を直接伝達することができれば、北朝鮮はより早く、前向きの反応（事件のモラトリアム）に応じる可能性がある。特に「核・ミサイル開発」の廃棄は、国際機関による徹底した、時間をかけた検証が必要であるのに対し、「核・ミサイル開発」の一時的な凍結であるモラトリアムを宣言することは短時間で実現可能である。韓国が、そうした実績を上げることで、米朝、日朝の仲介役として国際社会に認知される可能性が出て来る。

提案６.　戦時作戦統制権移管推進

理　由：朝鮮半島有事の際に韓国軍を指揮する権限を意味する「戦時作戦統制権」は1950年７月に当時の李承晩大統領がマッカーサー国連軍司令官（当時）に委譲し、78年には米韓連合軍司令部の創設とともに、米韓連合軍司令官（在韓米軍司令官が兼務）に引き継がれた。

平時の作戦統制権は既に94年に韓国側に移管され、有事の統制権も2015年12月１日に移管されることで米韓間で合意していた。だが2014年10月23日に行われた米韓国防相による米韓安保協議会で突如延期された。最終的には2020年代中ごろを目標に移管することを合意している。

検　証：現在のように米軍が作戦統制権を保有した状態では、北朝鮮は米国だけを協議対象とし、韓国を対象として認定しないことは明らかである。しかし戦時統制権委譲は、在韓米軍の減少、将来的な撤退の一歩となりかねない。米軍は在韓米軍とその家族という「人質」の安全を気遣うことなく、有事には相手側領土に先制攻撃を加えることが可能になり、東アジアに核兵器を含む武器を動員した大規模衝突が発生するとの反対論がある。文在寅政権が、そうした主張をする国内保守派を説得できるかがポイントだが、これも短時間に成功するのは困難である。

提案７．離散家族の全面的な再会と住所確認
理　由：南北離散家族[103]の生存者中60％が80歳以上の高齢者であり韓国社会では至急に解決すべき問題として国民の関心は高い。

検　証：北朝鮮が離散家族再会事業実施に対応する姿勢を示せば、韓国の国民感情から文在寅政権は、何らかの対応をしなければならない。北朝鮮側は再会事業をリスタートする条件として、金剛山観光再開、開城工業団地再開などを条件として持ち出すと見られる。韓国政府は日米などとの緊密な協議を通じて、単独でも制裁緩和を決断することができるのか。その政治的決断が、離散家族再会事業開催の成否に直結する。

提案８．南北民間交流活性化
理　由：北朝鮮は2000年６月15日の南北首脳宣言[104]や、1972年７月４日の南北共同宣言[105]などの記念日を契機に、南北共同行事や南北離散家族の再会事業開催を提案してくる可能性がある。平昌冬季五輪を

　　　　前に南北スポーツ会談を呼びかける可能性がある。

検　　証：韓国側はこうした機会を利用して、北朝鮮住民が韓国を訪問する可
　　　　能性を拡大し、韓国専門家や対北朝鮮人道支援実施団体、宗教団
　　　　体、ジャーナリストの北朝鮮訪問を許可する必要があると考える。
　　　　反対に北朝鮮のジャーナリスト、宗教団体代表などを招待すれば北
　　　　朝鮮の体制変化（改革・開放）への影響も期待できる。「核・ミサ
　　　　イル開発」問題の緩和、北朝鮮の体制変革を促すための「入り口」
　　　　としては、十分に実現可能な政策と言えよう。

　以上の８つの提案の検証からみて、文在寅政権が短時間で対北朝鮮政策に
おける大きな成果を上げるのは困難であるとの結論が導き出される。

　文在寅大統領は2017年５月10日の就任以来、米国、中国、日本、欧州連
合、アセアン、ロシア、ローマ法王庁まで幅広く特使を派遣した。特使派遣
は国際社会が主導する対北朝鮮制裁の強化に賛同する一方、短期的に北朝鮮
の核・ミサイル政策を変化させ、中期的には北朝鮮の体制変化を誘導し、長
期的には平和的な南北統一を実現するという、韓国の長期的な展望にたった
「関与政策」への賛同を得ることを目的としていたと考えられるが、国際社
会の「北朝鮮不信」は根強い。

　1994年の米朝枠組み合意で、国際コンソーシアム「朝鮮半島エネルギー開
発機構（KEDO）」[106]が組織され、北朝鮮に対する軽水炉提供事業が開始
されたにもかかわらず、その後、北朝鮮は合意を無視して、密かにウラン濃
縮計画を進めていたことが明らかになったことなどから、日米をはじめとす
る国際社会では、北朝鮮の核・ミサイル開発の「中断」「凍結」ではなく
「完全廃棄」を対話受け入れの条件とする意見が有力である。

　それでは韓国新政権による「関与政策」は、今後も国際社会では絶対に受
け入れられない方策なのだろうか。前記の８つの提案は、実現不可能と考え
るしかないのか。

　筆者は米国の動向から、少なくとも国際社会は「関与政策」を完全に否定
しているわけではないと考える。米国務省のジョセフ・ユン北朝鮮担当特別
代表は、2017年５月25日、訪米した韓国国会議員らとの面談で、北朝鮮を核

保有国として認めない、全ての制裁と圧力を加える、北朝鮮の政権交代を推進しない、最終的には対話で問題を解決する——とするトランプ政権の対北朝鮮政策方針を紹介した。

　韓国メディアはこの面談内容を「朝鮮半島情勢に深く関与する米国が、韓国の対北朝鮮政策を支持する姿勢を示した」と分析し、北朝鮮の「核・ミサイル」開発の高度化をいかに中断するかを優先すれば、文在寅政権の望む対北朝鮮「関与政策」が実行できる可能性は残されているだろう。

　筆者も、本研究において、日本政府の「関与政策」への転換の可能性を主張した。だが、研究を公表したところ「北朝鮮は日本との対話には応じないだろう」「中断、凍結という言葉には何度もだまされてきた」という否定的な反応が相次いで寄せられた。

　しかし、核・ミサイル開発が、さらに高度化し、米本土に到達可能な大陸間弾道ミサイルの実戦配備の段階に至ってしまえば、日本や韓国には、ほぼ、北朝鮮情勢に対する有効な対応策はなくなってしまう。なぜならば米国の攻撃に対し北朝鮮が大陸間弾道弾で対抗できる状態になれば、北朝鮮の軍事的挑発が日本を含む周辺地域に及んだ際、米国は自国本土への被害を想定してまで日韓を支援するかどうか期待できなくなるからだ。

　核・ミサイル能力の高度化阻止は差し迫った課題である。その緊急課題解決のためには、一気に核・ミサイルの破棄を目指すのではなく、段階的な対応をしていく覚悟を固めなくてはならない。つまり、日本は韓国と協調して①核・ミサイル発射実験の中断宣言（モラトリアム）②核・ミサイル開発の凍結③核・ミサイル開発施設の封鎖④核・ミサイル開発施設の廃棄——という順番で北朝鮮に実行を求め、中断宣言→凍結→封鎖→廃棄に応じた段階で、それに見合った制裁緩和や解除、国際社会との交流仲介などの利益を段階的に与えるというロードマップを示す必要がある。それによって、北朝鮮は国際社会との交流に興味を見せるであろう。

　こうした政策の成否の鍵を握るのは、北朝鮮に大きな影響力を持つ中国の存在である。しかし韓国は終末高高度地域防衛（サード、THAAD＝Terminal High Altitude Area Defense）問題で中国との激しい対立を経験した。

　その経過は次の通りだった。

　THAADは、移動式の陸上配備型迎撃ミサイルで100キロ以上の高高度で弾道ミサイルかその弾頭を迎撃できる能力を持つシステムとして開発された。それが、ブッシュ政権のミサイル防衛計画によって、目標近くで、落下してくるミサイル、またはその弾頭の迎撃を行う「終末段階防衛用」に仕様が変更された。このシステムには迎撃ミサイルのほか、1000キロ先のミサイルや弾頭の探知が可能な移動式の地上設置型レーダーが含まれる。このレーダー設置に対し中国が自国のミサイルシステムがレーダーの探知範囲に入ることから厳しく反発し、中国における韓国企業の活動を規制したり、中国人観光客の訪韓を制限する措置をとった。

　文大統領は中韓関係改善のため、５月18日、李海瓚（イ・ヘチャン）元首相を特使として北京に派遣した。翌19日付の韓国紙・中央日報によると、李特使は、王毅中国外交部長と会談し、晩餐にも出席して両国の懸案について話し合った。王部長は会談冒頭で「昨年から中韓関係はあってはならない挫折を経験した。われわれが見たくなかったことだ」とし「韓国の新政府は当面の問題を直視し、中国側と疎通を通じて有効な措置を取ることにより、両国関係の障害物を取り除いてくれるようお願いしたい」と述べた。

　この会談について、中央日報は「『あってはならない挫折』という言葉は韓国のTHAAD配備決定と、それにともなう韓中葛藤を示す表現で、公式外交席上での発言であることを勘案すれば非常に強い表現と言える。王部長は、取材陣が見守る中、公開発言する間は厳粛な表情で一貫した」と報じ、中国側が厳しい態度を示したことを強調した。これに対し、李特使は「文在寅大統領は韓中関係が実質的かつ全面的な協力パートナー関係に発展していけるように、十分な対話と多くの交流をするべき」「今後、数度にわたって開催される韓中首脳会談を通じて、より誠意のある対話を行うことが重要だ」という大統領のメッセージを伝え、関係改善の雰囲気醸成を図った。

　李明博、朴槿恵両政権は対北朝鮮「無関与政策」を取ることにより、北朝鮮問題をめぐる戦略的な外交は実施してこなかった。むしろ、国際社会の「圧迫強化」一辺倒の政策に、朝鮮半島情勢の変化をすべて委ねた。

　いわば北朝鮮情勢は、米中のアジアにおける覇権争いの道具と化したの

だった。その結果、長年、朝鮮半島非核化を継続的に協議してきた南北高位級会談が無力化し、北朝鮮の核・ミサイル開発の実情を把握することが困難になった。現在の核・ミサイル技術に発達するまで、北朝鮮は放置状態に置かれたと考えることもできよう。文在寅政権の「関与政策」実行準備（国内人事と周辺諸国説得）は東アジア情勢安定と危機管理の実現にとって、緊急の課題となった。

3．日本がなすべきこと

　本研究は2015年までの労働新聞動静報道と、脱北者インタビューの内容を基に金正恩体制の特徴を分析し国家指導の行方を展望すること、さらに、それに伴う東アジア危機管理体制への影響と、日本の対応策を提言することを目的としてきた。

　韓国政治の混乱は、第8章−3「なぜ『関与政策』なのか」で述べた、情報収集による「急変事態」防止の基礎となる軍事情報包括保護協定（GSOMIA）のスムーズな実行を妨げる要素となった。また、韓国の政治混乱により、本研究で長期的政策として挙げた「日朝経済交流」の実現可能性を探るための手本となる開城工業団地がなくなったのは、日本にとっても大きな痛手であった。

　こうした混乱の中でも、金正恩体制の権威・権力強化と核・ミサイル開発の加速化によって高潮する東アジア危機への有効な対応策は、日本と韓国の有機的かつ強固な協力関係と米国の協調から生まれる「関与政策」であるという筆者の認識に変わりはない。この認識を基に、本研究の最終目的である具体的かつ戦略的な日本の朝鮮半島対処方案を提示する。

　まず、これまでの日本の朝鮮半島政策を概観しよう。

　戦後の日本の朝鮮半島政策は、戦前の植民統治に対する韓国国民の対日警戒心の存在や、冷戦構造に基づく南北分断という状況を鑑みて、日本外交における朝鮮半島政策のプライオリティは低かった。そのため日本が明確に朝鮮半島情勢を把握し、それに対処するという経験もゼロに等しかった。冷戦構造崩壊後も米国の世界戦略や日米関係を重視する余り、朝鮮半島情勢が日

本に与えるリスク・危機への対応策を独自に検討する必要性を感じなかった。

　また、地政学的に朝鮮半島情勢の不安定化によって、国家全体に大きな影響を受けざるを得ない日本と韓国の共通性に着目することもなかった。かえって歴史問題（元従軍慰安婦問題などを含む）、領土問題（竹島領有権をめぐる意見相違と、韓国による竹島実効支配）の影響が両国政府及び国民の意思疎通を阻害し、朝鮮半島情勢をめぐる日韓協調を妨げてきた。

　本研究で証明してきた金正恩体制の求心力強化、核・ミサイル開発問題の発生により、日本は初めて朝鮮半島情勢を視野に入れた独自の安全保障政策を検討する必要性に目覚めた。しかし、その検討は、北朝鮮の武力挑発や戦闘発生という「危機発生」以降の「国民保護」の問題に限定されている。例えば、ミサイルが飛んできた際の防護・避難方法などだ。しかし、北朝鮮との接触・対話による情勢把握や説得がないまま、圧力一辺倒の政策が続くことにより、万が一でも、日本や韓国、そして米本土を目指すミサイルが発射され、東アジア地域で熱核戦争が勃発するような事態になれば、日本を含む東アジア地域の社会・経済は想像を絶する破壊と混乱を経験することになる。そんな状態に至った段階で、どのような「国民保護」が実行可能というのだろうか。

　戦後の日本外交を俯瞰すると、戦勝国（米国）のシステムを受け入れ、国家の再建と国際社会への復帰を図り、平和と繁栄を実現してきた。一方で、経済問題に比べて、安全保障への関心は薄く、政府においては欧米諸国との経済関係を除き、海外との関わりは最小限にとどめようとする意識が強かった。結果として、日本の外交活動は縮小または存在意義が失われたのである。

　朝鮮半島政策において戦後の日本の有り様は、まさに「外交萎縮」と呼べる対応を繰り返してきた。日本を取り巻く国際的なリスク・危機に対しては、戦前の拡張主義的外交による失敗を繰り返してはならないのはもちろんだが、戦後の無関心、他者への完全依存による、外交政策の萎縮または不在は克服されるべきである。なぜなら、日本が依存先として期待してきた米国は、2001年9月11日の同時多発テロを契機に対テロ戦争と、その後始末に苦

しみ、国際社会における影響力を低下させてきたからである。

　朝鮮半島政策においても、オバマ政権は過去の米朝協議がことごとく米側の外交的失敗に終わっていることから、北朝鮮が核・ミサイル開発の廃棄を明確に証明するまでは、北朝鮮の挑発（核・ミサイル実験）への対応は国連に任せ、北朝鮮との接触・対話はしないという「戦略的忍耐」政策を貫いた。従って、北朝鮮核問題解決を目的に設置された「6者協議」はオバマ政権の期間中、開催されず、北朝鮮の核・ミサイル開発の強い意志と、それを実行する金正恩政権の求心力強化の実態から目を背けてきたのである。その結果が、本研究で述べた北朝鮮の核・ミサイル開発の加速化・高度化という事態の招来だったのである。

　米国の東アジアにおける影響力低下は、これまで米国に外交・安全保障を委任してきた日本が、特にアジア外交において果たす役割が増大したことを意味する。米国の完全な肩代わりはできないが、不足部分を補うための国際社会における義務は多くなった。

　そうした国際社会の付託に応えるために、日本は戦前の朝鮮半島植民地政策に代表される「拡張主義」への強い反省を基礎に、朝鮮半島の恒久的和平と安定実現のための明確なビジョンを国際社会に提示し、離反しようとする米国を説得しつつ、日米韓3カ国協調でそのビジョン実現を目指す必要があるだろう。

4．結語

　日本が取りうる具体的対策については、すでに第8章で「短期」「中期」「長期」の3段階に分けて提案した。ここでは結語として、3段階の「関与政策」を実行するため、日本政府と国民が十分に考慮しておかねばならない点を述べておこう。

①戦略的・長期的ビジョンのある外交
　戦前の「拡張主義」による過剰介入（植民統治）から戦後の「他者依存」という大きな振れ幅を示した日本外交のあり方は、国際社会、特にアジア諸

国に「再び拡張主義に転換するのでは」という警戒感をもたらした。日本は、戦前と戦後のような極端な変化を生じさせることなく、周辺諸国が安心して協力できる外交政策を実施することが必要である。

　北朝鮮の核・ミサイル危機の高まりに対しては、武力挑発に対する「国民保護」だけでは正しい対策を取ったとはいえない。北朝鮮指導者の政策動向を詳しく知ることにより、事前の危険排除を図る外交努力は無意味ではない。それが、まだ実体化していない「リスク」を排除し、目の前に生じた「危機」による被害を最小限に止めることにつながる。これが本来の「リスク・危機」管理のあり方であり、日本政府は国民と周辺諸国に、その必要性を訴える義務がある。

②現実的な北朝鮮情勢分析の必要性

　核兵器というのは一度手にしたら、外部の力で完全に放棄させるのは至難の業である。その実現のためには、相当の時間と緻密な交渉の継続が必要であることは、1993年の最初の「北朝鮮核疑惑」以来の関係各国の試みがすべて失敗していることからみて明らかである。

　本研究で実証してきたように、極めて閉鎖的な北朝鮮体制はソ連の影響圏で形成された東欧諸国とは性格を大きく異にしており、外部からの圧力が高まるにつれて団結力が強まり、指導者の求心力も高まるという特徴を備えている。また、北朝鮮内部に現在の支配体制以外の抵抗勢力が存在せず、相互監視、思想教育が徹底されていることから金正恩体制の早期崩壊可能性はきわめて低いと考えるべきである。

　一方で、北朝鮮の指導部自身が、現状のままでは、経済の自主更生・発展は不可能であり、何らかの形で「改革」を進める必要性を感じている。これは近年の活発な経済特区設置、外国投資を受け入れるための法整備の実態などから見て間違いない。何よりも、本研究で検証した脱北者インタビューでも明らかなように、北朝鮮内部では、経済の「改革・開放」は事実上スタートしており、それに対する住民の期待を押しつぶすことは、いくら独裁的・抑圧的な金正恩体制でも不可能である。

　これらの条件からみて、北朝鮮の「核・ミサイル」開発の高度化による

「リスク・危機」の際限のない拡大を回避するため日本が果たす役割とその順序は次のように考えられる。

　　○日米韓協調を基にした北朝鮮との対話再開

　　○対話による「核・ミサイル開発」凍結宣言引き出し

　　○対価としての支援実施

　　○「改革・開放」政策への転換要求と実現

　　○国交正常化交渉

　　○南北の平和的統一支援

　こうした「関与政策」を基にした外交交渉を実行する一方、日本政府は韓国との関係改善、米朝関係改善への協力（軽水炉提供の際のような経済負担が想定される）、南北の平和的統一への協力（北朝鮮地域への経済投資によるインフラ整備）など実現すべき具体的課題は極めて多様である。

③朝鮮半島統一後を視野に入れた政策をとるべき

　従来の朝鮮半島政策は常に南北分断を前提に検討されてきた。特に北朝鮮体制の早期崩壊を前提にした、混乱の中での統一と、それによる周辺国への軍事的・社会的影響についての分析は多様に行われた。日本における「国民保護法制」「自衛隊の公式化」などが、それにあたる。一方、歴代韓国政権は、方法・時期については相違があるものの、統一を視野に置いた対北朝鮮政策を遂行してきた。

　最も明確な形で南北共通の統一への道筋が示されたのは、韓国の金大中政権時代であった。2000年6月15日、初の南北首脳会談を終えた金大中と北朝鮮の金正日は「南北共同宣言」を発表した。その前文は「南北首脳は、分断の歴史上初めて開かれた今回の会見と会談が、互いの理解を増進し、南北関係を発展させ、平和統一を実現するのに重大な意義を持つと評価し、次のように宣言する」と述べた。そして第1項「南と北は国の統一問題を、その主人であるわが民族同士で互いに力を合わせて自主的に解決していくこととした」、第2項「南と北は国の統一のために、南側の連合制案と北側の低い段階の連邦制案に共通性があると認定し、今後この方向で統一を志向していくこととした」と、互いの統一への志向に共通性があることを認めた。

　その後の国際情勢や韓国内の政治情勢は、韓国の南北統一論議を低調にしてきたが、文在寅政権の登場で、再び「南北共同宣言」の内容が、南北双方で具体的に検討される可能性も出てきた。

　米国のトランプ政権の対北朝鮮政策の全容は、本稿執筆時点（2017年8月現在）明らかではない。韓国の新政権は前政権によって引き起こされた国内の政治的・社会的混乱の対応に当面追われ、対北朝鮮政策で具体的成果を上げるには相当の時間がかかる見込みである。

　そのような情勢の中にあって、米韓との友好関係を維持・強化しつつ、3カ国協調によって金正恩体制を改革・開放に誘導していくという日本政府と日本国民の責任は、今まで以上に大きくなっている。さらに言えば、本研究で述べた対北朝鮮3段階アプローチで内戦や難民発生、核戦争などの「リスク・危機」を排除し、平和的な南北統一を実現することに寄与できれば、遠く「文禄・慶長の役」以来続く、日本と朝鮮半島の人々の歴史的・感情的な対立を根本的に解消する機会になると考えることもできよう。

　北朝鮮情勢をめぐる「リスク・危機管理」の究極の目的は、東アジア地域の恒久的な安定と平和を維持することにある。我々日本人と日本政府は、北朝鮮情勢に対する正しい「リスク・危機」管理対策をとり、日本と朝鮮半島の間に「友好と協力」の新時代を招来できるかどうかという、歴史的な岐路に立っている事実を直視しなければならない。

【注、引用】編

〈序章〉

（1）1989年12月2日〜12月3日マルタで行われた米ソ両国首脳会談。ゴルバチョフ・ソ連共産党書記長が「世界は一つの時代を克服し、新たな時代へ向かっている。我々は長く、平和に満ちた時代を歩み始めた。武力の脅威、不信、心理的・イデオロギー的な闘争は、もはや過去のものになった」と述べ東西冷戦終結を宣言した。2016年8月27日検索 http://news.bbc.co.uk/onthisday/hi/dates/stories/december/3/newsid_4119000/4119950.stm

（2）ラングーン事件：1983年10月、当時ビルマ（現ミャンマー）の首都だったラングーン〈現ヤンゴン〉のアウンサン廟（びょう）で起きた韓国の全斗煥大統領一行を狙った爆弾テロ。全大統領は現場に到着する直前で無事だったが、韓国の副首相や外相ら高官、記者や現地政府関係者ら計21人が死亡。現地政府は北朝鮮工作員を射殺、逮捕し、北朝鮮と国交を断絶した。2012年5月14日 朝日新聞夕刊

（3）大韓航空機爆破事件：1987年11月29日、バグダッド発ソウル行き大韓航空機（乗客・乗員115人）がビルマ沖で消息を絶った。12月1日、寄港地アラブ首長国連邦のアブダビで同機を降りた実在の日本人「蜂谷真一」と「蜂谷真由美」名義の偽造旅券所持の男女2人がバーレン当局に拘束され取り調べ中に服毒。男は死亡した。同15日男の遺体と女性を韓国に移送した。韓国政府は「2人は北朝鮮工作員」と発表。女の金賢姫を「大韓航空機を爆破した罪」で起訴した。1990年3月27日 韓国最高裁は大韓航空機爆破事件の金賢姫の上告を棄却、死刑が確定したが、4月12日特別赦免で刑の執行が免除された。（社）共同通信社『共同通信社年表』（1996.06） 2016年9月4日検索 http://shashi.shibusawa.or.jp/details_nenpyo.php?sid=14440&query=%E9%87%91%E8%B3%A2%E5%A7%AB

（4）1つの例は2016年5月10日産経新聞WEB版報道「36年ぶりの開催となった今回の労働党大会は、『金正恩時代』の幕開けをアピールする大会だっただけに、指導部人事で世代交代が断行されるとの見方が少なくなかった。しかし金正恩氏はこれまで同様、『老・壮・青』のバランスを重視する人事を行った。急激な変化に伴う体制不安を恐れたとの見方が出ている」2016年8月27日検索 http://www.sankei.com/world/news/160510/wor1605100007-n1.html

〈第1章〉

（5）和田春樹（1938〜）：東京大学名誉教授、ソ連史・ロシア史・朝鮮史

（6）鐸木昌之（1951〜）：尚美学園大学総合政策学部教授、朝鮮政治

（7）李 鍾奭（1958〜）：世宗研究所首席研究委員、2006年2月〜10月韓国統一部長官（閣僚）、北朝鮮政治と南北関係

（8）太陽節：毎年4月15日の太陽節は北韓〈大澤注：北朝鮮〉の金日成主席の誕生日を記念する北韓の最大名節であります。この日は1974年4月中央人民委員会定例会を通じて北韓最大の名節に指定されました。1997年7月8日、金日成の3年の喪にあわせ。宣布され〈金日成同志の革命の生涯と不滅の業績の道を光輝かせることについて〉という決定書によって党中央委員会、党中央軍事委員会、国防委員会、中央人民委員会。政務院など5つの機関がこの日を格上げすることを共同決議しました。太陽節を記念して、2日間、大々的な祝賀行事が行われます。住民たちは良い服を着て錦繍山記念宮殿などを参拝します。また4月の春親善祝典、平壌美術祝典、金日成花展示会、切手展示会、万景台賞体育祝典、朝鮮人民軍青年軍人雄弁大会、国家図書展覧会。万景台賞マラソン大会と全国青少年万景台故郷の家を訪ねる

行軍などの行事が実施されます。（翻訳：大澤）2016年8月27日検索　統一部ホームページ
http://blog.unikorea.go.kr/4158

（９）労働新聞：1945年11月、「正路（正しい道の意味）」として創刊。46年に「労働新聞」と改名された。1992年、平壌で（本研究筆者と）面談した労働新聞社幹部は「主体思想の完成と、党の路線の徹底が最大の使命。革命軍隊が武器を持って敵を打ち破るように、革命組織は威力のある出版物を持つべきとの考えで、労働新聞は生まれた」と語った。

（10）労働新聞を使った先行研究のテーマ、筆者名、発表年月日は
・韓国学術研究情報サービスサイト　2016年9月25日検索　http://www.riss.kr
・世宗研究所資料室所蔵資料
・極東問題研究所の尹洪錫・東北亜研究室長提供資料
の３つの資料から引用

〈第２章〉

（11）金正日権力継承まで：「北朝鮮の本当の姿が分かる本」20〜21ページ（大澤文護、1994年こう書房）

（12）朝鮮労働党の正史「朝鮮労働党歴史」

（13）鐸木昌之「北朝鮮　首領制の形成と変容」102ページ

（14）社会主義経済建設10大展望目標：1980年代末までに▽電力1000億キロ▽石炭１億2000万トン▽鉄鋼1500万トン▽非鉄金属150万トン▽セメント2000万トン▽水産物500万トン▽穀物1500万トンの達成目標を立て、これが実現すれば「わが国は経済発展で世界の先進国の隊列に堂々と並ぶことになる」と言明した。出典：第６回党大会（1980年10月）の金日成報告

（15）第２次７カ年計画（1978〜84年）：電力560〜600億キロ▽7000〜8000万トン▽鉄鋼740〜800万トン▽非鉄金属100万トン▽セメント1200〜1300万トン▽化学肥料500万トン▽織物８億メートル▽水産物350万トン▽穀物1000万トンの実現を目標にした。出典：最高人民会議第６期第１回会議（1977年12月）の李鐘玉総理報告

（16）第３次７カ年計画：1987年にスタートし、「社会主義の完全な勝利」のための物理的・技術的基礎を構築することに目標を置いた。具体的な数値目標として、年平均成長率10.0％、工業総生産1.9倍、国民所得1.7倍、貿易量3.2倍、農業生産1.4倍などを提示した。だが、1993年12月の労働党中央委員会で姜成山総理が工業生産総額、電力、鉄鋼、化学繊維などの部門での目標未達を認めた。出典：ERI Working paper No.65「北朝鮮の経済動向と南北経済協力の展望」、洪演植（大韓民国財政経済部）1998年5月／2016年9月7日　検索　内閣府経済社会総合研究所ホームページ http://www.esri.go.jp/jp/archive/wor/wor065/wor65.html

（17）９月６日朝鮮中央通信の報道

（18）ＧＬＯＢＡＬ　ＮＯＴＥ（北朝鮮穀物生産量）／2016年8月28日検索　http://www.global-note.jp/p-cotime/?dno=860&c_code=408&post_no=1279

（19）主体思想塔：金日成広場の真向かいに、大同江を挟んでそびえ立つ170メートルのトーチ形大石塔です。建設に使用された大理石の数は（金日成主席の）生誕70周年を記念して365個×70年の２万5550個です。展望台まではエレベーターで上がることができ、平壌市内が一望できます。最上部の20メートルには、炎をかたどった赤透明の烽火のオブジェが載っており、夜には中からオレンジ色に光っています。烽火の下部は展望台になっており、塔の前には、労働者、知識人、農民の3人の像が建てられています。出典：中外旅行社ホームページ／2016年9月7日検索　http://www.chugai-trv.co.jp/korea2h.html

（20）韓国統計庁報道資料「1993〜2055北韓人口推計」2010年11月23日発表　2016年9月6日検索　http://kostat.go.kr/portal/korea/kor_nw/3/index.board?bmode=read&aSeq=244062

(21) 「苦難の行軍」：1996年1月1日　「労働新聞」「朝鮮人民軍」「労働青年」の各機関紙が掲載した3紙共同社説で主張された。題名は「赤旗を高く掲げて新年の進軍を力強く進めていこう」

(22) 「金正日政権の統治メカニズム：先軍政治とは何か」（厳敏俊、立命館国際地域研究第23号、2005年）

(23) 「現代北韓の理解」545ページ

(24) 1999年4月9日付「労働新聞」

(25) 2009年9月18日付労働新聞「熙川発電所建設工事現場」の現地指導

(26) 朝鮮民主主義人民共和国社会主義憲法（1998年9月5日第10期最高人民会議第1次会議で修正・補充）

　　　第2節　国防委員会

　　　第100条　国防委員会は、国家主権の最高軍事指導機関であり、全般的国防管理機関である。

　　　第101条　国防委員会は、委員長、第1副委員長、副委員長、委員で構成する。

　　　第102条　朝鮮民主主義人民共和国国防委員会委員長は、一切の武力を指揮統率し、国防事業全般を指導する。

　　　第103条　国防委員会は、次の任務及び権限を有する。

　　　　　　1　国家の全般的武力及び国防建設事業を指導する。

　　　　　　2　国防部門の中央機構を新設又は廃止する。

　　　　　　3　重要軍事幹部を任命又は解任する。

　　　　　　4　軍事称号を制定し、将領以上の軍事称号を授与する。

　　　　　　5　国の戦時状態及び動員令を宣布する。

　　　第104条　国防委員会は、決定と命令を出す。

　　　第105条　国防委員会は、自らの活動について、最高人民会議の前に責任を負う。

　　　出典は朝鮮民主主義人民共和国社会主義憲法（日本語）（Naenara 日本語版）2016年8月28日検索

(27) 金永南（1928年2月4日～）：朝鮮労働党中央委員会委員、党政治局常務委員、最高人民会議常任委員会委員長、党政治局委員、平壌市生まれ　出典：統一部北韓情報ポータル／2016年8月28日検索　http://nkinfo.unikorea.go.kr/nkp/theme/viewPeople.do?nkpmno=939

(28) 憲法改正（2009.4.9　最高人民会議第12期第1次会議で修正・補充）

　　　第3条　朝鮮民主主義人民共和国は、人間中心の世界観であり、人民大衆の自主性を実現するための革命思想の主体思想、先軍思想を自己の活動の指導的指針とする。

　　　第4条　朝鮮民主主義人民共和国の主権は、労働者、農民、軍人、勤労インテリをはじめとする勤労人民にある。勤労人民は、自らの代表機関である最高人民会議及び地方各級人民会議を通じて主権を行使する。

(29) 朝鮮民主主義人民共和国社会主義憲法（2009.4.9　最高人民会議第12期第1次会議で修正・補充）

　　　第2節　朝鮮民主主義人民共和国国防委員会委員長

　　　第100条　朝鮮民主主義人民共和国国防委員会委員長は、朝鮮民主主義人民共和国の最高指導者である。

　　　第101条　朝鮮民主主義人民共和国国防委員会委員長の任期は、最高人民会議の任期と同じである。

　　　第102条　朝鮮民主主義人民共和国国防委員会委員長は、朝鮮民主主義人民共和国全般的武力の最高司令官となり、国家の一切の武力を指揮統率する。

　　　第103条　朝鮮民主主義人民共和国国防委員会委員長は、次のような任務及び権限を有す

る。
1　国家の全般的な事業を指導する。
2　国防委員会事業を直接指導する。
3　国防部門の重要幹部を任命及び解任する。
4　他国と結んだ重要条約を批准又は廃棄する。
5　特赦権を行使する。
6　国の非常事態及び戦時状態、動員令を宣言する。
第104条　朝鮮民主主義人民共和国国防委員会委員長は、命令を出す。
第105条　朝鮮民主主義人民共和国国防委員会委員長は、自己の事業について最高人民会議の前に責任を負う。
第3節　国防委員会
第106条　国防委員会は、国家主権の最高国防指導機関である。
第107条　国防委員会は、委員長、第1部委員長、副委員長、委員で構成する。
第108条　国防委員会任期は、最高人民会議の任期と同じである。
第109条　国防委員会は、次のような任務及び権限を有する。
1　先軍革命路線を貫徹するための国家の重要政策を立てる。
2　国家の全般的武力及び国防建設事業を指導する。
3　朝鮮民主主義人民共和国国防委員会委員長命令、国防委員会決定、指示執行状況を監督し、対策を立てる。
4　朝鮮民主主義人民共和国国防委員会委員長命令、国防委員会決定、指示に外れる国家機関の決定、指示を廃止する。
5　国防部門の中央機関を出し、又はなくす。
6　軍事称号を制定し、将令以上の軍事称号を授ける。
第110条　国防委員会は、決定、指示を出す。
第111条　国防委員会は、自己の事業について最高人民会議の前に責任を負う。
　　出典は朝鮮民主主義人民共和国社会主義憲法（日本語）（Naenara 日本語版）2016年8月28日検索

(30)　「金正日政権の統治メカニズム：先軍政治とは何か」（立命館国際地域研究第23号、2005年）
(31)　2002年10月5日付労働新聞
(32)　2002年4月3日付労働新聞
(33)　韓国銀行ホームページ　北韓GDP関連統計参照
　　2016年8月28日検索　http://www.bok.or.kr/broadcast.action?menuNaviId=2237
(34)　瀬戸際政策（英:Brinkmanship）または瀬戸際戦術（せとぎわせんじゅつ）：緊張を高めることにより交渉相手に譲歩を迫る政治・外交上の手法である。外交分野においては瀬戸際外交とも呼称される。冷戦下の米アイゼンハワー政権において、ジョン・フォスター・ダレス国務長官が、相手への要求をエスカレートする外交政策を表す用語として引用した。歴史上では、ナチス・ドイツ総統アドルフ・ヒトラーが1938年のミュンヘン会議で、戦争も辞さない構えでチェコスロバキアのズデーテン地方割譲を求め、会談において英・仏の譲歩（ズデーテン地方の割譲）を引き出したケースが有名だ。戦後では1962年に、米国のジョン・F・ケネディ大統領が、ソ連からキューバへの核ミサイル設置を阻止するため、核戦争も辞さないとの姿勢を示して、ソ連のミサイル部品輸送船を大西洋上から引き返させたという、いわゆる「キューバ危機」が有名である。北朝鮮の「瀬戸際政策」は、端的に言えば、核・ミサイル開発による軍事的脅威を生み出すことで、米国を中心とする国際社会から経済・食糧支援や体制存続の保障（平和協定締結など）を得ようというものだった。

出典：千葉科学大学「危機管理国際関係論」講義ノート2016年4月、大澤文護

(35) 核拡散防止条約（ＮＰＴ Treaty on the Non-Proliferation of Nuclear Weapons ）：
- (1) 条約の成立及び締約国
- (ア) 1968年7月1日に署名開放され、70年3月5日に発効（我が国は1970年2月署名、1976年6月批准）
- (イ) 締約国は191カ国・地域（2015年2月現在） 非締約国はインド、パキスタン、イスラエル、南スーダン
- (2) 条約の目的と内容
- (ア) 核不拡散：米、露、英、仏、中の5か国を「核兵器国」と定め、「核兵器国」以外への核兵器の拡散を防止。（参考）第9条3「この条約の適用上、「核兵器国」とは、1967年1月1日以前に核兵器その他の核爆発装置を製造しかつ爆発させた国をいう」
- (イ) 核軍縮：各締約国による誠実に軍縮交渉を行う義務を規定（第6条）
- (ウ) 原子力の平和的利用：右は締約国の「奪い得ない権利」と規定するとともに（第4条1）、原子力の平和的利用の軍事技術への転用を防止するため、非核兵器国が国際原子力機関（IAEA）の保障措置を受諾する義務を規定（第3条）
- (参考) NPTの主要規定：前文、条文全11条及び末文から構成。•核兵器国の核不拡散義務（第1条）•非核兵器国の核不拡散義務（第2条）•非核兵器国によるIAEAの保障措置受諾義務（第3条）•締約国の原子力平和利用の権利（第4条）•非核兵器国による平和的核爆発の利益の享受（第5条）•締約国による核軍縮交渉義務（第6条）•条約の運用を検討する5年毎の運用検討会議の開催（第8条3）•「核兵器国」の定義（第9条3）•条約の効力発生の25年後、条約が無期限に効力を有するか追加の一定期間延長されるかを決定するための会議の開催（第10条2）（注）1995年5月、条約の無期限延長が決定された。
  2016年8月29日外務省ホームページ検索 http://www.mofa.go.jp/mofaj/gaiko/kaku/npt/gaiyo.html

(36) チームスピリット93：朝鮮半島で発生するかもしれない軍事的な突発事態に対日するため1976年から1993年まで毎年実施された韓米両国軍の合同軍事訓練。1975年ベトナム戦争終了後、急変する周辺情勢と北朝鮮の挑発の脅威の高まりにしたがって、米韓安保協力体制を強固にし、戦争を抑制し、国民に国家保安に対する信頼感を与えるために1976年6月初めて実施された。1994年3月3日、韓国国防部は北朝鮮の核問題の解決と南北関係の改善のためチームスピリット訓練を当分の間集団すると宣布した。その後、米韓合同訓練は米韓両軍の指揮訓練と野外軌道訓練であるキーリゾルブ（KEY RESOLVE）、フォールイーグル（FOAL EAGLE）となり、2008年からは「キーリゾルブ・フォールイーグル」訓練として実施されている。（大澤翻訳）
  出典：韓国民族文化大百科事典 2016年8月28日検索 http://encykorea.aks.ac.kr/Contents/Index?contents_id=E0059529

(37) 寧辺の核実験炉：寧辺の原子力研究センターは1964年にソ連との研究に基づいて稼働した。1965年8月15日に最初の実験炉を設置・稼働した。この原子炉はソ連が開発した1000〜2000キロワット級の黒鉛炉だったと推定される。5メガワット原子炉は1982年4月に建設開始。85年に初臨界に到達し、1986年1月から運転を開始した。黒鉛減速ガス冷却炉で北朝鮮独自開発したとされる。2007年に6カ国協議合意で閉鎖されたが、2009年に合意崩壊により既存の使用済み核燃料の再処理のために部分的に復旧され、2015年9月15日に北朝鮮は原子炉の運転再開を発表した

(38) 道下徳成・政策研究大学院大学教授は著書「北朝鮮 瀬戸際政策の歴史」（2013年、ミネルヴァ書房、146ページ）で、当時ロバート・L・ガルーチ国務省次官補の補佐官を務めてい

たジョエル・ウィット（米国務部北朝鮮担当官）は「6月の危機が機会の窓になった」と述べたことを紹介している。ウィットは「北朝鮮は事態が予測以上に危険な状態になったことを踏まえ、核計画の放棄に高い値段を付けようとしながらも、意味のある譲歩を見せた。そして、米国も同様に、韓国や国際原子力機関に配慮しすぎる態度を捨て、北朝鮮との直接協議を通じて問題の解決を図るために強力なリーダーシップを発揮するようになった」と状況を分析した。

(39) 「北朝鮮　瀬戸際外交の歴史」164ページ

(40) スカッドミサイル：第2次世界大戦中にドイツが開発したV2ロケットの技術を基礎に1957年にスカッドAが配備された。さらに射程を延ばしたスカッドBを開発、配備された。スカッドは、敵部隊や指揮地点、飛行場といった重要拠点を破壊する目的で開発・配備された。ソ連からの技術支援を受けた北朝鮮では射程距離の延長に取り組み、独自開発のブースターロケットを装着する技術を完成させた。スカッドBの射程距離は500キロ程度とされるが、北朝鮮の改良型「スカッドER」の射程距離は1000キロといわれる。出典　大澤文護「北朝鮮の本当の姿がわかる本」88～89ページ

(41) ノドンミサイル：液体燃料を使う弾道ミサイルで、700キロの弾頭を装着できる。最大射程距離1300キロで韓国全域はもちろん日本本土、ロシア、中国東部海岸地域まで射程圏に入る。特に日本に位置する主要米軍基地まで直接打撃が可能で、朝鮮半島有事には米国の迅速展開をけん制することができる。ノドンミサイルは北朝鮮で「火星7号」と呼ばれているが、米国の情報衛星が咸鏡南道咸州郡蘆洞里（ロドンリ）で最初に観着されたため米国のコードネーム「ロドン」（韓国語の発音では「ロドン」が「ノドン」になる）がミサイル名として定着した。北朝鮮は東西冷戦末期の1980年代後半、エジプトからスカッドB、中国からスカッドCの設計図を入手し、核弾頭搭載可能で射程距離を大きく伸ばした、ノドン1号を開発した。1990年5月に最初のノドンミサイル発射試験をした後、1993年5月に再実験、1998年実戦配備した。その後、移動式発射台の開発で脅威が増大した。2000年代初めにノドン2号を開発したという説があったが、「テポドン1号」であるとの見方が定説となった。出典：NK朝鮮　北「核装着」可能ミサイルは…ミサイル能力どこまで　2014年3月26日 2016年8月29日検索　http://nk.chosun.com/news/articleView.html?idxno=155825

(42) 東京大学東洋文化研究所田中明彦研究室、米朝共同コミュニケ翻訳文、朝鮮日報統韓研究所データベース　玄大松翻訳から引用　2016年8月29日検索／http://www.ioc.u-tokyo.ac.jp/~worldjpn/documents/texts/JPKR/20001012.D1J.html

(43) 2016年8月29日検索「ジョージ・W・ブッシュ　大統領官邸アーカイブス」　https://georgewbush-whitehouse.archives.gov/news/releases/2002/01/20020129-11.html

(44) 2016年8月29日検索　外務省ホームページ「六者会合（概要と評価）」を引用　2016年8月29日検索　http://www.mofa.go.jp/mofaj/area/n_korea/6kaigo/6kaigo_gh.html

(45) 外務省ホームページ　第4回六者会合に関する共同声明（仮訳）　2016年8月29日検索 http://www.mofa.go.jp/mofaj/area/n_korea/6kaigo/ks_050919.html

(46) 2006年10月3日　北朝鮮外務省声明

(47) 2006年10月11日　北朝鮮外務省声明

(48) 2016年2月24日毎日新聞朝刊「布施広の地球儀　北朝鮮とイランの核」　2016年9月6日検索 http://mainichi.jp/articles/20160224/ddm/007/070/054000c

(49) アジア通貨危機（IMF危機）

(50) 1993年6月12日米朝共同声明　東京大学東洋文化研究所　田中明彦研究室　米朝共同声明　出典：朝鮮日報統韓研究所データベース　翻訳：玄大松から抜粋／2016年8月29日検索 http://www.ioc.u-tokyo.ac.jp/~worldjpn/documents/texts/JPKR/19930611.D1J.html

(51) ペリー報告書

〈第3章〉

(52) 2001年2月8日の朝鮮中央通信

(53) 朝鮮民主主義人民共和国社会主義憲法（1998.9.5最高人民会議第10期第1次会議で修正・補充）

第3節　最高人民会議常任委員会

第106条　最高人民会議常任委員会は、最高人民会議休会中の最高主権機関である。

第107条　最高人民会議常任委員会は、委員長、副委員長、書記長、委員で構成される。

第108条　最高人民会議常任委員会は、若干名の名誉副委員長を置くことができる。

最高人民会議常任委員会名誉副委員長は、最高人民会議代議員の中で長期間にわたって国家建設事業に参加し、特出した寄与をした活動家がなることができる。

第109条　最高人民会議常任委員会の任期は、最高人民会議の任期と同じである。

最高人民会議常任委員会は、最高人民会議の任期が終了した後も、新たな常任委員会が選挙されるまでその任務を引き続き遂行する。

第110条　最高人民会議常任委員会は、次の任務及び権限を有する。

1　最高人民会議を召集する。

2　最高人民会議の休会中に提起された新たな部門法案と規定案、現行の部門法と規定の修正、補充案を審議採択し、重要部門法は次回の最高人民会議の承認を受ける。

3　やむを得ない事情で最高人民会議休会期間に提起される国家の人民経済発展計画、国家予算及びその調節案を審議し、承認する。

4　憲法及び現行の部門法、規定を解釈する。

5　国家機関の法遵守執行を監督し、対策を立てる。

6　憲法、最高人民会議法令、決定、国防委員会決定、命令、最高人民会議常任委員会政令、決定、指示に違反する国家機関の決定、指示を廃止し、地方人民会議の誤った決定執行を停止させる。

7　最高人民会議代議員選挙のための事業を行い、地方人民会議代議員選挙事業を組織する。

8　最高人民会議代議員との活動を行う。

9　最高人民会議部門委員会との活動を行う。

10　内閣の委員会、省を新設又は廃止する。

11　最高人民会議の休会中に内閣総理の提議により、副総理、委員長、相、その他の内閣成員を任命又は解任する。

12　最高人民会議常任委員会部門委員会成員を任命又は解任する。

13　中央裁判所判事、人民参審員を選挙又は召還する。

14　外国と締結した条約を批准又は廃棄する。

15　外国に駐在する外交代表の任命又は召還を発表する。

16　勲章とメダル、名誉称号、外交職級を制定し、勲章とメダル、名誉称号を授与する。

17　大赦権と特赦権を行使する。

18　行政単位と行政区域を新設又は変更する。

第111条　最高人民会議常任委員会委員長は、常任委員会事業を指導する。

第112条　最高人民会議常任委員会は、全員会議及び常務会議をもつ。

全員会議は、委員全員で構成し、常務会議は、委員長、副委員長、書記長で構成

する。

第113条　最高人民会議常任委員会全員会議は、常任委員会の任務及び権限を実現する上で
提起される重要な問題を討議、決定する。

常務会議は、全員会議から委任された問題を討議、決定する。

第114条　最高人民会議常任委員会は、政令と決定、指示を出す。

第115条　最高人民会議常任委員会は、その活動を助ける部門委員会を設置することができ
る。

第116条　最高人民会議常任委員会は、自らの活動について、最高人民会議の前に責任を負
う。

出典は朝鮮民主主義人民共和国社会主義憲法（日本語）（Naenara 日本語版）2016年8月28
日検索

(54)　朝鮮労働党規約（2010）　朝鮮労働党2010年9月28日

27条：党中央軍事委員会は、党大会と党大会の間に軍事分野で立ち向かうすべての事業を
党的に組織指導する。党中央軍事委員会は、党の軍仕路線と政策を貫徹するための
対策を討議決定し、革命武力を強化して軍需工業を発展させるための事業をはじめ
として、国防事業全般を党的に指導する。

出典は朝鮮労働党党規約（日本語）（Naenara 日本語版）2016年8月28日検索

(55)　李鍾奭「現代北朝鮮の理解」545ページ

(56)　鐸木昌之「北朝鮮　首領制の形成と変容」280ページ

(57)　李鍾奭「現代北韓の理解」560〜561ページ

〈第4章〉

(58)　三大革命赤旗柿木中隊：北朝鮮には女子だけで組織された防空高射機関銃中隊と海岸砲中隊
がある。多くの逸話を持つのが江原道にある海岸砲柿木中隊だ。柿木が多い場所にあり柿木
中隊という。ここに何回か来た金正日は、今は女性たちも堂々と革命の水車を回していく
ことが出来る人員軍隊の主力になると言って女性軍だけで出来た放射砲連隊を組織した。
多くの軍幹部の反対にも独断的に柿木部隊中隊長だった女性（大尉）に中佐の軍称号を与
え連隊長に任命した。出典：プレミアム朝鮮2015年6月22日　検索2016年8月29日　http://
premium.chosun.com/site/data/html_dir/2015/06/21/2015062101128.html

(59)　北朝鮮における朝鮮戦争の呼称。韓国では「韓国戦争」とか発生した日付から「625（韓国
語の発音でユギオ）」とも呼ぶ。北朝鮮では米国と韓国による軍事支配の野望を打ち破った
日として、休戦協定の結ばれた日（1953年7月27日）を「戦勝節」に指定している。

(60)　光明星2号：北朝鮮は2009年4月5日、3回目の長距離ミサイル発射を敢行した。北朝鮮はミ
サイル発射に先立ち、2009年2月24日試験通信衛星「光明星2号」を運搬する「銀河2号」
発射準備に入ったと主張した。韓米両国は3段目の飛翔体が海上に落ち、失敗したと明らか
にした。この発射では2段目が発射場から3100㌔の海上に落ち、北朝鮮ロケット技術が2
倍近く進歩したことを示したが、人工衛星を軌道に投入させることについては失敗した。
韓国は北朝鮮の発射技術が十分に成熟していないことが確認されたと評価した。（翻訳・
大澤）　2016年8月29日検索　韓国国家記録院ホームページ　http://www.archives.go.kr/
next/search/listSubjectDescription.do?id=010099

(61)　呉重治7連隊：呉重治は朝鮮半島の解放前に金日成が率いた抗日パルチザンの一人とされ、
彼の率いる第7連隊が司令部を日本軍から命をかけて守った。北朝鮮の首領制を象徴する
「首領決死擁護精神」の典型とされ、呉重治第7連隊を模範として、様々な審査を受けて
「呉重治第7連隊」の称号を受けようとする部隊の運動が展開されている。

(62) 毛岸英（1922年10月24日 - 1950年11月25日）：毛沢東と最初の妻・楊開慧の長男。8歳の時に母が国民党軍に逮捕・銃殺され、上海で浮浪児になったが発見され、1936年にモスクワに留学した。1950年11月25日、彭徳懐・中国人民志願軍司令官（1898~1974）の秘書兼ロシア語通訳として平安北道昌城郡東倉面大楡里（現在の東倉郡大楡労働者区）の司令部にいた際、米軍機のナパーム弾攻撃で戦死した。彼はいったん防空壕に入ったが、なぜか宿舎に戻り被弾した。宿舎に戻った理由は明らかでない。墓は北朝鮮平安南道檜倉郡の中国人民志願軍烈士陵にある。中朝関係を象徴するとして両国要人が訪れる。出典：京郷新聞　ホン・インピョのchina today 2016年8月29日検索　http://inpyohong.khan.kr/214

(63) 趙明録（1928年7月12日 - 2010年11月6日）咸鏡北道出身。朝鮮民主主義人民共和国国防委員会第一副委員長、朝鮮人民軍総政治局長、朝鮮労働党政治局常務委員、同党中央委員会委員を歴任。抗日パルチザン闘争に少年兵として参加。朝鮮人民軍のナンバー2の位置を占めた。朝鮮人民軍における最終階級は次帥。学歴は1950～52年ソ連空軍大学留学。1982、1986、1990年に最高人民会議委員を務めた。1995年人民軍次帥称号。2000年10月金正日の特使資格で米国を訪問しクリントン大統領と会談した。出典：統一部北韓情報ポータル　2016年8月29日検索　http://nkinfo.unikorea.go.kr/nkp/theme/viewPeople.do?nkpmno=1196

(64) 延坪島砲撃戦：韓国聯合ニュース（2010年11月23日）
延坪島に北朝鮮が砲撃、韓国軍兵士2人死亡
【ソウル23日聯合ニュース】北朝鮮が23日午後2時34分ごろ、黄海上の軍事境界線と位置付けられる北方限界線（ＮＬＬ）に近い仁川・延坪島付近の海域に海岸砲と曲射砲100発以上を発射した。この砲撃により、韓国軍兵士2人が死亡。16人が重軽傷を負った。
　　韓国軍も北朝鮮海岸砲基地付近に向け、自走砲「Ｋ-9」80発以上を応射した。合同参謀本部は、延坪島北方の北朝鮮側の島に設置された海岸砲基地、内陸の海岸砲・曲射砲基地に集中砲撃を加えたため、北朝鮮側も相当な被害が出たとの見方を示している。さらに挑発すれば強力対応すると警告放送も行ったほか、Ｆ-15、16戦闘機を黄海5島地域に向け出撃させた。
　　合同参謀本部のイ・ブンウ公報室長によると、北朝鮮軍は午後2時34分から同55分までと、午後3時10分から午後4時42分まで、海岸砲と曲射砲を発射した。このうち数十発が延坪島に着弾し、民間人3人が軽傷を負った。島民らは防空壕（ごう）などに避難している。
　　合同参謀本部は、砲撃を受け「局地挑発最高対応態勢」を発令した。危機管理体系を稼動し、全軍の警戒態勢を強化。確固たる軍事対応態勢を備えた。軍は北朝鮮のさらなる挑発を防ぎ、事態を安定的に管理するため、挑発の即時中止を求める電話通知文を南北将官級軍事会談代表名義で北朝鮮側に送った。
　　青瓦台（大統領府）の洪相杓・弘報首席秘書官は、同日に声明を発表。「わが軍はこうした挑発に交戦守則に基づき即刻対応した。追加挑発時には断固対応する」と述べた。北朝鮮の延坪島砲撃は「韓国に対する明白な武力挑発」だと強く非難し、民間人にも無差別な砲撃を加えたことは許し難い行為だと強調した。北朝鮮当局は今回の事態について、相応の責任を取るべきだと述べた。
　　また、韓国側の応射については「交戦守則に基づき、すみやかに北朝鮮側の砲陣地を砲撃した」と述べ、十分な応射を行ったと認識をしていると明らかにした。
　　合同参謀本部は、北朝鮮の砲撃は国連憲章、朝鮮戦争休戦協定、南北不可侵合意に背くもので、計画的、意図的に行われた違法な攻撃だと指摘。「無防備な民間人居住地にまで無差別に砲撃を加えた、非人道的な蛮行」だと非難した。
　　一方、北朝鮮の砲撃は、韓国軍の「護国訓練」に対する反発と伝えられていたが、軍はこの日韓国が延坪島沖合いで行った訓練は別の定期的射撃訓練だったと説明。北朝鮮の砲撃は「意図的な挑発」だと指摘している。

出典：聯合ニュース日本語版WEBサイト　2016年8月30日検索　http://japanese.yonhap-news.co.kr/headline/2010/11/23/0200000000AJP20101123007700882.HTML

(65)　朝鮮日報／朝鮮日報日本語版：2013年11月4日

北朝鮮艦艇2隻が沈没、数十人死亡。

韓国軍の消息筋は3日、北朝鮮・朝鮮人民軍の海軍艦艇2隻が先月半ば、東海の元山沖で訓練中に相次いで沈没し、海軍兵数十人が死亡したと明らかにした。沈没の原因や正確な死傷者数は分かっていないが、韓国軍当局が沈没船の引き揚げ作業の様子などを捉えたとされる。沈没したのは、潜水艦の駆逐を主な任務とする排水量375トンの海南型駆潜艇と排水量100－200トンの警備艇の可能性が高いという。

(66)　デニス・ロッドマン（1961年5月13日〜）：元全米プロバスケットボール協会（NBA）選手。1986〜93年デトロイト・ピストンズ、93〜95年サンアントニオ・スパーズ、95〜98年シカゴ・ブルズ、99年ロサンゼルス・レイカーズ、2000年ダラス・マーベリックに入団して引退。リバウンド王として名をはせ、2011年バスケットボール殿堂入りを果たした。NBA優勝5回、オールスター選出2回、最優秀守備選手賞2回、リバウンド王7回。出典：デニス・ロッドマン公式ページ　2016年8月29日参照・抜粋引用　http://dennisrodman.com/biography/

(67)　速度戦：軍事作戦を応用した社会主義建設方式。北朝鮮特有の事業推進方式を指す言葉で「すべての事業を電撃的に推し進めていく社会主義建設の基本戦闘方式」と定義されている。具体的には「すべての力量を総動員し、事業を最大限早く推し進め、その質を最も高い水準で保証すること」と説明される。速度と内実という二兎を同時に捕まえようというものだ。北朝鮮は50年代に「平壌速度」、60年代に「ビナロン速度」「降仙（製綱所）速度」などで速度という用語を使用してきた。70年代初め金正日国防委員長の指導下、革命歌劇「ある自衛団員の運命」を映画化する過程で1年はかかる作業を40日という短い期間に完成させ、これを速度戦の嚆矢として見立てている。（翻訳・大澤）出典：NK朝鮮　2016年8月30日検索　http://nk.chosun.com/bbs/list.html?table=bbs_19&idxno=2112&page=4&to-tal=134&sc_area=&sc_word=

(68)　馬息嶺スキー場：北朝鮮の国営事業として江原道元山市馬息嶺に造られた。北朝鮮は経済大国となるうえで、様々な観光特区を開発しており、その一環として馬息嶺スキー場は冬季の観光客を誘致し、経済的効果を得るために金正恩の指示で造られることになった。スキー場の敷地は1400万平方メートル、いくつものスロープが設けられ、山の頂上（1360メートル）までつながるケーブルカーと大型リゾート、従業員宿舎などがある。AP通信は、平壌と元山を結ぶ道路は開発されず、極めて劣悪な状況だが、それに反しスキー場の施設は非常に現代的であることに驚いたと伝えた。出典：統一部ホームページ「だから統一だ」　2016年8月30日検索　ttp://blog.unikorea.go.kr/4043

(69)　光明星3号2号機：2012年12月12日9時49分頃、北朝鮮は、北西部沿岸地域の東倉里（トンチャンリ）地区から、南の方角へミサイル1発を発射したと判断される。9時58分頃、1段目の推進装置とみられる物体が、東倉里地区から約460キロ離れた黄海の、北朝鮮が設定した予告落下区域内に落下したものと推定される。9時59分〜10時01分頃、2段目の推進装置とみられる物体及び3段目の推進装置とみられるものを含む物体が、我が国の上空、それぞれ約430キロ及び約500キロを太平洋に向けて通過したと推定される。なお、我が国領域内に落下物は確認されていない。10時03分頃、ミサイル先端部の「外郭覆い」（フェアリング）とみられる物体が、東倉里地区から約690キロ離れた東シナ海の、北朝鮮が設定した予告落下区域内に落下したものと推定される。10時09分頃、2段目の推進装置とみられる物体が、東倉里地区から約2,600キロ離れた太平洋の、北朝鮮が設定した予告落下区域内に落下したものと推定される。3段目の推進装置とみられるものを含む物体は、概ね平坦な軌跡をとっ

て、軌道を変更しながら飛翔を続け、後述のとおり、地球周回軌道に何らかの物体を投入させたと推定される。

　北朝鮮は発射後、「人工地球衛星」を地球周回軌道に進入させることに成功した旨発表している。これに関し、現時点においては、

①北朝鮮が発射したとみられる何らかの物体が、軌道傾斜角約97度の地球周回軌道を周回していることは確認されている。

②当該物体が、何らかの通信や、地上との信号の送受信を行っていることは確認されていない。

　　以上のことから、今回の発射により、北朝鮮は軌道傾斜角約97度の地球周回軌道に何らかの物体を投入させたものと推定されるが、当該物体が人工衛星としての機能を果たしているとは考えられない。

　（注）12月12日、朝鮮中央通信は、「（発射から）9分27秒後の9時59分13秒に「光明星3」号2号機を軌道に正確に進入させた」「「光明星3号2号機は、97.4度の軌道傾斜角で、近地点高度499.7キロ、遠地点高度584.18キロの極軌道を周回しており、周期は95分29秒」等と報じている。

我が国の安全保障等に与える影響

　今回の発射により、北朝鮮の弾道ミサイル開発は新たな段階に入ったと考えられる。長射程の弾道ミサイルの発射実験は、射程の短い他の弾道ミサイルの射程の延伸、弾頭重量の増加や命中精度の向上にも資するものであるため、今回の発射は、ノドン等北朝鮮が保有するその他の弾道ミサイルの性能の向上につながるものと考えられる。このような北朝鮮の弾道ミサイル能力の増強は、その核兵器計画が相当に進んでいる可能性が排除できないことも踏まえれば、我が国の安全に対する脅威の増大につながり得る重大な問題である。

　また、北朝鮮による長射程の弾道ミサイル開発の進展そのものについても、依然関連技術について明らかでない点はあるものの、アジア太平洋地域のみならず広く国際社会の安全保障にとって重大な懸念事項である。

　さらに、これにともなう弾道ミサイルやその関連技術の更なる移転・拡散も、国際社会にとって一層懸念すべきものとなっている。

　出典：防衛省・自衛隊ホームページ「北朝鮮による『人工衛星』と称するミサイル発射について　平成25年1月25日　防衛省」　2016年8月30日検索　http://www.mod.go.jp/j/approach/defense/bmd/20130125.html

(70)　「北朝鮮　首領制の形成と変容」280ページ

(71)　白鶴淳：世宗研究所教育研修本部長（首席研究員）。ソウル大学、ソウル大学大学院政治学科を経て、1993年米ペンシルベニア大学で政治学博士学位取得。1996〜97年米ハーバード大学で博士学位取得後フェローシップを受けた。世宗研究所南北韓関係研究室長、統一部南北関係発展委員会委員、金大中平和センター諮問委員、民族和解協力汎国民協議会政策委員長などを歴任。引用：世宗研究所ホームページ「研究所紹介」

(72)　「北朝鮮　首領制の形成と変容」182ページ

(73)　新川虐殺：1950年10〜12月の間、黄海道新川郡一帯で起きた大規模な民間人虐殺事件をいう。北朝鮮はこれが米軍による虐殺だと主張し、1958年3月、金日成の指示で、この場所に「新川博物館」を造り、反米教育の中心地として活用している。北朝鮮が米軍によって虐殺されたと主張する人数は3万5383人。その他に安岳郡で1万9000人、殷栗郡で1万3000人など、黄海道一帯だけで12万人の住民が米軍により虐殺されたと主張している。出典：朝鮮日報WEBサイト「1950年、黄海道新川虐殺事件の真相」2015年6月24日　2016年8月30日検索　http://pub.chosun.com/client/news/viw.asp?cate=C01&mcate=M1003&nNewsNumb=20150617696&nidx=17697

(74) 羅先市水害：北朝鮮専門通信NK TODAY（2015年10月14日）

　　　台風コニー（15号）による惨事

　　　　去る8月22〜23日、台風コニーの余波で羅先市に集中豪雨が降り、住民が大きな被害を受けた。北朝鮮の報道によれば、被害が集中した場所は白鶴山周辺で住民40人が死亡し、機関、企業所、学校、託児所、病院など99棟の公共機関の建物と住宅1070余棟、5240世帯が被害を受けた。また鉄橋を含む橋51カ所が破壊され、農地125町歩が完全に浸水したという。

　　　　中国北京の国際赤十字社東アジア支部スポークスマンは家屋150余棟が完全に破損し、860余棟が被害を受けたと説明した。

　　　　また国際赤十字社・赤新月連盟は道路4930平方㍍、橋632㍍、鉄道1976㍍が破損し、1万1000人余りの罹災者が発生したと明らかにした。北朝鮮メディアは今回の被害が起きた理由について数時間に300ミリ以上の集中豪雨が降り、山岳地帯であることから、水が一度に流れ出したためだと分析した。（翻訳・大澤）

　　　検索2016年8月30日　http://nktoday.tistory.com/2028

〈第5章〉

(75) 図表5−1〜5−3作成の際の参考資料

　　　1）世宗研究所政策ブリーフィング「北韓労働党第7回大会の評価と北韓情勢の展望」（2016年5月17日）

　　　2）鄭成長「北韓労働党の組織体系とパワーエリート」（2016年5月9日、世宗研究所）

〈第6章〉

(76) ズビグネフ・ブレジンスキー〈Zbigniew Brzezinski〉（1928〜）：米国の政治家、政治学者。ポーランドのワルシャワ生まれ。1938年アメリカに移住、1958年帰化した。ハーバード大学で博士号を取得し、1960年コロンビア大学准教授となり、1962〜1977年同大学教授を務めた。ドイツのナチスやファシスト政権下のイタリアを論じるために用いられる「全体主義」概念をソ連研究に用いた。コロンビア大学共産主義問題研究所長を務めるなど、ソ連・東欧問題の研究に従事した。カーター政権の国家安全保障問題担当特別補佐官をつとめた（1977年1月〜1981年1月）。学界に戻った後は1981〜1989年コロンビア大学教授に復任した。その後、ジョンズ・ホプキンズ大学高等国際問題研究大学院教授も務めた。著書には『ソビエト・ブロック』The Soviet bloc（1960）、『ひよわな花・日本』The fragile blossom ; crisis and change in Japan（1972）　出典：「ブリタニカ国際大百科事典 小項目事典」検索2016年8月30日　https://kotobank.jp/word/%E3%83%96%E3%83%AC%E3%82%8B%E3%83%B3%E3%82%B9%E3%82%AD%E3%83%BC-127595#E3.83.96.E3.83.AA.E3.82.BF.E3.83.8B.E3.82.AB.E5.9B.BD.E9.9A.9B.E5.A4.A7.E7.99.BE.E7.A7.91.E4.BA.8B.E5.85.B8.20.E5.B0.8F.E9.A0.85.E7.9B.AE.E4.BA.8B.E5.85.B8

(77) 「現代北韓の理解」563〜566ページ

(78) グローバルノート - 国際統計・国別統計専門サイト 統計データ配信　検索2016年8月30日　http://www.globalnote.jp/p-cotime/?dno=860&c_code=408&post_no=1279

(79) 任明・中国吉林大学東北亜研究院教授「金正恩時代の北中経済貿易協力：特徴、困難、発展方向」（2016年2月10日）要約5ページの「北韓の対中国依存度推移」表を参考にグラフを作成した

(80) 康仁徳（1932年11月10日〜）：慶南大学校極東問題研究所招聘碩座教授。平壌生まれ。1968年韓国外国語大学院修了、政治学博士。韓国中央情報部中共・ソ連分析官、北韓課長、海外

情報局長、北韓局長兼南北調節委員などを歴任。1979年（財）極東問題研究所を創立し同所長を務めた。金大中政権の統一部長官（1998年3月〜99年5月）を務めた。著書に『共産圏総覧』『北韓全書』『共産主義と統一戦術』『言語・政治・イデオロギー』『北朝鮮問題をどう解くか』（編著）他多数。

(81) 「北朝鮮　首領制の形成と変容」316−317ページ

(82) 出身成分：北朝鮮では1950年代末ごろから本格的な社会主義制度改革を急いだ。その一環として推進したのが全住民を出身成分別に調査する作業だった。住民全体に対する家族の階級的背景と活動を調査し、住民たちの政治性向を把握し、効果的に管理・統制するため「北朝鮮式」階級政策を樹立するためのものだった。作業は次のように実施された。

1958年12月〜1960年12月＝中央党集中指導作業（不純分子選出・処断または山間地帯に強制移住）

1966年4月〜1967年3月＝住民再登録事業（住民成分分類・直系3代、6親等まで内偵）

1967年4月〜1970年6月＝3階層51分類区分事業（住民再登録事業を土台に全住民を「核心階層」「動揺階層」「敵対階層」に区分。これを再度、成分化して51種類に分類した）

1972年2月〜1974年＝住民了解事業（住民動態を調査・把握し、全住民を「信じることのできる者」「半信半疑の者」「変節者」に区分）

1980年1月〜1980年12月＝住民証検閲事業（金正日の指示で公民証更新により不純者選出と統制機能を強化）

1980年4月〜1980年10月＝外国帰化者、越北者等に対する了解事業（外部から入北した者を13階層に区分、監視資料を体系化）

1981年1月〜1981年4月＝北送在日郷胞〈帰国運動で北朝鮮に渡った在日朝鮮人〉了解事業（北送郷胞に関する資料を詳細に区分し動向監視資料を体系化）

1983年11月〜1984年3月＝住民証更新事業（公民証更新または住民文献整備）

1989年10月〜1990年12月＝住民再登録事業（住民登録簿を再調査・整理、離散家族の個人身上カード作成）

1997年11月＝公民登録法採択（出生証、公民証、平壌市民証発給）

1998年2月〜1998年10月＝公民証更新事業（手帳形式からビニールコーティングしたカード形式に変更）

2004年4月＝ビニールコーティング式公民証から手帳式公民証に変更

以上の手続きで出身成分分類と管理・統制システムを完成した。

出典：韓国統一部「北韓情報ポータル」2016年8月30日検索　http://nkinfo.unikorea.go.kr/nkp/overview/nkOverview.do?sumryMenuId=SO303

(83) 広幅政治：＊仁徳政治と併用される事が多い。2つの言葉は金正日のリーダーシップをクローズアップするために使われた。

〈仁徳政治〉1993年1月28日付の労働新聞は「仁徳政治が実現する社会主義万歳」という記事を掲載した。仁徳政治とは「政治の根本である人民への愛情と信頼を持って政治をすること」として、金正日が「人民への偉大なる愛情を持って、人民のために最も立派な政治をしている」と主張した。金正日自らも、1994年に論文「社会主義は科学だ」の中で仁徳政治の重要性を強調した。

〈広幅政治〉「全体人民を抱え込む政治」の意味で「すべての人民を革命の永遠な同伴者として率いていく政治」と説明している。金正日のリーダーシップが大胆で大らかだということを強調する際に主に使われた。

出典：ＫＢＳ　ＷＯＲＬＤ北韓ＡｔｏＺ　2016年8月30日検索　http://world.kbs.co.kr/japanese/event/nkorea_nuclear/general_04d.htm）

(84) トンジュ（金主）：金正恩時代に栄える赤い資本家「金主」（2015年8月15日　東亜日報

WEB版プレミアレポート)

　金主は「金の主人」という意味で1990年代初めから北朝鮮で使われ、資産が多い金持ちを指す用語だ。脱北者たちによれば、普通１万ドル以上を保有すれば金主と呼ばれている。北朝鮮に金主がどのくらいいるのか正確には分からないが、最低数万人に達していると推定される。

　金主たちは多様な分野に投資をして北朝鮮の市場化を早めている。現在、北朝鮮の金主たちは投資分野によって多様に分類されている。漁船に投資する「船主」、鉱山に投資する「鉱主」、運送業に投資する「車主」、土地に投資する「地主」などだ。金主たちは収益金を再び多様な分野に投資して利潤を拡大している。

　最近、北朝鮮の金主たちが集中的に投資しているのは不動産、運送、鉱山業、サービス業などだ。羅津先峰地域で大学教授をしていたヒョンイネ統一研究院客員研究委員は「最近、平壌で最も人気の有る投資先は建設業」と言い「アパート１軒建てれば、最低30％以上の利潤が残ると言われた」と語った。彼は「平壌で建設される大多数の高級アパートの建設主体は公企業だが、建設資金は金主から出ている。それほど資本主義式投資が行われているということだ」と付け加えた。

　中国に出てくる途中、本紙記者と通話したある平壌住民は「金主が投資し建設したアパートが平壌だけで最近５年間に５万棟を超えた」と言い「これに比べ同じ期間に金正恩の指示で国家が投資して建設したアパートは5000棟にも満たない」と言った。

　自由アジア放送（ＲＦＡ）は最近「今年４月には金正恩の警護部隊が使用していた建物まで金主に売られ、話題になった」と報道した。この建物は平壌市中心部の 경흥〈キョンブン〉洞に位置しており、ある金主が60万ドルで買い、一般住宅に改造した後に売り払い金をもうけたという。

　運送業も金主の独り舞台で資本主義式経営が活発だ。脱北者や北朝鮮貿易商数百人をインタビューしたアンドレ・ランコフ国民大学教授は「新義州や元山のようなところでは市内バスも民間資本によって運行されている」と語り「中古バスを中国から5000〜１万ドルで買ってきて、当局の庇護の下、運営して利潤を分けているのが現状だ」と伝えた。北朝鮮消息通によれば平壌のタクシー運行台数が最近1000台を超えた。その60〜70％は金主の所有だといわれる。

　石炭、金の採掘も金主の集中投資対象だ。２年前に脱北したA氏は、炭鉱として有名な咸鏡北道恩徳郡の金主が運営する炭鉱で日当を受けて石炭を掘っていたという。金主が国営企業である炭鉱に金を払って廃坑を買った後、日当労働者10人余りを雇用して石炭を掘り、闇市場に売る会社だった。このような方法で金主が運営する炭鉱は恩徳郡だけで100カ所を超える。全国的には数千カ所にのぼると推定される。

　ランコフ教授は「金正恩時代に入り、民間資本に対する探索がほとんどない」と言い「現在、北朝鮮経済は政府ではなく、金主によって動いていると言っても過言ではない」と語った。

2016年8月30日検索　http://news.donga.com/List/Series_70030000000719/3/
70030000000719/20150915/73626104/1

〈第7章〉
（85）2006年10月13日、中央日報日本語ＷＥＢ版
（86）2016年7月9日、毎日新聞朝刊
（87）2016年4月8日「関西地域日韓関係シンポジウム」における発表、鄭成長「金正恩発足以降の北朝鮮の変化と韓日協力方向」

〈第8章〉
(88) 2016年2月24日、毎日新聞朝刊
(89) 2016年3月3日、朝鮮日報
(90) 2016年3月3日、首相官邸ホームページ　2016年8月30日検索　http://www.kantei.go.jp/jp/97_abe/discource/20160303comment.html
(91) 2016年3月11日、国際連合安全保障理事会決議第2270号和訳（外務省告示第67号）
(92) 南北経済交流で実現した開城工業団地は、北朝鮮の「核・ミサイル開発」に対する国際社会の制裁強化によって頓挫した。非武装地帯の北方限界線から僅か1キロメートル程の最前線に工業団地が建設され、実質的な運営は韓国側が行うという特色のある運営形態を持っていた。約3万人の北朝鮮の労働者と、約1300人の韓国の労働者が同じ職場で働くという試みは、北朝鮮の経済開放に肯定的な影響を与えうる事業として評価された。
開城工業地区で働く北朝鮮側の労働者は韓国側から約60ドルの給料支払いを受けた。給料は労働者に直接渡されることはなく北朝鮮側の当局を通して渡される決まりになっていたため、その給料が核・ミサイル開発資金に流用された可能性も指摘された。
(93) 2016年8月16日「国境で見た北中経済交流と北韓経済の実情」（李鍾奭・世宗研究所首席研究委員）
(94) 羅津先鋒自由経済貿易地帯：1991年12月、北朝鮮が体制維持と深刻な経済難の解消対策の一環として設置を決定した。北朝鮮側は東北アジアの経済発展、協力増進、交流拡大に積極的な役割を果たすと設置目的を述べた。東北アジアの国際的な貨物中継基地と輸出加工、観光、金融、サービスの基地、輸出加工の基地機能を総合的に持つ国際交流の拠点都市を目標とした。政策立案と対外経済協力を担当する対外経済協力推進委員会を設立し、外国企業や外国資本の誘致に力を入れた。また外貨誘致のため外国人投資法、自由経済貿易地帯法など57項目の外資誘致法令を制定し、所得税14%、無査証（ビザなし）出入国などの特恵を設定した。96年と98年に現地での投資フォーラム開催により、香港企業と1億8000万ドル規模のホテル建設に合意。中国、香港、日本と9億ドルの契約を結んだ（実際の投資は契約金額の14％水準で、主にホテル等のサービス業の投資が大部分を占めた。社会建設資本の投資は微々たる水準だった）。2002年までに外国資本が建設する施設は朝鮮総連（在日本朝鮮人総連合会）の羅津港肥料倉庫と観光宿舎、香港タイソン社の羅津ホテル、中国吉林省延辺建築公社と合営で建設した羅津市場などだった。出典：北経協情報センター「北韓の経済特区」2016年8月30日検索　http://www.kita.net/interkorea2/html/business/map_special1.jsp
(95) 一帯一路戦略：2013年秋、中国の習近平国家主席が提唱した国家戦略。歴史上の東西交易ルート「シルクロード」にちなみ、中国から中央アジアを経由して欧州に至る陸路の「シルクロード経済ベルト」、南シナ海やインド洋を経由する「21世紀海上シルクロード」からなる。沿線国を中心に道路や発電所などのインフラを整備し、貿易や人的交流の促進を目指す。2015年12月30日毎日新聞ＷＥＢ版「チャイナセンセーション第1部　一帯一路の行方／1（その1）原発協力、日本に打診　中国企業、輸出拡大狙い」から引用　2016年9月1日検索　http://mainichi.jp/articles/20151230/ddm/001/030/131000c
(96) 2015年12月28日、日韓外相会談後の共同記者会見発表内容
2016年8月30日検索　日本外務省ホームページ「日韓外相会談」　http://www.mofa.go.jp/mofaj/a_o/na/kr/page4_001667.html
(97) 2015年6月20日「フィリピン・ミンダナオ和平関係者による岸田大臣表敬」外務省ホームページから引用
（1）フィリピン政府とモロ・イスラム解放戦線（MILF）との和平交渉は、2001年にマレー

シアを仲介役として開始。2003年に停戦合意に至り、2004年からマレーシアを団長とする国際監視団（IMT:International Monitoring Team）が活動を開始。これにより和平合意に向けた交渉は進展したものの、2008年8月に最大の懸案である土地問題の解決をめぐる国内調整に失敗し、武力衝突が再燃。その後、2009年12月の国際コンタクト・グループ（ICG:International Contact Group）結成を契機として、2010年2月に和平交渉が再開。2010年6月に発足したアキノ政権下でも和平交渉は継続され、2012年10月に「バンサモロ枠組み合意」に署名。その後、付属書4件（移行プロセス、権限分担、資源分配、正常化）の交渉を経て、2014年3月に「包括和平合意」に署名。

(2) 包括和平合意に基づき、新たな自治政府（バンサモロ：Bangsamoro）の創設に向けて、移行プロセスが進行。バンサモロ基本法（Bangsamoro Basic Law）の制定、管轄領域を画定するための住民投票の実施、現在のムスリム・ミンダナオ自治地域（ARMM: Autonomous Region in Muslim Mindanao）の廃止と暫定統治機関（BTA: Bangsamoro Transition Authority）の設置を経て、バンサモロを創設。

(3) 移行プロセスと並行して、正常化プロセス（退役・武装解除、警察組織の創設、社会経済開発等）も進められる予定。武装解除については、2017年6月16日、アキノ大統領とムラド議長が出席して、退役・武装解除セレモニーが実施され、MILF兵士145名の退役（退役兵士には25,000ペソを支給）と75丁の武器が引き渡された。

(4) 我が国は、（ア）IMTの社会経済開発部門への開発専門家派遣、（イ）元紛争地域に対する人間の安全保障・草の根無償資金協力など経済協力プロジェクトの集中的実施（J-BIRD: Japan-Bangsamoro Initiatives for Reconstruction and Development）、（ウ）和平交渉にオブザーバー参加をして助言を行う国際コンタクト・グループ（ICG）への参加等を通じ、ミンダナオ和平プロセスの進展及びミンダナオ地域の復興・開発に貢献。また、2011年8月4日には、アキノ大統領及びムラドMILF議長が秘密裏に訪日し、成田でミンダナオ和平問題の解決に向けた初めてのトップ会談が行われた。

(5) 安倍総理大臣はアキノ大統領の国賓訪日の際、共同宣言を発出（PDF）別ウィンドウで開く。ミンダナオ和平について、日本政府は、新たな自治政府（バンサモロ）の発足を見据え、J-BIRDを新たなフェーズ「J-BIRD2」へ移行する、自治政府の経済的自律に焦点を当てた支援も検討することを表明。

2016年8月30日検索　外務省ホームページ　http://www.mofa.go.jp/mofaj/press/release/press4_002232.html

〈補章〉

(98) 崔順実ゲート：週刊エコノミスト2016年11月29日号「NEWS OF THE WEEK FLASH! 韓国国際介入疑惑　朴大統領の退任は不可避　北朝鮮情勢にも重大な影響」（千葉科学大学教授大澤文護）より

「韓国の朴槿恵大統領（64）の親友による国政介入疑惑をめぐる『大統領退任』の流れは止まりそうにない。ソウル市中心部では毎週末、大規模な退陣要求デモが繰り返され、韓国で初めて検察当局による現職大統領への事情聴取が予定されている。また国会は検察当局から独立して捜査する『特別検事』を設置。大統領側は政治権限の一部を国会推薦の首相に委ね、二人三脚で国政を運営する解決策を望んできたといわれるが、もはやそのような主張に耳を傾ける人は韓国のどこにもいないだろう。

騒動のきっかけは10月下旬、政府機密文書が政府関係者でもない一般人に漏えいしているという韓国メディアのスクープだった。漏えい先は、大統領と40年以上の親交を持つ女性実

業家、崔順実容疑者（60）＝職権乱用の共犯容疑などで逮捕。1974年、朴大統領は父・朴正熙大統領暗殺未遂事件の流れ弾で母を失った。その父も79年、側近によって暗殺された。事件後、社会から一時姿を隠して過ごした朴大統領に、妹のように付き従ったのが崔容疑者だった。スキャンダルが政府機密文書漏えいに止まれば『父母を失った孤独な大統領と親友の行き過ぎた関係が生んだ失政』という反応に止まり、ここまで大きな糾弾を受けることは無かっただろう。しかし、事件は国民の予想を超えて拡大を続けた。大統領府の幹部人事が崔容疑者の推薦で決まっていたことが明るみに出た。崔容疑者が事実上の責任者を務める文化・スポーツ財団に『大統領権限』を行使して800億ウォン（約71億円）の巨額寄付金が集められた疑惑が浮上した。２つの疑惑に関与した疑いで大統領府の幹部が逮捕され、財閥幹部も事情聴取を受けた。さらに崔容疑者の娘が名門・梨花女子大に不正入学したスキャンダルも飛び出した」

(99) 第19代韓国大統領選挙：2017年３月10日、朴槿恵大統領が憲法裁判所に罷免され失職。大統領選挙早期実施が決まった。文在寅氏は４月３日に最大野党（当時）「共に民主党」の大統領選挙公認候補を選ぶ党内予備選挙で忠清南道知事の安熙正、京畿道城南市長の李在明らを大差で破り党大統領候補となった。選挙公約は▽雇用対策「公共部門に81万人の雇用創出」「民間に50万人の雇用創出」「最低賃金１万ウォン」▽財閥改革「財閥大企業への経済力の集中を防ぐために持ち株会社要件の強化」「子会社所有に必要な出資比率の引き上げ」「ショッピングモール規制による中小零細企業保護」。５月９日の投票では1342万3800票（得票率41.08%）を獲得し、2位の自由韓国党、洪準杓候補の785万2849票（得票率24.03%）に圧勝した。１位と２位の票差557万951票は韓国大統領選挙史上最大となった
2017年５月10日韓国紙・朝鮮日報、聯合ニュースなどの報道

(100) 韓国型ミサイル防衛体制（ＫＡＭＤ）とＫＩＬＬ　ＣＨＡＩＮ：ＫＡＭＤは地対空誘導弾パトリオット、中距離地対空誘導弾（M‐ＳＡＭ）、長距離地対空誘導弾（L‐ＳＡＭ）、早期警戒レーダー、イージス鑑などで構成され2020年代の完成を目指す。ＫＩＬＬ‐ＣＨＡＩＮは北朝鮮の弾道ミサイル発射兆候を探知して専制攻撃を加える戦術システム
2017年５月12日　聯合ニュース

(101) 統一準備委員会：朝鮮半島の統一に向けた基盤づくりを議論する大統領直属の機関として2014年７月に発足した。南北統一の準備について基本方向を示し、分野ごとの課題を研究することを目的に設置された。委員長は大統領が務め、統一部、企画財政部、外交部、国防部などの長官や次官らによる政府委員と、民間委員の合わせて70人あまりで構成された。
KBS　WORLD　RADIO　2014年7月16日掲載　http://world.kbs.co.kr/japanese/news/news_Po_detail.htm?No=51095〈2017年６月15日検索〉
　　しかし、2015年３月、鄭鍾旭（チョン・ジョンウク）副委員長が南北統一について、北朝鮮体制が崩壊し、韓国が吸収する形を想定した研究チームを同委員会に作ったと明らかにしたと述べ、北朝鮮が強く反発し、以降、同委員会は活動休眠状態に陥った。

(102) 平昌冬季五輪：第23回冬季五輪競技大会。韓国東部・江原道平昌で2018年２月９日（金）から25日（日）までの17日間開催。15競技102種目が実施され、スノーボードのビッグエア（男・女）、スピードスケートのマススタート（男・女）、カーリングの混合ダブルス、アルペンスキー混合団体など６種目が新しく採用され、歴代競技大会でもっとも多くの女性、混合種目の競技が行われる予定
VISIT　SEOUL　NET　2017年4月12日〈2017年６月15日検索〉　http://japanese.visitseoul.net/tours/PyeongChang-2018-JP_/21211?curPage=1

(103) 南北離散家族：朝鮮戦争（1950～53年）の混乱で韓国と北朝鮮に生き別れた家族を指し、約1,000万人にのぼるとされる。再会は南北赤十字社の合意で85年、初めて実現。2000年の南北首脳会談後に本格化し、10年までの17回で南北合計で約１万8,000人が再会を果たした。

韓国で再会を申請した約12万9,000人のうち約5万7,000人がすでに亡くなっている

朝日新聞（2014年2月21日朝刊）〈2017年6月15日検索〉　http://www.asahi.com/topics/word/%E9%9B%A2%E6%95%A3%E5%AE%B6%E6%97%8F.html

（104）2000年6月15日南北共同宣言：2000年6月の南北首脳会談最終日の14日深夜、韓国の金大中大統領と北朝鮮の金正日総書記が署名した共同宣言。翌15日に発表された。南北は経済面での関係を強化しながらも、政治的統一は先送りすることで事実上合意した。分断後、厳しい対立を続けてきた南北朝鮮がこれまでの敵対関係に終止符を打ち、平和共存に向かって踏み出した第一歩となる可能性のある歴史的な内容だった

〈南北首脳宣言全文〉

祖国の平和的統一を念願する全民族の崇高な意思に従い、大韓民国の金大中大統領と朝鮮民主主義人民共和国の金正日国防委員会委員長は2000年6月13日から6月15日まで平壌で歴史的な会見を行い、首脳会談をもった。南北首脳は、分断の歴史上初めて開かれた今回の会見と会談が、互いの理解を増進し、南北関係を発展させ、平和統一を実現するのに重大な意義を持つと評価し、次のように宣言する。

１．南と北は国の統一問題を、その主人であるわが民族同士で互いに力を合わせて自主的に解決していくこととした。

２．南と北は国の統一のために、南側の連合制案と北側の低い段階の連邦制案に共通性があると認定し、今後この方向で統一を志向していくこととした。

３．南と北は今年8月15日に合わせて、離れ離れになった家族、親族の訪問団を交換し、非転向長期囚問題を解決するなど、人道的問題を速やかに解決していくこととした。

４．南と北は経済協力を通して、民族経済を均衡的に発展させ、社会、文化、体育、保健、環境など諸般の分野の協力と交流を活性化し、お互いの信頼を確かめていくこととした。

５．南と北は以上のような合意事項を速やかに実践に移すため、早期に当局間の対話を開催することとした。

金大中大統領は金正日国防委員会委員長がソウルを訪問するよう丁重に招請し、金正日国防委員会委員長は、今後、適切な時期にソウルを訪問することとした。

2000年6月15日

大韓民国大統領　金大中

朝鮮民主主義人民共和国国防委員会委員長　金正日

統一日報WEB版（2010年7月27日）〈2017年6月15日検索〉　http://news.onekoreanews.net/detail.php?number=54984

（105）1972年7月4日南北共同宣言：〈南北共同宣言全文〉

最近平壌とソウルで南北関係を改善し、分断された祖国を統一する諸問題を協議するための会談が開かれた。ソウルの李厚洛中央情報部長は1972年5月2日から5日まで平壌を訪問して平壌の金英柱組織指導部長と会談し、金英柱部長の代理として朴成哲第2副首相が72年5月29日から6月1日の間ソウルを訪問して李厚洛部長と会談した。

これらの会談で、双方は祖国の平和的統一を一日も早くもたらさねばならないという共通の念願をいだいて虚心坦懐に意見を交換し、双方の理解を増進させるうえで多大な成果を収めた。

この過程において双方は互いに長らく会えなかったために生じた南北間の誤解、不信を解き、緊張を緩和させ、ひいては祖国統一を促進するため、次の問題に関して完全な意見の一致に到達した。

1.双方は次のような祖国統一に関する原則で合意した。

（あ）統一は外国勢力に依存するかまたは干渉を受けることなく自主的に解決すべきである

（い）統一はお互いに武力行使によらず、平和的方法で実現すべきである

（う）思想と理念、制度の差違を超越してまず単一民族としての民族的大団結をはかるべきである。

1. 双方は南北間の緊張状態を緩和し信頼の雰囲気を醸成するためにお互いに相手を中傷、ひぼうせず、大小を問わず武装挑発をせず、不意の軍事的衝突事件を防止するために積極的な措置をとることに合意した。

1. 双方は断たれた民族的連係を回復し、互いの理解を増進させ、自主的平和統一を促進させるために南北間の多方面的な諸交渉を実施することに合意した。

1. 双方は現在、民族の至大な期待のうちに進行されている南北赤十字会談が一日も早く成功するよう積極的に協調することに合意した。

1. 双方は突発的軍事事故を防止し、南北間で提起される諸問題を直接・敏速・正確に処理するためにソウルと平壌間にホットライン（常設直通電話）を設けることに合意した。

1. 双方は以上の合意事項を推進するとともに南北間の諸問題を改善・解決することで合意した。双方はまた祖国統一原則に基づいて統一問題を解決する目的で李厚洛部長と金英柱部長を共同委員長とする南北調節委員会を構成運営することに合意した。

1. 双方は以上の合意事項は祖国統一を渇望する民族全体の念願に符合すると確信し、この合意事項を誠実に履行することを民族の前に厳粛に約束する。

互いに上司の意を体して

　　　李　厚　洛
　　　金　英　柱
　　　1972年7月4日

日本外務省ホームページ「その他の重要外交文書」から引用。〈2017年 6 月15日検索〉
http://www.mofa.go.jp/mofaj/gaiko/bluebook/1973/s48-shiryou-5-4.htm

(106) 朝鮮半島エネルギー開発機構（KEDO、The Korean Peninsula Energy Development Organization）：1994年10月に米朝間で署名された「枠組み合意」を受けて、翌1995年3月に設立された国際機関。主な設立目的は、北朝鮮が独自に建設した既存の黒鉛減速炉（核兵器の原料となるプルトニウムの生産が容易）の活動を凍結し、最終的には解体することを条件に、軽水炉（核兵器の原料であるプルトニウムの生産が比較的困難で、また国際的監視に服させやすい）2基を建設し提供すると共に、軽水炉第1基目の完成までの代替エネルギーとして、年間50万トンの重油を供給すること。

2002年10月、北朝鮮がウラン濃縮計画を認めたことを契機として核兵器開発疑惑が再び深刻化したため、KEDOは、2002年12月に重油供給を停止、さらに2003年12月より、軽水炉プロジェクトを「停止」し、北朝鮮の対応改善を待ったが、その後、2005年2月には、北朝鮮は核兵器保有宣言を行うなど、軽水炉プロジェクトを推進する基礎が完全に喪失されたと判断されるに至ったため、2006年5月、KEDOは軽水炉プロジェクトの「終了」を正式に決定した。

外務省ホームページ（軍縮・不拡散）から引用〈2017年 6 月15日検索〉　http://www.mofa.go.jp/mofaj/gaiko/kaku/kedo/

論文作成に使用した文献・資料

〈先行研究文献〉
■日本語
和田春樹「金日成と満州抗日戦争」（平凡社　1992年）
鐸木昌之「北朝鮮－社会主義と伝統の共鳴」（東京大学出版会　1992年）
鐸木昌之「北朝鮮－首領制の形成と変容　金日成、金正日から金正恩へ」（明石書房　2014年）
■韓国語
이종석「현대북한의 이해」（歴史批判社〈서울〉、2000）
정성장「현대북한의 정치」（한울〈서울〉、2011）
백학순「김정은시대의 북한정차 2012-2014」（세종연구소〈경기도〉、2015）

〈分析対象文献〉
■朝鮮語
조선로동당 기관지・로동신문
2009년1월1일-12월31일
2010년1월1일-12월31일
2011년1월1일-12월31일
2012년1월1일-12월31일
2013년1월1일-12월31일
2014년1월1일-12월31일
2015년1월1일-12월31일
（재）국동문제연구소「탈북자를 통해 본 북한동향」2012～2015년

〈主要参考文献・論文〉
韓国紙・朝鮮日報
「金正恩　チャン・ソンテクが奪った秘密資金回収に努力」（2013年12月12日）
「北インフラ　122兆投資すれば　物流のシルクロードに」（2014年１月１日）
「北本格開発時、年７％の高速成長」「金正恩　鄧小平のような改革・開放も可能」（2014年１月12日）
「北観光施設４兆投資で年40兆収入」「統一韓国を観光のハブに」（2014年１月14日）
「南北対峙の不安要素除去」「統一韓国で安保費用年21兆減少」（2014年１月17日）
「北合資法、家族農業許容…市場巨大化に危険感じ『統制』の悪循環」（2014年２月11日）
「図們江接境開発　北・中・露、水面下で競争」（2014年12月29日）
韓国統一部「北韓主要人士　人物情報」（2012年、2013年）
정성장「김정은시대의 북한 최고인민회의 상임위원와의 위상과 역할」（세종연구소,2014년2월）
韓国政府・統一準備委員会新聞発表資料（2012～2014年）

〈その他〉
■日本語版
朝鮮中央通信（2007年２月、2008年９月、2009年１月、2010年10月・11月・12月、2011年12月、
2012年１月・２月・４月・５月・６月）
「朝鮮民主主義人民共和国法令、最高人民会議常任委員会政令集（1948～1950）」
1972年「朝鮮民主主義人民共和国社会主義憲法」

1992年「朝鮮民主主義人民共和国社会主義憲法」（一部改正）
1998年「朝鮮民主主義人民共和国社会主義憲法」（一部改正）
2012年「朝鮮民主主義人民共和国社会主義憲法」（一部改正）

関連論文・著作・学会発表・寄稿・学会討論（下線付きは単独執筆・発表）

〈論文〉
「南北首脳会談」大澤文護、2002年11月5日「韓国北朝鮮総覧2002 第5章」63〜75ページ（原書房）
「関心醸成に向けたメディアの役割　金正日総書紀死去後の北朝鮮をどう報じるか」大澤文護、2012年3月1日、「新聞研究No.728」74〜77ページ（日本新聞協会）
「金正日、金正恩の統治スタイルの変化に関する考察－2009年〜2014年の労働新聞報道内容を中心に」大澤文護、2016年8月31日「日東学研究第5輯」47〜92ページ（韓国・江原大学校日本研究センター）：本文は韓国語〈日本語訳付〉

〈著作〉
「北朝鮮の本当の姿がわかる本」（単著）大澤文護、1994年9月25日（こう書房）

〈学会発表〉
「安倍政権と日朝関係」大澤文護、2013年2月28日韓国現代日本学会特別学術会議（ソウル市・国立ソウル大学校）
学会発表「対北朝鮮『リスク・危機管理』と日韓の役割」大澤文護、2016年9月30日、世宗研究所・韓国言論振興財団主催「日韓プレスフォーラム」（東京都・フォーリンプレスセンター）

〈寄稿〉
「北朝鮮、核実験強行の背景　祖父の成功再現を夢見た金正恩」大澤文護、週刊エコノミスト2013年3月12日号94〜95ページ（毎日新聞社）
「低支持率の朴槿恵韓国大統領『国民の幸福』達成とジレンマ」大澤文護、週刊エコノミスト2013年4月16日号38〜39ページ（毎日新聞社）
「地雷事件で南北朝鮮が緊張　北朝鮮の本音は南北経済交流　核・ミサイル問題の放置は危険」大澤文護、週刊エコノミスト2015年9月15日号92〜93ページ（毎日新聞出版）
「中国への接近　抗日式典出席の朴大統領　狙いは北朝鮮への影響力活用」大澤文護、週刊エコノミスト2015年10月20日号96ページ（毎日新聞出版）
「世界経済総予測　第1部米中激突の時代　板ばさみの韓国」大澤文護、週刊エコノミスト2015年12月29日／2016年1月5日号43ページ（毎日新聞出版）
「国際政治　36年ぶり朝鮮労働党大会は何のために？」大澤文護、週刊エコノミスト2016年5月3日／10日号94〜95ページ（毎日新聞出版）
「韓国・国政介入疑惑　朴大統領の退任は不可避　北朝鮮情勢にも重大な影響」大澤文護、週刊エコノミスト2016年11月29日号13〜14ページ（毎日新聞出版）

〈学会討論〉
「舞姫崔承喜の生涯と芸術」大澤文護、2012年11月23日、韓国国立江原大学校主催国際シンポジウム基調報告（韓国江原道春川市・国立江原大学校）

「共通議題：歴史問題解決へ向けて－請求権をめぐる実証研究と国際政治」大澤文護、李 鍾元、浅野豊美、東郷和彦、張博珍、李元徳、2013年11月30日、現代韓国朝鮮学会第14回研究大会（名古屋市・中京大学）

「日韓首脳会談・北朝鮮核問題以降の日韓関係展望」大澤文護、陳昌洙、鄭在貞、箱田哲也、2016年4月、世宗研究所・韓国国際交流財団主催2016年関西地域日韓シンポジウム（大阪市）

「北東アジア及び朝鮮半島の情勢」大澤文護、陳昌洙、浅野亮、浅羽祐樹、宮本悟、阿川尚之、小嶋誠二、村田晃嗣、2016年6月10日、世宗研究所主催・韓国外交部後援「日韓東北アジア平和協力構想ラウンドテーブル」（京都市・同志社大学）

「新しい東アジアの秩序構築と日韓関係ラウンドテーブル討論」大澤文護、陳昌洙、趙顕俊、富山睦浩、清水敏行、青山修二、権泰煥、2016年7月15日、世宗研究所・韓国国際交流財団主催2016年札幌日韓関係シンポジウム（札幌市・北海道大学）

「新しい東アジアの秩序構築と日韓関係」大澤文護、陳昌洙、姜東局、鄭載興、篠ヶ瀬祐司、2016年11月25日、世宗研究所・韓国国際交流財団主催2016年名古屋日韓シンポジウム（名古屋市）

あとがき

　本書執筆直後の2017年8月29日、北朝鮮が発射した弾道ミサイル1発が日本の上空を通過し太平洋上に落下した。金正恩は「（米軍基地のある）グアムをけん制するための前奏曲」（8月30日、朝鮮中央通信の報道）だと説明した。9月3日には北朝鮮は北東部・咸鏡北道吉州郡豊渓里付近で6回目の核実験を実施した。北朝鮮国営朝鮮中央テレビは「大陸間弾道ミサイル（ICBM）搭載用の水爆実験に完全に成功した」と発表した。

　相次ぐ北朝鮮の核・ミサイル実験実施に対し、米国は、①軍事的対応の可能性示唆、②北朝鮮と取引する中国企業に対する独自制裁、③国連安全保障理事会の新制裁決議――という3枚の対北朝鮮政策カードを示した。2017年7月6日、訪問先のベルリンで文在寅大統領が「正しい条件が整い、朝鮮半島のにらみ合いの局面が転換する契機となるのなら、金正恩（キム・ジョンウン）朝鮮労働党委員長といつでも会う用意がある」（『新ベルリン宣言』）と述べた韓国政府は「今は対話の時期ではない。韓国は制裁を最高水準に高めるため努力する」（9月7日、韓国政府主催「ソウル安保対話」での李洛淵首相の発言）との姿勢を打ち出した。また大統領選で「撤去」を主張した米軍の高高度迎撃ミサイルシステム（THAAD〈サード〉）6基の国内暫定配備を完了した。そして日本の安倍晋三首相は「我が国の安全に対する、より重大かつ差し迫った新たな段階の脅威だ」と述べ、国連安全保障理事会の決議による新たな制裁の必要性を強調した。具体的な対策として地上配備型迎撃ミサイル「パトリオット」（PAC3）の機動展開訓練を公表し、全国瞬時警報システム（Jアラート）を使い、国民への避難呼びかけをした。日米韓3カ国は2017年8月から9月にかけての核・ミサイル実験を契機に、これまでにない高度の警戒態勢に入った。

　だが、いくら警戒態勢を強めても北朝鮮の核・ミサイル問題は解決しない。北朝鮮のどこから、いつ発射されるか分からないミサイルを完全に防ぐのは不可能だからだ。

金正恩の目標は米本土を射程内に収める大陸間弾道核ミサイルの開発であり、その力を後ろ盾にした米朝対話の進展と体制安定にある。従って、米国を中心とする国際社会が対北朝鮮圧力を高めるだけでは、核・ミサイル開発を押し止めることはできない。国際社会は北朝鮮に対し「核・ミサイル開発を許さない」という強いシグナルを送ったうえで対話への道筋を示し「敵視政策に対抗するため」とか「体制維持のため」と主張する北朝鮮の核・ミサイル開発の理由を取り除いてしまうべきである。さらに日米韓そして中露の関係国が協調して北朝鮮に「改革開放」政策への転換を促し、平和的な南北統一実現のための雰囲気醸成を図るというのが、北朝鮮問題解決の理想的なシナリオである。

　こうしたシナリオを最初に耳にしたのは、1995年4月14日、金大中氏とのインタビューの場であった。韓国の朴正煕政権の手で東京滞在中に拉致され、韓国に連れ去られた、いわゆる「金大中氏拉致事件」以来22年ぶりに来日した金大中氏に「政界復帰」「大統領選出馬」の意向を確かめるのがインタビューの主目的だった。しかし老獪な政治家から明確な言質をとることは出来ず、そのときに聞いた北朝鮮問題に関する金大中氏の言葉が耳に残った。

　インタビューの時に金大中氏から贈られた著書『わたしの自叙伝』（1995年、NHK出版）から北朝鮮政策と南北統一に関する内容の一部を引用してみよう。

　「北（北朝鮮）にいま必要なのは、国際社会からの孤立から抜け出し、経済を再建し、新たな安全への保障を得ることですが、そのすべてを提供できるのはアメリカしかないからです。〈中略〉南（韓国）はこの際はまずは北（北朝鮮）を国際社会に引き出し、市場経済体制へ向かうように協力すべきです。自然に南北統一に向かう道こそが理想です。『吸収合併』を口にするなど絶対に慎むべきです」

　それから3年後、金大中氏は韓国大統領に就任し、2000年6月には自ら平壌に飛んで、金正日との間で歴史的な南北首脳会談を実現し、朝鮮半島の緊張緩和は一気に進んだ。

　しかし北朝鮮相手の「対話と交流」政策でもっとも困難なのは、問題解決

を急ぐ余り、核・ミサイル問題解決の検証なしに北朝鮮に見返りを与えよう
とする政治指導者たちの独断をいかに抑えるかという点にあった。南北首脳
会談早期実現のため、財閥・現代グループを通じて4〜5億ドルを金正日に
渡した疑惑が浮上し、金大中政権の対北朝鮮政策に今も賛否両論が提示され
る原因となった。

　対北朝鮮政策実施には、世界の破滅につながる核戦争を絶対に起こさない
という強い決意と、そのための外交的解決を粘り強く模索していくという覚
悟が必要である。最も危険なのは「どうせ北朝鮮は対話しない」というあき
らめと、一見、頼もしく見える「軍事的解決」論者の声に惑わされ、外交努
力を放棄することである。

　本書で提示した金正恩体制形成に伴う国際危機管理体制への影響と関与政
策実現のためのシナリオが、北朝鮮問題の平和解決を希求する、日本をはじ
めとする東アジア各国国民の希望となり、やがては各国政府を動かしていく
力になれば、筆者にとって望外の喜びである。

謝　辞

　本書の基礎となった筆者の博士学位取得論文「金正恩体制形成と国際危機管理への影響、及び日本の対処方策−労働新聞の動静報道、脱北者インタビュー分析を基にした考察−」の研究を進めるにあたりご指導を頂いた千葉科学大学大学院危機管理学研究科危機管理学専攻の坂本尚史教授（現・倉敷芸術科学大学危機管理学部長）、千葉科学大学大学院危機管理学研究科長の三村邦裕教授、同危機管理学専攻長の安藤生大教授のお三方に深く感謝申し上げます。

　本研究を進めるための長期にわたる韓国滞在研究にあたり、研究室利用、資料閲覧等を許可していただいた韓国・世宗研究所の陳昌洙所長、研究に関する詳細なアドバイスをいただいた世宗研究所統一戦略研究室の李鍾奭首席研究委員、鄭成長室長、白鶴淳・北韓研究センター長のご厚情に感謝いたします。

　博士学位請求論文審査のため、韓国から日本にお出でいただいた、韓国・慶南大学校極東問題研究所の康仁徳招聘碩座教授、貴重な脱北者インタビュー資料の使用許可をいただいた極東問題研究所の尹洪錫東北亜研究室長、さらに1992年に毎日新聞社朝鮮半島担当記者となった筆者に対し、実証的な国際政治研究の方法を初歩から指導してくださった、元青森大学教授の市川正明博士に心より御礼申し上げます。

　また筆者の学位取得論文を書籍の形に編集するためにご尽力いただいた株式会社毎日企画サービス代表取締役社長の円谷英夫様と同社編集営業課課長の熊谷新英様、さらに出版をお引き受けくださった有限会社唯学書房代表取締役の村田浩司様と伊藤晴美様。この方々のお力添えがなければ、筆者の研究は書籍として、この世に誕生しませんでした。ここに改めて御礼申し上げます。

2017年9月
太平洋を臨む千葉県銚子市の大学研究室で
大澤　文護

著者略歴

大澤 文護（おおさわ・ぶんご）

1957年	東京都生まれ
1980年4月	毎日新聞社入社
1997年4月〜2002年3月	ソウル特派員・支局長
2004年4月〜2008年3月	マニラ支局長
2009年4月〜2011年4月	ソウル支局長
2013年10月〜現在	千葉科学大学危機管理学部危機管理システム学科教授 天理大学客員教授
2017年3月	千葉科学大学大学院危機管理学研究科危機管理学専攻 博士課程後期修了、博士学位（危機管理学）取得

〈社会・学術活動〉

2012年3月〜2013年3月	駐日韓国大使館諮問委員会「文化・広報委員会」委員
2015年10月〜2016年3月	財団法人・世宗研究所（韓国京畿道）客員研究委員

金正恩体制形成と国際危機管理
－北朝鮮核・ミサイル問題で日本人が本当に考えるべきこと－

2017年10月20日　第一版第一刷発行　　※定価はカバーに表示してあります。

著　者	大澤 文護	
発　行	有限会社 唯学書房	
	〒101-0051　東京都千代田区神田神保町2－23 アセンド神保町302 電話 03-3237-7073　FAX 03-5251-1953 E-mail yuigaku@atlas.plala.or.jp	
発　売	有限会社 アジール・プロダクション	
装　幀	株式会社 テイク・ワン	
印刷・製本	中央精版印刷株式会社	
編　集	株式会社 毎日企画サービス	